KB273245

# 그림 플러스 초등 영단어 [개정판]

그림 플러스 초등 영단어 [개정판]

초판 1쇄 발행 | 2006년 3월 10일
개정 2쇄 발행 | 2025년 2월 10일
지은이 | 국제어학연구소 영어학부 엮음
펴낸곳 | 국제어학연구소
펴낸이 | 이규인
디자인 | 윤영화
등록번호 | 2010년 1월 18일 제302-2010-000006호
등록일자 | 2004년 3월 25일
주소 | 서울특별시 마포구 대흥로4길 49, 1층(용강동 월명빌딩)
전화 | (02) 704-0900
팩스 | (02) 703-5117
홈페이지 | www.bookcamp.co.kr
e-mail | changbook1@hanmail.net
ISBN 979-11-987587-9-8   13740
정가 | 19,800원

■ 이 책의 저작권은 〈국제어학연구소 출판부〉에 있습니다.
　저작권법에 의해 보호를 받는 저작물이므로 무단 전재와 복제를 금합니다.
■ 잘못 만들어진 책은 〈국제어학연구소 출판부〉에서 바꾸어 드립니다.

영어의 기초 를 다져주는

# magic

개정판

# 그림 플러스 초등 영단어

초등학생을 위한 「예문이 있는 Magic 초등 영단어」!

* 초등학생들이 꼭 알아야 할 영단어를 실용적인 예문과 함께 총망라!
* 품사별로 알기 쉽게 정리되어 있어 한번 본 영단어도 머리에 쏙쏙!

국제어학연구소 영어학부 엮음

# ALPHABET

**A a** 에이 [ei]

apple 사과
[ǽpl]
애플

**B b** 비— [bi:]

ball 공
[bɔ:l]
볼—

**C c** 씨— [si:]

chair 의자
[tʃɛər]
체어

**D d** 디— [di:]

desk 책상
[desk]
데스크

**E e** 이— [i:]

earth 지구
[ə:rθ]
어—쓰

**F f** 에프 [ef]

fish 물고기
[fiʃ]
피쉬

**G g** 쥐— [dʒi:]

girl 소녀
[gə:rl]
걸—

**H h** 에이취 [eitʃ]

house 집
[haus]
하우스

**I i** 아이 [ai]

iron 다리미
[áiərn]
아이언

**J j** 제이 [dʒei]

jacket 자켓
[dʒǽkit]
재킷

**K k** 케이 [kei]

king 왕
[kiŋ]
킹

**L l** 엘 [el]

lamp 등불
[læmp]
램프

# M m 엠 [em]

mountain 산
[máuntən]
마운튼

# N n 엔 [en]

nail 못
[neil]
네일

# O o 오우 [ou]

orange 오렌지
[ɔ́:rindʒ]
오-린지

# P p 피- [pi:]

penguin 펭귄
[péŋgwin]
펭귄

# Q q 큐- [kiu:]

queen 여왕
[kwi:n]
퀸-

# R r 알- [a:r]

robot 로버트
[róubət]
로우벗

# S s 에스 [es]

sun 태양
[sʌn]
선

# T t 티- [ti:]

telephone 전화
[téləfòun]
텔러포운

# U u 유- [ju:]

umbrella 우산
[ʌmbrélə]
엄브렐러

# V v 브이- [vi:]

violin 바이올린
[vàiəlín]
바이얼린

# W w 더블유- [dʌblju:]

window 창문
[wíndou]
윈도우

# X x 엑스 [eks]

x-ray 엑스레이
[eksreɪ]
엑스레이

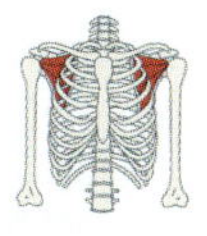

# Y y 와이 [wai]

yacht 요트
[jat]
야트

# Z z 지- [zi:]

zoo 동물원
[zu:]
주-

# 머리말

미국 초등 필수영단어를 그림과 함께 유용한 예문 수록!
　우리나라 초등학교 영어 수준을 조금 웃도는 2,000개 단어들이 많이 포함되어 어휘력을 풍부하게 넓힐 수 있어 좋습니다. 영단어와 함께 그림과 예문을 익히면 단어가 머리에 쏙쏙 들어 옵니다.

영단어를 품사별로 보기 쉽게 정리!
　명사, 대명사, 형용사, 부사, 동사로 영단어들을 나누었고 품사별로 설명도 자세히 달아 놓았습니다.

테마별로 예쁜 삽화가 더해져 공부에 재미가 한층!
　품사별 분류한 다음 테마별 분류를 하여 재미있게 영단어 공부를 할 수 있습니다.
　'Magic 영단어 플러스! 플러스!'를 통해 영어 학습의 깊이를 한층 높일 수 있습니다.

속담이나 이디엄 등을 이용한 예문으로 영어에 대한 감각을 익힐 수 있습니다.
　설명이 더 필요한 예문들은 도움말 을 실어 영어에 대한 짧은 상식을 넓힐 수 있습니다.

# 이 책의 구성

● 익힌 단어는 ✓에 체크하면서 공부하세요.

● 품사에 따라 나누어진 단어를 테마별로 다시 나누었어요.

● 재미있는 그림으로 영단어를 재미있고 확실하게 기억할 수 있어요.

● 테마별 단어를 연관지어 외우기에 좋고 단어에 따라 소개되어 있는 예문을 통해서 다시 한 번 단어를 자기 것으로 만들 수 있어요.

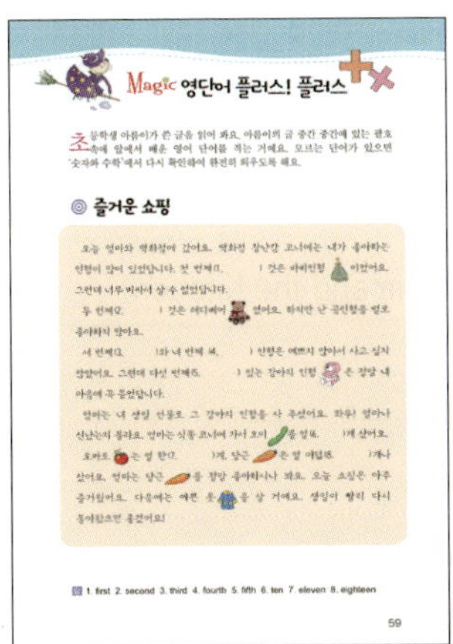

**Magic 영단어 플러스! 플러스!**

영어에 대한 각종 상식과 지식을 쌓을 수 있는 코너예요.
재미있게 읽어나가면서 영어에 대한 흥미를 키워 보세요.

**Magic 영단어 한글 색인**

본문의 영단어를 한글 '가나다' 순으로 찾기 쉽게 구성하였어요.
필요할 때 찾을 수 있는 실용적인 스터디 가이드예요.

## 형용사와 부사(Adjective and Adverb)

### 형용사(Adjective)



## 동사(Verb)

# 명사와 대명사
## Noun and Pronoun

## 명사

명사는 사람, 장소, 사물, 동물, 식물 등의 이름을 말해요. 더 자세하게 말하면 소년(boy), 사과(apple), 책(book), 컴퓨터(computer)와 같이 사물에 사용되는 이름을 보통명사라고 해요.

가족(family), 사람들(people), 군중(crowd), 관중(audience) 등과 같이 사물 또는 사람의 집합을 나타내는 이름을 집합명사라고 해요. 또한 Mary나 Seoul과 같은 고유한 이름을 고유명사라 하고, 물(water), 종이(paper), 빵(bread)과 같이 물질이나 재료의 이름에 사용되는 단어들을 물질명사라고 합니다.
마지막으로 사랑(love), 정직(honesty), 진리(truth)와 같은 감정이나 상태 등을 가리키는 단어들을 추상명사라고 합니다.

# 대명사

대명사는 보통 명사를 대신하는 말로 명사와 비슷하지만 약간의 차이가 있답니다.

그(he), 그녀(she), 나(I)와 같이 사람을 부를 때 쓰는 인칭대명사와 그것(it), 이것(this), 저것(that)과 같이 사물을 가리킬 때 사용되는 지시대명사, 누구(who), 어느 것(which), 무엇(what)과 같이 무언가를 물을 때 사용하는 의문대명사 등이 있어요.

여기에서는 우리가 생활하면서 접하게 되는 다양한 이름과 지시어들을 모았어요. 테마별로 되어 있어 지루하지 않고 쉽게 학습할 수 있어요.
우리가 쉽게 접하는 것들의 영어 이름은 무엇인지 지금부터 하나하나 알아볼까요?

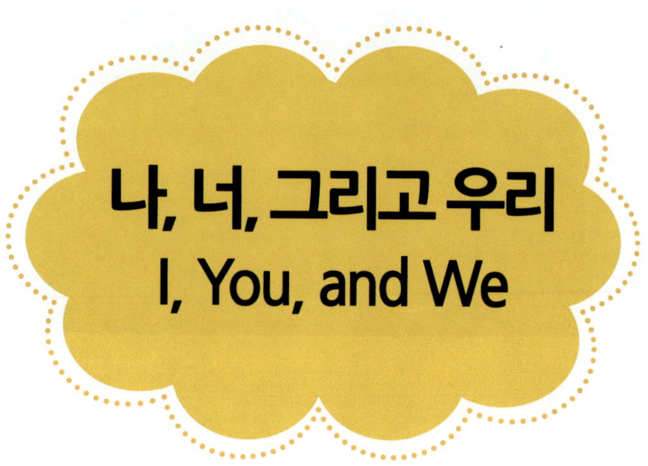


## I [ai] 아이
(대) 나

### I am a student.
아이 엠 어 스튜-든트

나는 학생입니다.

## me [mi] 미
(대) 나를, 나에게

### Give me a book.
기브 미 어 북

나에게 책을 주세요.

# my
[mai] 마이
대 나의

**She is my friend.**
쉬- 이즈 마이 프렌드

그녀는 나의 친구입니다.

# mine
[main] 마인
대 나의 것

**This is mine.**
디스 이즈 마인

이것은 내 것입니다.

# myself
[maisélf] 마이셀프
대 나 자신, 나 스스로

**I'll introduce myself.**
아일 인트러듀-스 마이셀프

제 소개를 할게요.

# you
[juː] 유-
대 너(당신)

**You are a teacher.**
유- 아 어 티-처

당신은 선생님입니다.

# your

[júər] 유어

（대） 너의(당신의)

**What's your name?**
왓츠 유어 네임

당신의 이름은 무엇입니까?

# yours

[juərz] 유어즈

（대） 너의 것

**This is yours.**
디스 이즈 유어즈

이것은 당신의 것입니다.

# yourself

[juərsélf] 유어셀프

（대） 너 자신, 너 스스로

**Can you tell me about yourself?**
캔 유- 텔 미 어바웃 유어셀프

자신을 소개해 보세요.

# he

[hi:] 히-

（대） 그, 그 남자

**He is my father.**
히- 이즈 마이 파-더

그는 나의 아버지입니다.

# him [him] 힘

대 그를, 그에게

I like **him** very much.
아이 라이크 힘 베리 머치

나는 그를 매우 좋아합니다.

# his [hiz] 히즈

대 그의, 그의 것

What's **his** job?
왓츠 히즈 잡

그의 직업은 무엇입니까?

# himself [himsélf] 힘셀프

대 그 자신, 그 스스로

He did it by **himself**.
히 디드 잇 바이 힘셀프

그는 그것을 스스로 했어요.

# she [ʃiː] 쉬-

대 그녀, 그 여자

**She** is a pianist.
쉬- 이즈 어 피아니스트

그녀는 피아니스트입니다.

# her [hər] 허
**대** 그녀를, 그녀에게

**I sent her a Christmas card.**
아이 센트 허 어 크리스마스 카-드

나는 그녀에게 크리스마스카드를 보냈어요.


# hers [həːrz] 허-즈
**대** 그녀의 것

**What is hers?**
왓 이즈 허-즈

그녀의 것은 어떤 것입니까?


# herself [hərsélf] 허셀프
**대** 그녀 자신, 그녀 스스로

**She is not herself today.**
쉬- 이즈 낫 허셀프 투데이

오늘은 그녀답지 않아요.


# we [wi] 위
**대** 우리

**We are good friends.**
위 아 굿 프렌즈

우리는 좋은 친구입니다.

# us [əs] 어스
### 대 우리를, 우리에게

**They gave us a lot of information.**
데이 게이브 어스 어 랏 어브 인퍼메이션

그들은 우리에게 많은 정보를 주었어요.

# our [auər] 아워
### 대 우리의

**This is our house.**
디스 이즈 아워 하우스

이것은 우리의 집입니다.

# ours [auərz] 아워즈
### 대 우리의 것

**These are ours.**
디-즈 아 아워즈

이것들은 우리의 것입니다.

# ourselves

[ɑːrsélvz] 아-워셀브즈
때 우리 자신, 우리 스스로

**We do everything for ourselves.**
위 두 에브리씽 포 아-워셀브즈

우리는 모든 일을 우리 스스로 해요.

# they

[ðei] 데이
때 그들

**They are twins.**
데이 아 트윈즈

그들은 쌍둥이입니다.

# them

[ðəm, ðəm] 덤, 뎀
때 그들을, 그들에게

**Do you like them?**
두 유- 라이크 뎀

너는 그들을 좋아하니

# their

[ðɛ́ər] 데어
때 그들의

**Do you know their names?**
두 유- 노우 데어 네임즈

너는 그들의 이름을 아니?

# theirs

[ðɛərz] 데어즈 때 그들의 것

**These are theirs.**
디-즈 아 데어즈

이것들은 그들의 것이에요.

# themselves

[ðəmsélvz] 뎀셀브즈 때 그들 자신, 그들 스스로

**Heaven helps those who help themselves.**
헤븐 헬프스 도우즈 후- 헬프 뎀셀브즈

하늘은 스스로 돕는 자를 돕는다.

# it

[it] 이 때 그것

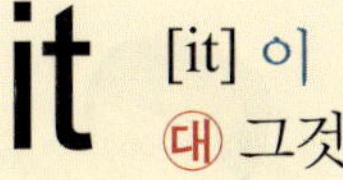

**It is a book.**
잇 이즈 어 북

그것은 책입니다.

# this [ðis] 디스

**대** 이것

This is a notebook.
디스 이즈 어 노우트북

이것은 공책입니다.

# these [ði:z] 디-즈

**대** 이것들

These are pencils.
디-즈 아 펜슬즈

이것들은 연필들입니다.

# that [ðæt] 댓

**대** 저것

That is a bag.
댓 이즈 어 백

그것은 가방입니다.

# those [ðouz] 도우즈

**대** 저것들

Those are pens.
도우즈 아 펜즈

저것들은 펜들입니다.

# what [wat] 왓

대 무엇, 어떤 것

**What** is it?
왓 이즈 잇

그것은 무엇입니까?

# why [hwai] 와이

대 이유, 까닭

**Why** are you angry?
와이 아 유– 앵그리

너는 왜 화가 났니

# who [hu:] 후–

대 누구

**Who** is he?
후– 이즈 히–

그는 누구입니까?

# when [wen] 웬

대 때, 시기

**When** is your birthday?
웬 이즈 유어 버–쓰데이

너의 생일은 언제입니까?

# where

[hwɛər] 웨어
**대** 어디

**Where** do you live?
웨어 두- 유- 리브

너는 어디에 사니?

# which

[hwitʃ] 위치
**대** 어느 쪽, 어느 것, 어느 사람

**Which** is yours?
위치 이즈 유어즈

어느 것이 너의 것이니?

# people

[píːpl] 피-플
**명** 사람들

There are many **people**.
데어 아 메니 피-플

사람들이 많아요.

# king

[kiŋ] 킹
**명** 왕

The tiger is the **king** of the jungle.
더 타이거 이즈 더 킹 어브 더 정글

호랑이는 밀림의 왕이에요.

# queen [kwi:n] 퀸- <br> 명 여왕

**She is a queen.**
쉬- 이즈 어 퀸-

그녀는 여왕입니다.

# nation [néiʃən] 네이션 <br> 명 국민

**He should listen to the voice of the nation.**
히- 슈드 리슨 투 더 보이스 어브 더 네이션

그는 국민들의 소리에 귀를 기울여야 해요.

# citizen [sítəzən] 시터즌 <br> 명 시민

**This is every citizen's obligation.**
디스 이즈 에브리 시터즌스 아-브리게이션

이것은 모든 시민의 의무입니다.

# man [mæn] 맨
**명** 남자

**You are a lucky man.**
유- 아 어 럭키 맨

당신은 행운아입니다.

# men [men] 멘
**명** 남자들(man의 복수형)

**They are men.**
데이 아 멘

그들은 남자들입니다.

# woman [wúmən] 우먼
**명** 여자

**She is a woman.**
쉬- 이즈 어 우먼

그녀는 여자입니다.

# women [wímin] 위민
### 명 여자들 (woman의 복수형)

**They are women.**
데이 아 위민

그들은 여자들입니다.

# adult [ədʌ́lt] 어덜트
### 명 성인

**He is an adult.**
히- 이즈 언 어덜트

그는 어른입니다.

# teenager [tíːnèidʒər] 틴-에이저
### 명 청소년

**She is a teenager.**
쉬- 이즈 어 틴-에이저

그녀는 청소년입니다.

# boy [bɔi] 보이
### 명 소년

**Who is that boy?**
후- 이즈 댓 보이

그 소년은 누구입니까?

# girl

[gə:rl] 걸–

**명** 소녀

**Look at the girl.**
룩 앳 더 걸–

그 소녀를 보세요.

# child

[tʃaild] 차일드

**명** 어린이

**You are a child.**
유– 아 어 차일드

너는 어린아이이다.

# children

[tʃildrən] 칠드런

**명** 어린이들(child의 복수형이에요.)

**They are children.**
데이 아 칠드런

그들은 어린아이들이다.

# kid

[kid] 키드

**명** 아이

**He is a little kid.**
히– 이즈 어 리틀 키드

그는 어린 아이입니다.

# baby

[béibi] 베이비
명 아기

The baby is sleeping.
더 베이비 이즈 슬리-핑

아기가 자고 있어요.

# lady

[léidi] 레이디
명 숙녀

She is a lady.
쉬- 이즈 어 레이디

그녀는 숙녀입니다.

# gentleman

[dʒéntlmən] 젠틀먼
명 신사(복수형은 gentlemen이에요.)

He is a gentleman.
히- 이즈 어 젠틀먼

그는 신사입니다.

# Mr. [místər] 미스터
**명** ~씨(남자 어른에게 붙이는 호칭이에요.)

**Mr. Song**
미스터 송

송 선생님

# Mrs. [mísəz] 미시즈
**명** ~부인(여자 어른에게 붙이는 호칭이에요.)

**Mrs. Baker**
미시즈 베이커

베이커 여사

# Miss [mis] 미스
**명** ~양(결혼 안 한 여자에게 붙이는 호칭이에요.)

**Miss Kim**
미스 킴

김양

📖 **우리말의 어순과 영어 어순의 차이에 대해 알아 볼까요?**

### 나는 학교에 간다.

* 필요한 영어 단어를 하나씩 알아 봐요.

나는 - **I**(아이)

\+ 학교에 - **to school**(투 스쿨)

\+ 간다 - **go**(고우)

* 우리말 그대로 영어 문장을 만들 수 없어요. 영어 문장을 만들려면 다음과 같은 순서대로 써야 해요.

나는 - **I** + 간다 - **go** + 학교에 - **to school**

= **I go to school.**(나는 학교에 간다.)
아이 고우　투　　스쿨

📖 **우리말과 영어 문장의 순서가 다른 걸 배웠지요? 아래 문제로 영어 문장 만들기를 연습해 봐요.**

### 나는 학생이다.

나는 - **I**(아이) + 학생 - **a student**(어 스튜던트) + 이다 - **am**(엠)

= 나는 - **I** + 이다 - **am** + 학생 - **a student**

= ____________________________

답 I am a student. (나는 학생이다.)

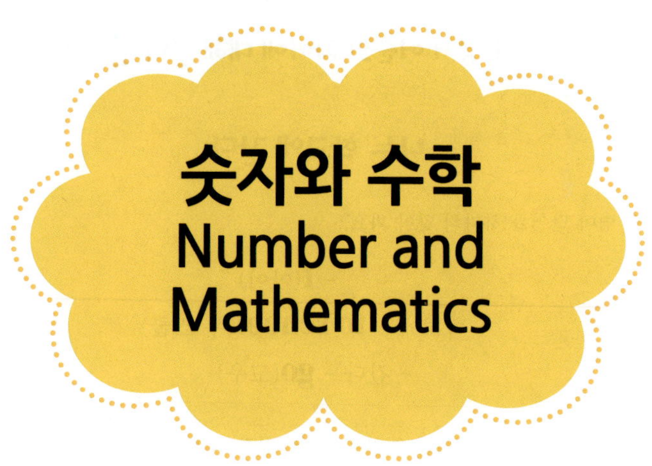


## number [nʌmbər] 넘버
명 숫자

What's your phone **number**?
왓츠 유어 포운 넘버

너의 전화번호는 무엇이니?

## zero [zíərou] 지어로우
명 수 0, 영

The temperature is about 5 degrees below **zero**.
더 템퍼러처 이즈 어바웃 파이브 디그리-즈 빌로우 지어로우

기온이 영하 5도입니다.

# one [wʌn] 원
명 수 형 1, 일

**Can you show me another one?**
캔 유- 쇼우 미 어나더 원

다른 것을 보여 주세요.

# two [tu:] 투-
명 수 2, 이

**I have two younger brothers.**
아이 해브 투- 영거 브러더즈

나는 남동생이 두 명 있어요.

# three [θri:] 쓰리-
명 수 3, 삼

**There are three apples.**
데어 아 쓰리- 애플즈

사과가 3개 있어요.

# four [fɔːr] 포-
명 수 4, 사

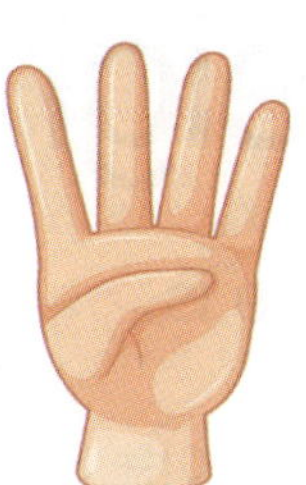

**It's four o'clock.**
잇츠 포- 어클락

4시입니다.

# five
[faiv] 파이브
명 수 5, 오

**There are five birds.**
데어 아 파이브 버-즈

5마리의 새가 있어요.

# six
[siks] 식스
명 수 6, 육

**It's just on six.**
잇츠 저스트 온 식스

(지금 시간이) 딱 6시이다.

# seven
[sévən] 세븐
명 수 7, 칠

**Two plus five is seven.**
투 플러스 파이브 이즈 세븐

2 더하기 5는 7이다.

# eight
[eit] 에잇
명 수 8, 팔

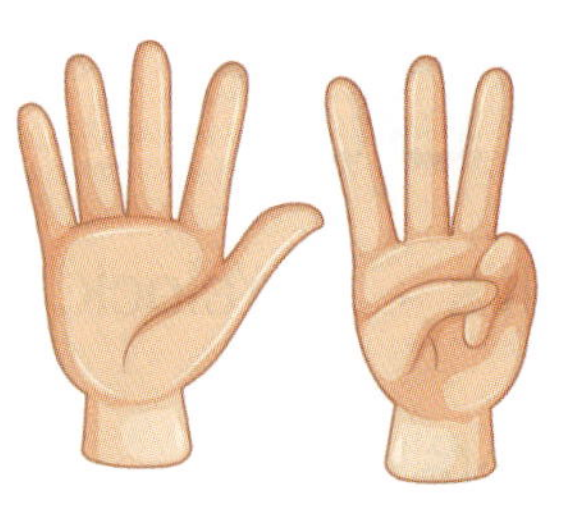

**He is eight years old.**
히- 이즈 에잇 이어즈 오울드

그 아이는 8살이에요.

# nine

[nain] 나인
명 수 9, 구

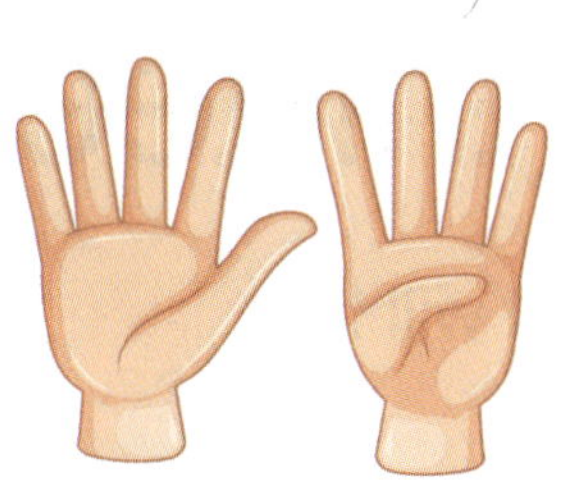

I work **nine** to five.
아이 워-크 나인 투 파이브

나는 아침 9시부터 오후 5시까지 일한다.

# ten

[ten] 텐
명 수 10, 십

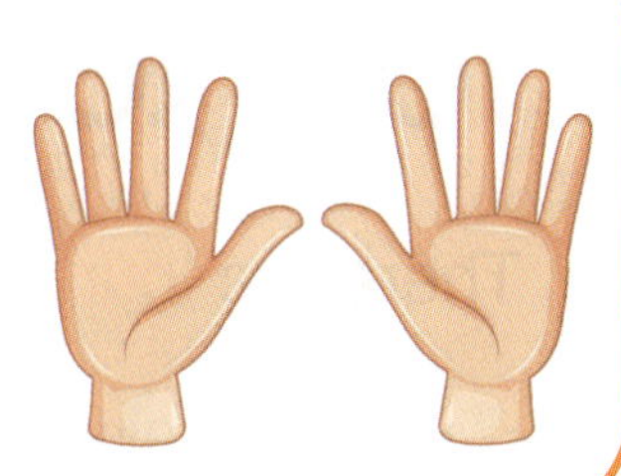

He's had **ten** days off school.
히-즈 해드 텐 데이즈 오-프 스쿨-

그는 학교를 열흘 간 결석했다.

# eleven

[ilévən] 일레븐
명 수 11, 십일

It's **eleven** twenty.
잇츠 일레븐 트웬티

11시 20분입니다.

# twelve

[twelv] 트웰브
명 수 12, 십이

It's **twelve** o'clock.
잇츠 트웰브 어클락

12시입니다.

# thirteen [θə̀ːrtíːn] 써틴-
명 수 13, 십삼

I will be thirteen tomorrow.
아이 윌 비 써-틴- 투모-로우

나는 내일이면 13살이 돼요.

# fourteen [fɔ̀ːrtíːn] 포틴-
명 수 14, 십사

There are fourteen people in the room.
데어 아 포-틴- 피-플 인 더 룸-

그 방에 14명이 있어요.

# fifteen [fiftíːn] 피프틴-
명 수 15, 십오

It's fifteen minutes to seven.
잇츠 피프틴- 미닛츠 투 세븐

7시 15분 전입니다.

# sixteen [sìkstíːn] 식스틴-
명 수 16, 십육

He left home at sixteen.
히- 레프트 홈 앳 식스틴-

그는 열여섯 살 때 집을 떠났다.

# seventeen

[sèvəntíːn] 세븐틴-
명 수 17, 십칠

I was only seventeen years old.

아이 워즈 오운리 세븐틴- 이어즈 오울드

난 고작 17살이었다.

# eighteen

[èitíːn] 에이틴
명 수 18, 십팔

Here are eighteen apples.

히어 아 에이틴- 애플즈

여기 사과 열여덟 개가 있어요.

# nineteen

[nàintíːn] 나인틴-
명 수 19, 십구

She turns nineteen tomorrow.

쉬- 턴-즈 나인틴- 투모-로우

그녀는 내일이면 19살이 돼요.

# twenty

[twénti] 트웬티
명 수 20, 이십

I've been waiting (for) twenty minutes.

아이브 빈 웨이팅 (포) 트웬티 미닛츠

나는 20분 동안 기다리고 있다.

"

# twenty-one

[twénti wʌn] 트웬티 원 명 수 21, 이십 일

**Three times seven is twenty one.**
쓰리- 타임즈 세븐 이즈 트웬티 원

3 곱하기 7은 21 입니다.

# twenty-two

[twéntitú:] 트웬티 투-
명 수 22, 이십 이

**My number is ten twenty-two.**
마이 넘버 이즈 텐 트웬티 투-

내 번호는 1022이다.

# twenty-three

[twénti θrí:-] 트웬티 쓰리- 명 수 23, 이십 삼

**She is twenty-three years old.**
쉬- 이즈 트웬티 쓰리- 이어즈 오울드

그녀는 23살입니다.

# twenty-four

[ twénti fɔ:r] 트웬티 포- 명 수 24, 이십 사

**He is on duty twenty-four hours a day.**
히- 이즈 온 듀-티 트웬티 포- 아우어즈 어 데이

그는 하루 24시간 일한다.

# twenty-five

[twénti faiv] 트웬티 파이브 명 수 25, 이십 오

**They have been married for twenty five years.**
데이 해브 빈 매리드 포 트웬티 파이브 이어즈

그들은 결혼한 지 25년 되었어요.

# twenty-six

[twénti-siks] 트웬티 식스 명 수 26, 이십 육

**Only twenty-six were present at the trial.**
오운리 트웬티 식스 워 프레즌트 앳 더 트라이얼

재판에는 26명만 출석했습니다.

# twenty-seven

[twénti-sévən] 트웬티 세븐 명 수 27, 이십 칠

For twenty seven years, I studied them.
포 트웬티 세븐 이어즈 아이 스터디드 뎀

27년 동안, 나는 그들을 연구했다.

# twenty-eight

[twénti-eit] 트웬티 에잇 명 수 28, 이십 팔

He gained twenty-eight pounds in weight.
히- 게인드 트웬티 에잇 파운즈 인 웨이트

그는 체중이 28파운드 늘었다.

# twenty-nine

[twénti-nain] 트웬티 나인 명 수 29, 이십 구

What's the answer to question twenty-nine?
왓츠 디 앤써 투 퀘스천 트웬티 나인

29번 문제의 정답은 무엇인가요?

# thirty

[θə́ːrti] 써-티
명 수 30, 삼십

**It has thirty different colors.**
잇 해즈 써-티 디퍼런트 컬러즈

그것은 30개의 다른 색깔로 되어 있어요.

# thirty-one

[θə́ːrti-wʌn] 써-티 원
명 수 31, 삼십 일

**Thirty-one people were missing.**
써-티 원 피-플 워 미싱

31명이 실종됐습니다.

※ 32부터 39까지는 one 대신에 two부터 nine을 넣어서 쓰
거나읽으면돼요.

# forty

[fɔ́ːrti] 포-티
명 수 40, 사십

**She's nearly forty now.**
쉬-즈 니얼리 포-티 나우

그녀는 거의 마흔이다.

# fifty

[fífti] 피프티
명 수 50, 오십

I figured him to be about fifty.
아이 피겨드 힘 투 비 어바웃 피프티

나는 그를 대략 50세쯤으로 보았다.

# sixty

[síksti] 식스티
명 수 60, 육십

She is close on sixty.
쉬- 이즈 클로우즈 온 식스티

그 분은 거의 예순이 다 되셨다.

# seventy

[sévənti] 세븐티
명 수 70, 칠십

He lived to be seventy.
히- 리브드 투 비 세븐티

그는 일흔 살까지 살았다.

# eighty

[éiti] 에잇티
명 수 80, 팔십

My grandmother is eighty years old.
마이 그랜드머더 이즈 에잇티 이어즈 오울드

나의 할머니는 80세입니다.

# ninety

[náinti] 나인티 <br>
명 수 90, 구십

The wind is doing ninety miles an hour.

더 윈드 이즈 두-잉 나인티 마일즈 언 아우어

바람은 시속 90마일로 불고 있다.





# one hundred

[wʌn hʌndrəd] 원 헌드러드 　명 수 100, 백

I have only one hundred won.

아이 해브 오운리 원 헌드러드 원

나는 겨우 백 원만 가지고 있어요.

*200부터 900까지는 one 대신 two부터 nine을 넣어서 쓰거나 읽으면 돼요.

# one thousand

[wʌn θáuzənd] 원 싸우전드 　명 수 1,000, 천

It is one thousand won for an apple.

잇 이즈 원 싸우전드 원 포 언 애플

사과 하나에 천 원이다.

# ten thousand

[ten θáuzənd] 텐 싸우전드　명 수 10,000, 만

Dues are ten thousand won.
듀-즈 아 텐 싸우전드 원

회비는 만 원 되겠습니다.

# one hundred thousand

[wʌn hʌndrəd θáuzənd] 원 헌드러드 싸우전드　명 수 100,000, 십만

One hundred thousand remained a week later.
원 헌드러드 싸우전드 리메인드 어 윅- 레이터

이번 주 후에 100,000원이 남았다.

# one million

[wʌn míljən] 원 밀리언　명 수 1,000,000, 백만

I need one million won right now.
아이 니드 원 밀리언 원 라이트 나우

당장 백만 원이 필요하다.

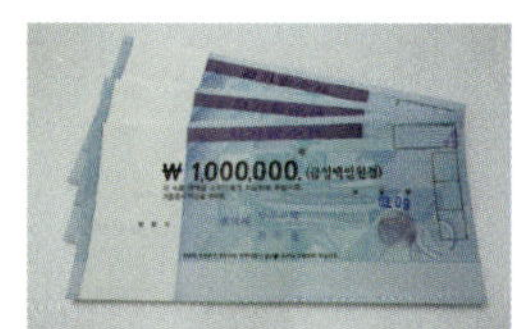

# first

[fə:rst] 퍼-스트

명 수 1st, 첫 번째

**This is my first time.**
디스 이즈 마이 퍼-스트 타임

이번이 처음입니다.

# second

[sékənd] 세컨드

명 수 2nd, 두 번째

**I prefer the second option.**
아이 프리퍼- 더 세컨드 압션

나는 두 번째 선택사항이 더 좋다.

# third

[θə:rd] 써-드

명 수 3rd, 세 번째

**I came in third.**
아이 케임 인 써-드

저는 세 번째로 들어왔어요.

# fourth

[fɔ:rθ] 포-쓰

명 수 4th, 네 번째

**I'm fourth out of eight.**
아임 포-쓰 아웃 어브 에잇

저는 8명 중에 4등입니다.

# fifth

[fifθ] 피프쓰

명 수 5th, 다섯 번째

**It's her fifth birthday.**
잇츠 허 피프쓰 버-쓰데이

오늘은 그 애의 다섯 번째 생일이다.

# sixth

[siksθ] 식스쓰

명 수 6th, 여섯 번째

**He is in the 6th grade.**
히- 이즈 인 더 식스쓰 그레이드

그는 6학년입니다.

# seventh

[sévənθ] 세븐쓰

명 수 7th, 일곱 번째

**The elephant waits seventh.**
디 엘리펀트 웨잇츠 세븐쓰

코끼리가 일곱 번째로 기다리고 있습니다.

# eighth

[eitθ] 에잇쓰

명 수 8th, 여덟 번째

**Her eighth album will be released on Monday.**
허 에잇쓰 앨범 윌 비 릴리-스트 온 먼데이

그녀의 8번째 앨범은 월요일에 발매될 것이다.

# ninth

[nainθ] 나인쓰
명 수 9th, 아홉 번째

**She is the ninth in line.**
쉬- 이즈 더 나인쓰 인 라인

그녀가 줄에서 아홉 번째에 서있다.

# tenth

[tenθ] 텐쓰
명 수 10th, 열 번째

**a student in the tenth grade**
어 스튜-던트 인 더 텐쓰 그레이드

제10학년 학생(우리나라의 고등학교 1학년)

# eleventh

[ilévənθ] 일레븐쓰
명 수 11th, 열한 번째

**Today is my 11th birthday.**
투데이 이즈 마이 일레븐쓰 버-쓰데이

오늘은 나의 11번째 생일입니다.

# twelfth

[twelfθ] 트웰프쓰
명 수 12th, 열두 번째

**The United States is at twelfth.**
디 유나이티드 스테이츠 이즈 앳 트웰프쓰

미국은 12위이다.

# thirteenth

[θə̀ːrtíːnθ] 써-틴-쓰

명 수 13th, 열세 번째

Who's the thirteenth person?

후-즈 더 써-틴-쓰 퍼-슨

열세 번째 사람이 누구죠?

# fourteenth

[fɔ̀ːrtíːnθ] 포-틴-쓰

명 수 14th, 열네 번째

The Fourteenth Stop

더 포-틴-쓰 스탑

열네 번째 정거장

# fifteenth

[fiftíːnθ] 피프틴-쓰

명 수 15th, 열다섯 번째

Next year will be our fifteenth wedding anniversary.

넥스트 이어 윌 비 아우어 피프틴-쓰 웨딩 애너버-서리

내년이 우리의 결혼 15주년이다.

# sixteenth

[sìkstíːnθ] 식스틴-쓰

명 수 16th, 열여섯 번째

He sent the sixteenth letter to me.

히- 센트 더 식스틴-쓰 레터 투 미

그는 나에게 16번째의 편지를 보냈다.

# seventeenth

[sèventí:nθ] 세븐틴-쓰
명 수 17th, 열일곱 번째

Go to the seventeenth seat.
고우 투 더 세븐틴-쓰 시-트

17번째 좌석으로 가십시오.

# eighteenth

[èití:nθ] 에이틴-쓰
명 수 18th, 열여덟 번째

the late eighteenth century
더 레이트 에이틴-쓰 센처리

18세기 말기

# nineteenth

[nàintí:nθ] 나인틴-쓰
명 수 19th, 열아홉 번째

Who is the greatest nineteenth century writer?
후- 이즈 더 그레이티스트 나인틴-쓰 센처리 라이터

19세기 최고의 작가는 누구입니까?

# twentieth

[twéntiəθ] 트웬티어쓰
명 수 20th, 스무 번째

She had her twentieth birthday this year.
쉬- 해드 허 트웬티어쓰 버-쓰데이 디스 이어

그녀는 올해 스무 번째 생일을 맞았다.

# twenty-first

[twénti-fə:rst] 트웬티 퍼–스트 명 수 21st, 스물한 번째

**The twenty-first century has begun.**
더 트웬티 퍼–스트 센처리 해즈 비건

21세기가 시작되었다.

# twenty-second

[twénti-sékənd] 트웬티 세컨드 명 수 22nd, 스물두 번째

**The meeting was held for the twenty-second time.**
더 미–팅 워즈 헬드 포 더 트웬티 세컨드 타임

회의는 스물두 번째로 진행되었습니다.

# twenty-third

[twénti-θə:rd] 트웬티 써–드 명 수 23rd, 스물세 번째

**This is my twenty-third interview.**
디스 이즈 마이 트웬티 써–드 인터뷰

이번이 나의 스물세 번째 면접입니다.

# twenty-fourth

[twénti-fɔ:rθ] 트웬티 포-쓰 명 수 24th, 스물네 번째

**She came twenty-fourth in the marathon.**
쉬- 케임 트웬티 포-쓰 인 더 매러썬

그녀는 그 마라톤 대회에서 24위로 들어왔다.

# twenty-fifth

[twénti-fifθ] 트웬티 피프쓰 명 수 25th, 스물다섯 번째

**He attends his parents' twenty-fifth wedding anniversary celebration.**
히- 어텐즈 히즈 페어런츠 트웬티 피프쓰 웨딩 애너버-서리 셀러브레이션

그는 부모님의 결혼 25주년 기념식에 참석한다.

# twenty-sixth

[twénti-siksθ] 트웬티 식스쓰 명 수 26th, 스물여섯 번째

**Twenty-sixth Dynasty of Egypt**
트웬티 식스쓰 다이너스티 어브 이-집트

이집트 제26왕조

# twenty-seventh

[twénti-sévənθ] 트웬티 세븐쓰 몡 수 27th, 스물일곱 번째

**She was Silla's twenty-seventh ruler.**
쉬- 워즈 실라스 트웬티 세븐쓰 루-러

그녀는 신라의 27대 왕이었다.

# twenty-eighth

[twénti-eitθ] 트웬티 에잇쓰 몡 수 28th, 스물여덟 번째

**There's a gas station on twenty-eighth street.**
데어즈 어 개스 스테이션 온 트웬티 에잇쓰 스트리-트

28번가에 주유소가 있다.

# twenty-ninth

[twénti-nainθ] 트웬티 나인쓰 몡 수 29th, 스물아홉 번째

**The twenty-ninth Olympic games were held in Beijing.**
더 트웬티 나인쓰 얼림픽 게임즈 워 헬드 인 베이징

제 29회 올림픽은 베이징에서 열렸다.

# thirtieth

[θə́ːrtiəθ] 써-티어쓰
명 수 30th, 서른 번째

**Their office is on the thirtieth floor.**
데어 오-피스 이즈 온 더 써-티어쓰 플로-

그들의 사무실은 30층에 있습니다.

# thirty-first

[θə́ːrti-fəːrst] 써-티 퍼-스트
명 수 31st, 서른한 번째

**Halloween is thirty-first of October.**
핼로우인- 이즈 써-티 퍼-스트 어브 악토우버

할로원은 10월 31일이다.

도움말 제32부터 제 39까지는 first 대신 second부터 ninth를 넣어 쓰거나 읽으면 돼요.

# fortieth

[fɔ́ːrtiəθ] 포-티어쓰
명 수 40th, 마흔 번째

**Today is my father's fortieth birthday.**
투데이 이즈 마이 파-더스 포-티어쓰 버-쓰데이

오늘은 우리 아버지의 40번째 생일이다.

# fiftieth

[fíftiəθ] 피프티어쓰
명 수 50th, 쉰 번째

Today is the hospital's fiftieth anniversary.
투데이 이즈 더 호스피틀스 피프티어쓰 애너버-서리

오늘은 그 병원의 50주년이다.

# sixtieth

[síkstiəθ] 식스티어쓰
명 수 60th, 예순 번째

He died in his sixtieth year.
히- 다이드 인 히즈 식스티어쓰 이어

그는 60세 되던 해에 죽었다.

# seventieth

[sévəntiəθ] 세븐티어쓰
명 수 70th, 일흔 번째

the seventieth anniversary of the discovery of Tutankhamun's tomb
더 세븐티어쓰 애너버-서리 어브 더 디스커버리 어브 투탄카믄스 툼-

투탕카멘 무덤 발견 70주년 기념일

# eightieth

[éitiəθ] 에이티어쓰
명 수 80th, 여든 번째

We celebrated her eightieth birthday.
위 셀러브레이티드 허 에이티어쓰 버-쓰데이

우리는 그녀의 80번째 생일을 축하했다.

# ninetieth

[náintiəθ] 나인티어쓰
몡 수 90th, 아흔 번째

**They kept the ninetieth anniversary of his death.**
데이 켑트 더 나인티어쓰 애너버-서리 어브 히즈 데스

그들은 그의 90주기 추모제를 지냈다.

# one hundredth

[wʌn hʌndrədθ] 원 헌드러드쓰  몡 100th, 백 번째

**He is now ranked one hundredth in world tennis.**
히- 이즈 나우 랭크트 원 헌드러드쓰 인 월-드 테니스

그는 현재 세계 테니스 랭킹 100위이다.

# calculator

[kǽlkjulèitər] 캘큘레이터
몡 계산기

**Can I borrow your calculator?**
캔 아이 보-로우 유어- 캘큘레이터

계산기 좀 빌려 줄래요?

# math problem

[mæθ prάbləm] 매쓰 프라블럼　**명** 수학 문제

**Are you able to do this math problem?**
아 유- 에이블 투 두 디스 매쓰 프라블럼

이 수학 문제 풀 수 있어?

# mathematics

[mæθəmǽtiks] 매써매틱스　**명** 수학

**I like mathematics most.**
아이 라이크 매써매틱스 모우스트

나는 수학이 제일 좋아요.

# sum

[sʌm] 섬　**명** 합계, 계산

**I can't do this sum.**
아이 캔트 두 디스 섬

난 이 계산을 못 하겠어.

# addition

[ədíʃən] 어디션
**명** 덧셈

The sign + expresses addition.
더 싸인 플러스 익스프레시즈 어디션

+ 부호는 덧셈의 기호이다.

# subtraction

[səbtrǽkʃən] 섭트랙션
**명** 뺄셈

I learned subtraction today at school.
아이 런-드 섭트랙션 투데이 앳 스쿨-

오늘 학교에서 빼기를 배웠다.

# multiplication

[mʌltəplikéiʃən] 멀티플리케이션 **명** 곱셈

The children learned multiplication.
더 칠드런 런-드 멀티플리케이션

아이들은 곱셈을 배웠다.

# division [divíʒən] 디비전
명 나눗셈

Let me do the division.
렛 미 두 더 디비전

내가 나눗셈을 해볼게.

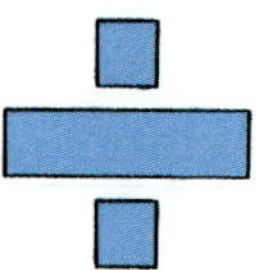

# line [lain] 라인
명 선

I drew the line.
아이 드루- 더 라인

나는 선을 그렸어요.

# straight [streit] 스트레잇
명 직선

A straight line does not bend or curve.
어 스트레잇 라인 더즈 낫 벤드 오어- 커-브

직선은 굽거나 곡선을 그리지 않는다.

# side
[said] 사이드
명 옆면

Could you copy both sides of the paper?
쿠드 유- 카피 보우쓰 사이즈 어브 더 페이퍼

종이의 양면을 복사해 주시겠어요


# shape
[ʃeip] 셰이프
명 모양

What shape is this?
왓 셰이프 이즈 디스

이것은 무슨 모양이에요


# angle
[ǽŋgl] 앵글
명 각도

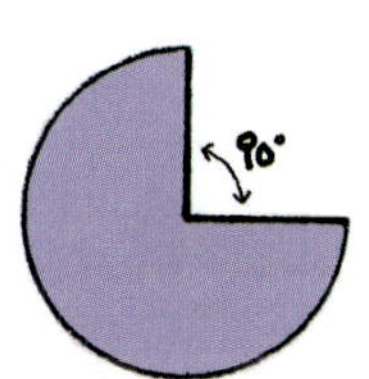

I took the angle of it.
아이 툭 디 앵글 어브 잇

나는 그것의 각도를 쟀다.


# circle
[sə́:rkl] 서-클
명 동그라미

They are standing in a circle.
데이 아 스탠딩 인 어 서-클

그들은 둥그렇게 서 있다.

# triangle
[tráiæŋgl] 트라이앵글
명 삼각형

**It is an inverted triangle.**
잇 이즈 언 인버-티드 트라이앵글

그것은 역삼각형이에요.

# square
[skwɛər] 스퀘어
명 정사각형

**I'll draw a square.**
아일 드로- 어 스퀘어

나는 정사각형을 그릴 거예요.

# rectangle
[réktæŋgl] 렉탱글
명 직사각형

**I'll draw a rectangle.**
아일 드로- 어 렉탱글

나는 직사각형을 그릴 거예요.

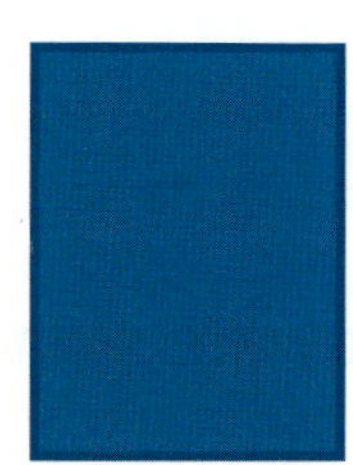

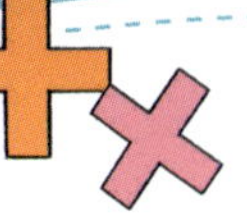

# Magic 영단어 플러스! 플러스

**초**등학생 아름이가 쓴 글을 읽어 봐요. 아름이의 글 중간 중간에 있는 괄호 속에 앞에서 배운 영어 단어를 적는 거예요. 모르는 단어가 있으면 '숫자와 수학'에서 다시 확인하여 완전히 외우도록 해요.

## ◎ 즐거운 쇼핑

오늘 엄마와 백화점에 갔어요. 백화점 장난감 코너에는 내가 좋아하는 인형이 많이 있었답니다. 첫 번째(1.          ) 것은 바비인형     이었어요. 그런데 너무 비싸서 살 수 없었답니다.

두 번째(2.          ) 것은 테디베어     였어요. 하지만 난 곰인형을 별로 좋아하지 않아요.

세 번째(3.          )와 네 번째 (4.          ) 인형은 예쁘지 않아서 사고 싶지 않았어요. 그런데 다섯 번째(5.          ) 있는 강아지 인형     은 정말 내 마음에 꼭 들었답니다.

엄마는 내 생일 선물로 그 강아지 인형을 사 주셨어요. 와우! 얼마나 신났는지 몰라요. 엄마는 식품 코너에 가서 오이     를 열(6.          )개 샀어요. 토마토     는 열 한(7.          )개, 당근     은 열 여덟(8.          )개나 샀어요. 엄마는 당근     을 정말 좋아하시나 봐요. 오늘 쇼핑은 아주 즐거웠어요. 다음에는 예쁜 옷     을 살 거예요. 생일이 빨리 다시 돌아왔으면 좋겠어요!

**답** 1. first  2. second  3. third  4. fourth  5. fifth  6. ten  7. eleven  8. eighteen

# time [taim] 타임
명 시간

**What time is it now?**
왓 타임 이즈 잇 나우

지금 몇 시에요?

# clock

[klak] 클락
**명** 시계

**The clock said seven o'clock.**
더 클락 세드 세븐 어클락

시계가 일곱 시를 가리키고 있었다.

# hour

[auər] 아우어
**명** 한 시간

**How many hours do you study a day?**
하우 메니 아우어즈 두 유- 스터디 어 데이

너는 하루에 몇 시간 동안 공부하니?

# minute

[mínit] 미닛트
**명** 분

**Do you have a minute?**
두- 유- 해브 어 미닛트

시간 있으세요?

# second [sékənd] 세컨드
**명** 초

**Wait a second.**
웨이트 어 세컨드

잠깐만 기다리세요.

# dawn [dɔːn] 돈-
**명** 새벽

**What did you do from dusk till dawn?**
왓 디드 유- 두- 프럼 더스크 틸 돈-

황혼에서새벽까지너는무얼했니?

# morning [mɔ́ːrniŋ] 모-닝
**명** 아침

**Good morning.**
굿 모-닝

안녕하세요. (아침인사)

# noon

[nu:n] 눈-
명 정오(낮 12시경)

We eat lunch at noon.
위 이-트 런치 앳 눈-

우리는 정오에 점심을 먹어요.

# afternoon

[ǽftərnu:n] 애프터눈-
명 오후

Good afternoon.
굿 애프터눈-

안녕하세요. (오후인사)

# evening

[í:vniŋ] 이-브닝
명 저녁

Good evening.
굿 이-브닝

안녕하세요. (저녁인사)

# night
[nait] 나이트
명 밤

**Good night.**
굿 나이트

잘 자.

# midnight
[midnait] 미드나이트
명 한밤(새벽 12시경)

**I went to bed at midnight.**
아이 웬트 투 베드 앳 미드나이트

나는 밤 12시에 잠자리에 들었다.

# A.M.
[éiém] 에이엠
명 오전

**Can we meet at 10:00 a.m.?**
캔 위 미-트 앳 텐 에이엠

오전 10시에 만날 수 있을까요?

# P.M.

[píːém] 피–엠
**명** 오후

**The polls close at 5:00 p.m.**
더 포울즈 클로우즈 앳 파이브 피–엠
투표는 오후 5시에 마감된다

# date

[deit] 데이트
**명** 날짜

**What date is it today?**
왓 데이트 이즈 잇 투데이
오늘 며칠이니?

# day

[dei] 데이
**명** 하루

**How was your day?**
하우 워즈 유어 데이
오늘 하루 어땠니?

# everyday

[evrideɪ] 에브리데이
**명** 매일

**I go to school everyday.**
아이 고우 투 스쿨– 에브리데이
나는 매일 학교에 갑니다.

# today

[tədéi] 투데이
몡 오늘

**Today** is my birthday.
투데이 이즈 마이 버-쓰데이

오늘은 나의 생일입니다.

# tonight

[tənáit] 투나이트
몡 오늘 밤

Do you have time **tonight**?
두 유- 해브 타임 투나이트

오늘 밤 시간 있니?

# yesterday

[jéstərdèi] 예스터데이
몡 어제

I met my friend **yesterday**.
아이 멧 마이 프렌드 예스터데이

나는 어제 친구를 만났어요.

# tomorrow

[təmɔ́ːrou] 투모-로우
몡 내일

What will you do **tomorrow**?
왓 윌 유- 두- 투모-로우

너는 내일 무얼 할 거니?

# week [wi:k] 윅-
명 주

**What day of the week is it today?**
왓 데이 어브 더 윅- 이즈 잇 투데이

오늘은 무슨 요일입니까?

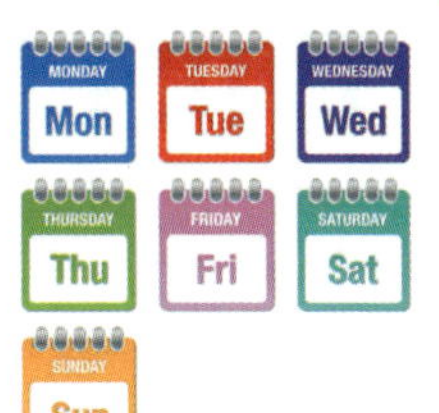

# weekdays [wikdeiz] 위-크데이즈
명 평일

**We work on weekdays.**
위 워-크 온 위-크데이즈

우리는 평일에 일을 합니다.

# weekend [wi:kend] 위-켄드
명 주말

**I had a good time on the weekend.**
아이 해드 어 굿 타임 온 더 위-켄드

나는 주말을 재미있게 보냈어요.

# last week [læst wi:k] 래스트 윅-
명 지난 주

**What did you do last week?**
왓 디드 유- 두- 래-스트 윅-

너는 지난 주에 무엇을 했니?

# this week

[ðɪs wiːk] 디스 윅-
**명** 이번 주, 금주

How about going to a movie this week?
하우 어바웃 고우잉 투 어 무-비 디스 윅-

이번 주에 영화보러 갈래?

# next week

[nekst wiːk] 넥스트 윅-
**명** 다음 주

What are you going to do next week?
왓 아 유- 고우잉 투 두- 넥스트 윅-

다음 주에는 무엇을 할 거니?

# month

[mʌnθ] 먼쓰
**명** 달

Can you finish this project by next month.
캔 유- 피니시 디스 프로젝트 바이 넥스트 먼쓰

다음 달까지 이 프로젝트를 끝낼 수 있겠어요.

# last month

[læst mʌnθ] 래스트 먼쓰
**명** 지난 달

Where did you go last month?
웨어 디드 유- 고우 래-스트 먼쓰

지난 달에 어디에 갔었니?

# this month

[ðɪs mʌnθ] 디스 먼쓰　명 이번 달

**I'm broke this month.**
아임 브로우크 디스 먼쓰
이번 달엔 완전히 빈털터리야.

# next month

[nɛkst mʌnθ] 넥스트 먼쓰　명 다음 달

**Where will you go next month?**
웨어 윌 유- 고우 넥스트 먼쓰
다음 달에 어디에 갈 거니?

# year

[jiər] 이어　명 년

**I am twelve years old.**
아이 엠 트웰브 이어즈 오울드
나는 열 두살이에요.

# last year

[læstjíər] 래스트 이어
명 지난 해

I made a lot of money last year.
아이 메이드 어 랏 어브 머니 래스트 이어

지난 해에 많은 돈을 벌었어요.

# this year

[ðis jiər] 디스 이어
명 이번 해, 금년

Do you have any plans for this year?
두- 유- 해브 애니 플랜즈 포 디스 이어

올해 세운 계획이 있니?

# next year

[nekst jiər] 넥스트 이어
명 다음 해, 내년

Are there any special plans for next year?
아 데어 애니 스페셜 플랜즈 포 넥스트 이어

내년을 위한 특별한 계획이 있니?

# Magic 영단어 플러스! 플러스

시계를 보고 시간을 영어로 읽는 법을 배워 봐요. 시간을 잘 읽기 위해서는 앞에서 배운 숫자를 잘 알고 있어야 된다는 것을 알게 될 거예요. 처음에는 어렵지만 반복해서 읽고 써 보면 쉽게 따라 할 수 있답니다.

**nine o'clock** 9시

**twelve thirty** 12시 30분

**four fifty-eight** 4시 58분

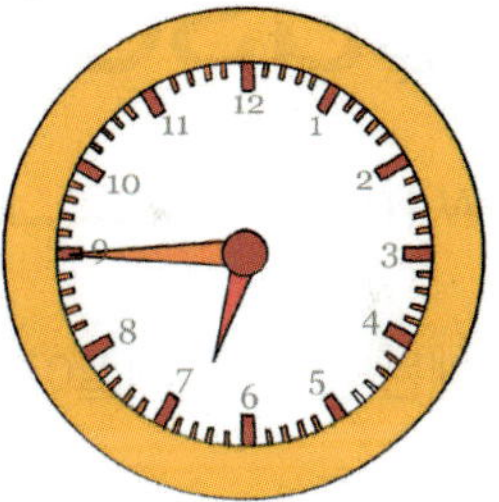

**six forty-five** 6시 45분

**eight twenty** 8시 20분

**ten thirty-one** 10시 31분

# season

[síːzn] 시-즌
명 계절

**How many seasons are there in Korea?**
하우 메니 시-즌즈 아 데어 인 커리-어

한국에는 몇 개의 계절이 있나요?

# Sunday

[sʌndei] 선데이
명 일요일

**I like Sunday.**
아이 라이크 선데이

저는 일요일이 좋아요.

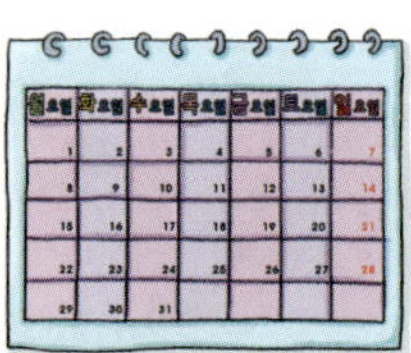

# Monday

[mʌndei] 먼데이
명 월요일

Today is Monday.
투데이 이즈 먼데이

오늘은 월요일입니다.

# Tuesday

[tjúːzdei] 튜-즈데이
명 화요일

Is it Tuesday today?
이즈 잇 튜-즈데이 투데이

오늘 화요일이니?

# Wednesday

[wénzdei] 웬즈데이
명 수요일

No, today is Wednesday.
노우 투데이 이즈 웬즈데이

아니, 오늘은 수요일이야.

# Thursday

[θə́ːrzdei] 써-즈데이
명 목요일

Let's meet on Thursday.
렛츠 미-트 온 써-즈데이

목요일에 만나자.

# Friday

[fráidei] 프라이데이
명 금요일

**I'll leave on Friday.**
아일 리-브 온 프라이데이

나는 금요일에 떠날 거예요.

# Saturday

[sǽtərdie] 새터데이
명 토요일

**My birthday is Saturday.**
마이 버-쓰데이 이즈 새터데이

내 생일은 토요일입니다.

# January

[dʒǽnjuèri] 재뉴에리
명 1월

**It's January.**
잇츠 재뉴에리

1월입니다.

도움말 여기서 it은 달을 나타내는 비인칭주어 it입니다. 비인칭주어란 시간, 날씨, 요일 등을 나타낼 때 쓰는 주어를 말해요.

# February

[fébruəri] 페브루에리
(명) 2월

It's February.
잇츠 페브루에리

2월입니다.

# March

[ma:rtʃ] 마-치
(명) 3월

It's March.
잇츠 마-치

3월입니다.

# April

[éiprəl] 에이프럴
(명) 4월

April is the cruellest month.
에이프럴 이즈 더 크루-얼리스트 먼쓰

4월은 잔인한 달.

# May [mei] 메이
명 5월

I was born on May 6.
아이 워즈 본- 온 메이 식스쓰

나는 5월 6일에 태어났어요.

# June [dʒuːn] 준-
명 6월

They are to be married in June.
데이 아 투 비 매리드 인 준-

그들은 6월에 결혼하기로 되어 있다.

# July [dʒuːlái] 줄-라이
명 7월

The movie hits the big screen in July.
더 무-비 힛츠 더 빅 스크린- 인 줄-라이

그 영화는 7월에 극장에서 상영된다.

# August [ɔ́ːgəst] 오-거스트
명 8월

We met last August.
위 멧 래스트 오-거스트

우리는 저번 여름에 만났어.

때와 계절

# September

[septémbər] 셉템버
명 9월

**This was in September, 1969.**
디스 워즈 인 셉템버 나인틴-식스티나인

이 때가 1969년 9월이었다.

# October

[aktóubər] 악토우버
명 10월

**It is October the ninth.**
잇 이즈 악토우버 더 나인쓰

10월 9일입니다.

# November

[nouvémbər] 노벰버
명 11월

**She left back in November.**
쉬- 레프트 백 인 노우벰버

그녀는 지난 11월에 떠났다.

# December

[disémbər] 디셈버
명 12월

**Christmas is December 25.**
크리스머스 이즈 디셈버 트웬티피프쓰

크리스마스는 12월 25일입니다.

# spring

[spriŋ] 스프링
**명** 봄

I like spring.
아이 라이크 스프링

나는 봄을 좋아합니다.

# summer

[sʌmər] 서머
**명** 여름

I like summer, too.
아이 라이크 서머 투

나는 여름도 좋아합니다.

# autumn

[ɔ́:təm] 오-텀
**명** 가을

My favorite season is autumn.
마이 페이버릿 시-즌 이즈 오-텀

나는 가을을 가장 좋아합니다.

# fall

[fɔ:l] 폴-
**명** 가을(한정적)

Let's go on a picnic in the fall.
렛츠 고우 온 어 피크닉 인 더 폴-

가을에 소풍 가자.

# winter
[wíntər] 윈터
**명** 겨울

**I have a long winter vacation.**
아이 해브 어 롱- 윈터 베이케이션

나의 겨울 방학은 길어요.

# birthday
[bə́:rθdèi] 버-쓰데이
**명** 생일

**Happy birthday to you!**
해피 버-쓰데이 투 유-

생일 축하해!

# holiday
[hálədèi] 할러데이
**명** 휴일, 휴가

**Have a nice holiday.**
해브 어 나이스 할러데이

즐거운 연휴 보내세요.

# Magic 영단어 플러스! 플러스

날짜를 영어로 쓰는 법을 배워 봐요. 미국이나 영국에서는 우리와 반대로 날짜를 적으므로 주의해야 해요.

2004년 1월 3일 : January 3, 2004

2005년 2월 5일 : February 5, 2005

2006년 3월 10일 : March 10, 2006

2007년 4월 12일 : April 12, 2007

2008년 5월 15일 : May 15, 2008

2009년 6월 17일 : June 17, 2009

2010년 7월 21일 : July 21, 2010

2011년 8월 23일 : August 23, 2011

2012년 9월 24일 : September 24, 2012

2013년 10월 27일 : October 27, 2013

2014년 11월 29일 : November 29, 2014

2015년 12월 30일 : December 30, 2015

# Magic 영단어 플러스! 플러스

## ◎ 그림으로 익히는 영단어!

spring 봄

summer 여름

autumn / fall 가을

winter 겨울

# color [kʌlər] 컬러
**명** 색깔

**What is your favorite color?**
왓 이즈 유어 페이버릿 컬러

너는 무슨 색을 좋아하니?

**Isn't the color too harsh?**
이즌트 더 컬러 투- 하-쉬

색깔이 너무 튀지 않나요?

# red
[red] 레드
명 형 빨강색

**I like red color.**
아이 라이크 레드 컬러

나는 빨간색을 좋아해요.

# pink
[piŋk] 핑크
명 형 분홍색

**The pig is pink.**
더 피그 이즈 핑크

돼지는 분홍색이에요.

# orange
[ɔ́ːrindʒ] 오-린지
명 형 오렌지색

**I like orange color.**
아이 라이크 오-린지 컬러

저는 오렌지색을 좋아해요.

# yellow
[jélou] 옐로우
명 형 노랑색

**Lemons are yellow.**
레먼즈 아 옐로우

레몬은 노랑색이에요.

# green [griːn] 그린-
### 명 형 초록색

**The grass is green.**
더 그래스 이즈 그린-

잔디는 초록색이에요.

# blue [bluː] 블루-
### 명 형 파란색

**Look at the blue sky.**
룩 앳 더 블루- 스카이

저 파란 하늘 좀 봐.

# sky blue [skái bluː] 스카이 블루-
### 명 형 하늘색

**Her eyes are sky blue.**
허 아이즈 아 스카이 블루-

그녀의 눈은 하늘색이다.

# purple
[pə́ːrpl] 퍼-플
**명** **형** 보라색

**He painted the chair purple.**
히- 페인티드 더 체어 퍼-플

그는 의자를 보라색으로 칠했어요.

# black
[blæk] 블랙
**명** **형** 검은색

**Do you like black coffee?**
두- 유- 라이크 블랙 코-피

너 블랙 커피 좋아하니?

# gray
[grei] 그레이
**명** **형** 회색

**The sky is gray.**
더 스카이 이즈 그레이

하늘이 흐려요.

# white
[hwait] 화이트
**명** **형** 흰색

**The rabbit is white.**
더 래빗 이즈 화이트

토끼는 흰색이에요.

# beige

[beiʒ] 베이지
명 형 베이지색

He was wearing a beige suit.
히- 워즈 웨어링 어 베이지 수-트

그는 베이지색 양복을 입고 있었다.

# brown

[braun] 브라운
명 형 밤색

Do you like brown color?
두- 유- 라이크 브라운 컬러

너는 밤색을 좋아하니

# gold

[gould] 고울드
명 형 금색

She is wearing a gold ring.
쉬- 이즈 웨어링 어 고울드 링

그녀는 금반지를 끼고 있어요.

# silver

[sílvər] 실버
명 형 은색

She's an Olympic silver medallist.
쉬-즈 언 얼림픽 실버 메들리스트

그녀는 올림픽 은메달 수상자이다.

# Magic 영단어 플러스! 플러스

서로 다른 색을 섞으면 새로운 색깔이 만들어져요. 다음에 제시된 색을 섞으면 무슨 색이 나올지 상상해 보고 영어로 적어 봐요.

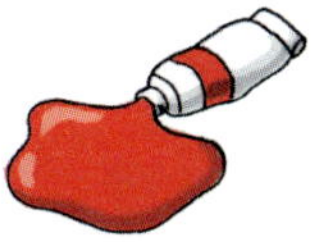

**red** + 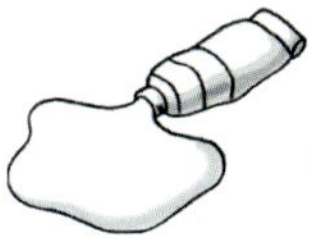 **white** = ?

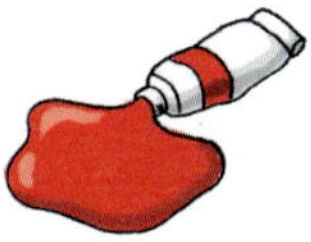

**red** +  **blue** = ?

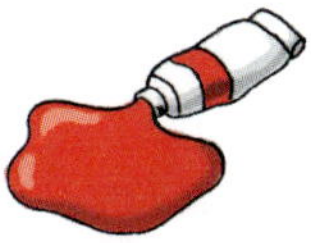

**red** +  **yellow** = ?

**blue** + 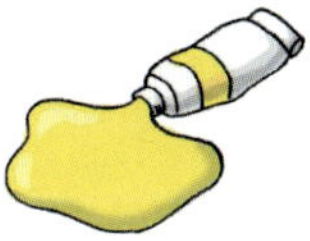 **yellow** = ?

**black** +  **white** = ?

**brown** + 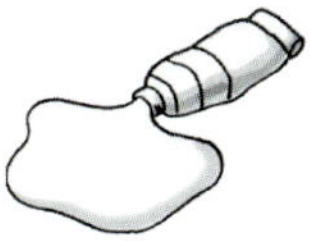 **white** = ?

답 red + white = pink | red + blue = purple | red + yellow = orange
blue + yellow = green | black + white = gray | brown + white = beige

# family

[fǽməli] 패멀리

**명** 가족

How large is your family?

하우 라-지 이즈 유어 패멀리

너의 가족은 몇 명이니?

# relatives

[rélətivz] 렐러티브즈

**명** 친척

Do you have any relatives?

두- 유- 해브 애니 렐러티브즈

너는 친척들이 있니?

# home 

[houm] 홈
**명** 가정

There is no place like **home**.
데어 이즈 노 플레이스 라이크 홈

집이 최고야.

# wife 

[waif] 와이프
**명** 부인

She is my **wife**.
쉬- 이즈 마이 와이프

그녀는 나의 부인입니다.

# husband 

[hʌzbənd] 허즈번드
**명** 남편

He is my **husband**.
히- 이즈 마이 허즈번드

그는 나의 남편입니다.

# parents 

[perəntʃ] 페어런츠
**명** 부모

I love my **parents**.
아이 러브 마이 페어런츠

저는 제 부모님을 사랑해요.

# mother [mʌðər] 머더
명 어머니

**She is my mother's sister.**
쉬- 이즈 마이 머더스 시스터

그녀는 나의 어머니의 여동생입니다.

# mom [mam] 맘
명 엄마

**Mom, I'm hungry.**
맘 아임 헝그리

엄마 배고파요.

# father [fá:ðər] 파-더
명 아버지

**What does your father do?**
왓 더즈 유어 파-더 두-

너의 아버지는 무엇을 하시니?

# dad [dæd] 대드
명 아빠

**Dad drove me home.**
대드 드로우브 미 홈

아빠가 나를 집에까지 태워다 주셨어요.

# child
[tʃaild] 차일드
명 아이, 자식

The child is the father of the man.
더 차일드 이즈 더 파-더 어브 더 맨

아이는 어른의 아버지.

# baby
[béibi] 베이비
명 아기

The baby is crying.
더 베이비 이즈 크라잉

아기가 울고 있어요.

# daughter
[dɔ́:tər] 도-터
명 딸

I have two daughters.
아이 해브 투- 도-터즈

나에게는 딸이 두 명 있어요.

# son
[sʌn] 선
명 아들

I have two sons.
아이 해브 투- 선즈

나는 두 명의 아들이 있어요.

# sister

[sístər] 시스터
명 언니, 누나, 여동생

**I have one sister.**
아이 해브 원 시스터

나는 언니가 한 명 있어요.

# brother

[brʌðər] 브러더
명 오빠, 형, 남동생

**How many brothers and sisters do you have?**
하우 메니 브러더즈 앤드 시스터즈 두- 유- 해브

형제가 몇 명이에요.

# grandparents

[grǽndpɛərəntz] 그랜드페어런츠  명 조부모(할아버지와 할머니)

**I live with my grandparents.**
아이 리브 위드 마이 그랜드페어런츠

나는 할아버지, 할머니와 함께 산다.

# grandmother

[grǽndmʌðər] 그랜드머더  **명** 할머니

My grandmother is very old.
마이 그랜드머더 이즈 베리 오울드

나의 할머니는 연세가 많으십니다.

# grandfather

[grǽndfɑːðər] 그랜드파–더  **명** 할아버지

My grandfather is very tall.
마이 그랜드파–더 이즈 베리 톨–

나의 할아버지는 매우 키가 크세요.

# grandchildren

[grǽndtʃildrən] 그랜드칠드런  **명** 손자 손녀들

She has five grandchildren.
쉬– 해즈 파이브 그랜드칠드런

그녀는 손자 손녀들이 5명 있어요.

# grandson [grǽndsʌn] 그랜드선
명 손자

**He has two grandsons.**
히- 해즈 투- 그랜드선즈

그는 손자가 2명 있어요.

# granddaughter

[grǽnddɔ̀:tər] 그랜드도-터  명 손녀

**She read her granddaughter a story.**
쉬- 레드 허 그랜드도-터 어 스토-리

그녀는 자신의 손녀에게 이야기를 하나 읽어 주었다.

# aunt [ænt] 앤트
명 아주머니, 고모, 이모

**She is my aunt.**
쉬- 이즈 마이 앤트

그녀는 나의 이모예요.

# uncle
[Ʌŋkl] 엉클
명 아저씨, 삼촌

**My uncle works in the bank.**
마이 엉클 웤-스 인 더 뱅크

나의 삼촌은 은행에서 일하세요.

# niece
[níːs] 니-스
명 조카딸

**My niece visits me every month.**
마이 니-스 비짓츠 미 에브리 먼쓰

내 조카는 매달 나를 방문한다.

# nephew
[néfjuː] 네퓨-
명 조카

**He is my nephew.**
히- 이즈 마이 네퓨-

그는 나의 조카예요.

# cousin
[kʌzn] 커즌
명 사촌

**I played with my cousins.**
아이 플레이드 위드 마이 커즌즈

나는 사촌들과 놀았어요.

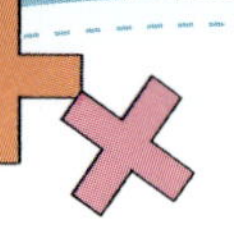

# Magic 영단어 플러스! 플러스

## ◎ 그림으로 익히는 영단어!

• 우리 가족을 영어로 말해 봐요!

**grandfather**
할아버지

**grandmother**
할머니

**father**
아버지

**mother**
어머니

**elder brother**
오빠

**elder sister**
언니

**younger brother**
남동생

**younger sister**
여동생

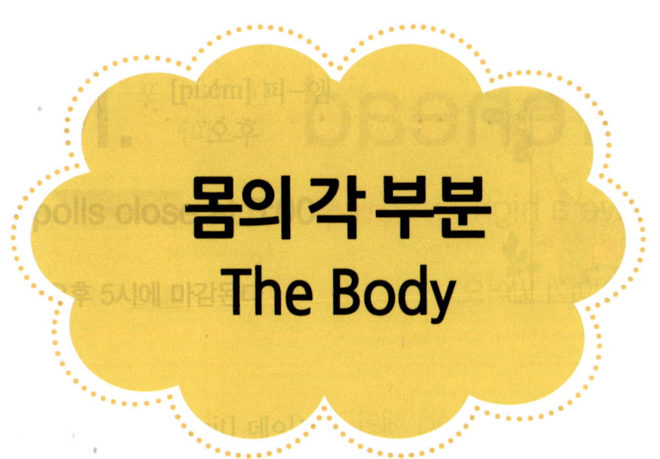





# body [bɔ́di] 바디
**명** 몸

Please take care of your body.
플리-즈 테이크 케어 어브 유어 바디

몸을 돌보세요.

# head [hed] 헤드
**명** 머리

Use your head.
유-즈 유어 헤드

머리를 써.

# forehead

[fɔ:rhed] 포-헤드
명 이마

**I have a high forehead.**
아이 해브 어 하이 포-헤드

나는 이마가 넓어요.

# hair

[hɛər] 헤어
명 머리카락

**She has long straight hair.**
쉬- 해즈 롱- 스트레잇 헤어

그녀는 긴 생머리를 가지고 있어요.

# bald

[bɔ:ld] 볼-드
명 대머리

**My grandfather is bald.**
마이 그랜드파-더 이즈 볼-드

나의 할아버지는 대머리예요.

# face

[feis] 페이스
명 얼굴

**Go and wash your face.**
고우 앤드 와쉬 유어 페이스

가서 세수하거라.

# eye
[ai] 아이
**명** 눈

**You have blue eyes.**
유- 해브 블루- 아이즈

너는 푸른색 눈을 가졌구나.

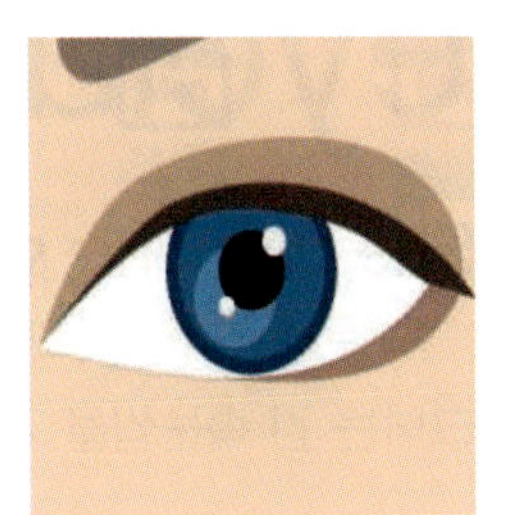

# eyebrow
[áibràu] 아이브라우
**명** 눈썹

**I raised my eyebrows.**
아이 레이즈드 마이 아이브라우즈

나는 눈썹을 치켜 올렸다. (의심할 때)

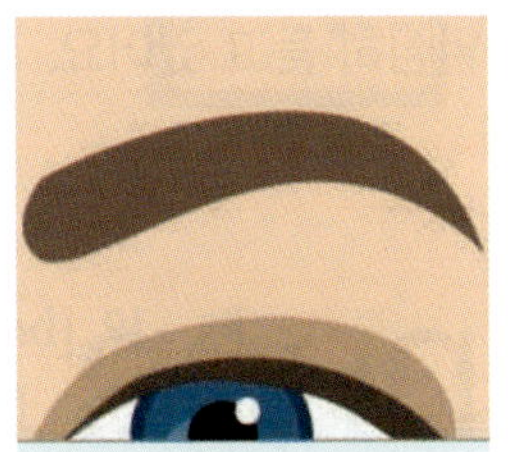

# eyelid
[ailid] 아일리드
**명** 눈꺼풀

**She has double edged-eyelids.**
쉬- 해즈 더블 엣지드 아이리즈

그녀는 쌍꺼풀이 있어요.

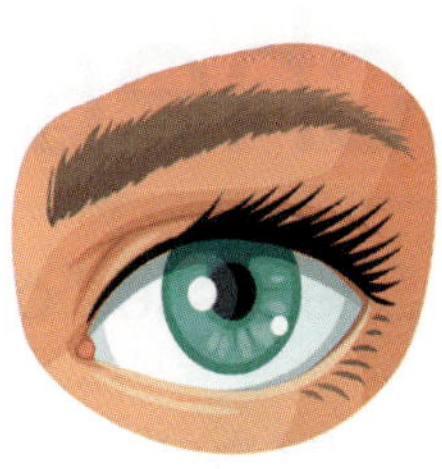

# eyelashes

[ailæʃz] 아일래쉬즈
**명** 속눈썹

**She has long eyelashes.**
쉬- 해즈 롱- 아일래쉬즈

그녀는 긴 속눈썹을 가지고 있어요.

# ear

[iər] 이어
**명** 귀

**I'm all ears.**
아임 올- 이어즈

열심히 듣고 있어요.

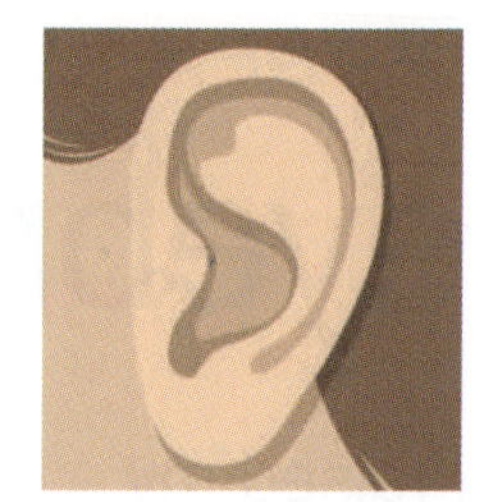

# nose

[nouz] 노우즈
**명** 코

**He has a long nose.**
히- 해즈 어 롱- 노우즈

그는 코가 높아요.

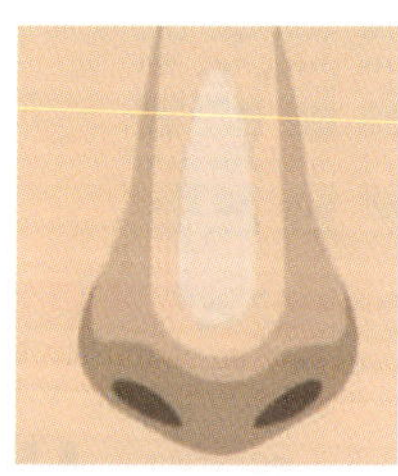

# cheek

[tʃi:k] 치-크
**명** 뺨

**She kissed on his cheek.**
쉬- 키스트 온 히즈 치-크

그녀는 그의 뺨에 키스를 했어요.

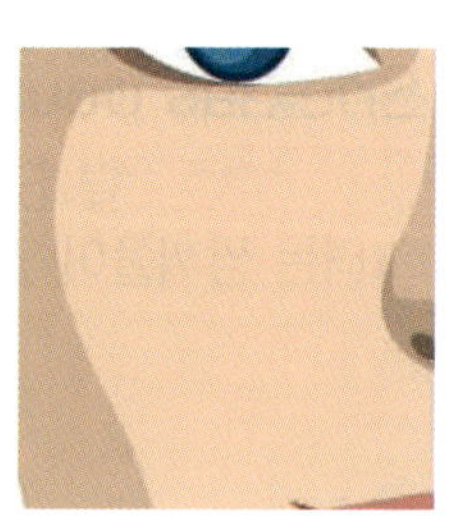

# mouth

[mauθ] 마우쓰
**명** 입

**Open your mouth.**
오우픈 유어 마우쓰

입을 벌려요.

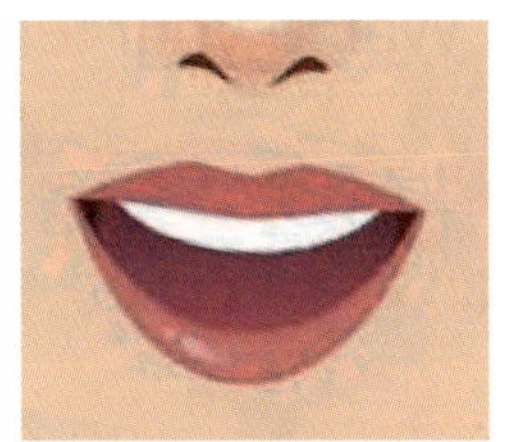

# lip

[lip] 립
**명** 입술

**He didn't open his lips.**
히 디든트 오우픈 히즈 립스

그는 입을 열지 않았어요.

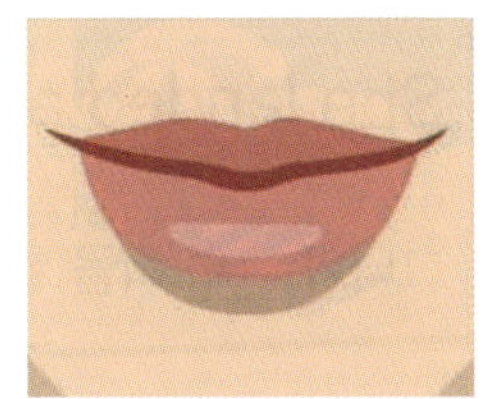

# tooth

[tu:θ] 투―쓰
**명** 이(tooth의 복수형은 teeth예요.)

**I have a decayed tooth.**
아이 해브 어 디케이드 투―쓰

나는 충치가 있어요.

# tongue [tʌŋ] 텅
**명** 혀

**Watch your tongue.**
와치 유어 텅

말조심하세요.

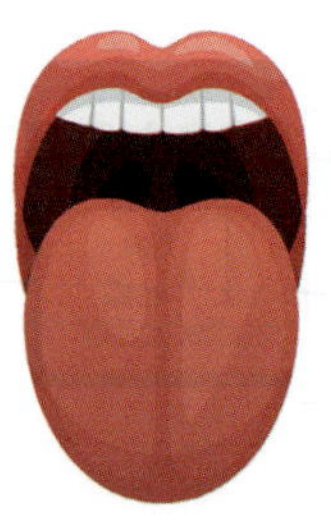

# chin [tʃin] 친
**명** 턱

**She landed a punch on his chin.**
쉬- 랜디드 어 펀치 온 히즈 친

그녀가 그의 턱을 한 대 쳤다.

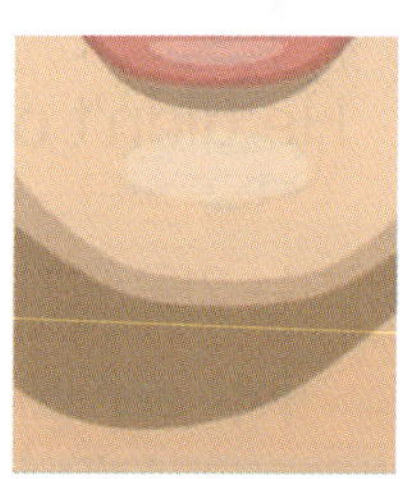

# jaw [dʒɔː] 조-
**명** 턱

**I caught him one on the jaw.**
아이 코-트 힘 원 온 더 조-

그 사람을 한 방 날렸다.

# mustache

[məstɑ́:ʃ] 머스태-쉬
**명** 콧수염

He grows a musta-che.
히- 그로우즈 어 머스태-쉬

그는 콧수염을 길러요.

# beard

[biərd] 비어드
**명** 턱수염

He wears a beard.
히- 웨어즈 어 비어드

그는 턱수염을 길러요.

# neck

[nek] 넥
**명** 목

He is a pain in my neck.
히- 이즈 어 페인 인 마이 넥

그는 목에 가시야.

# throat [θrout] 쓰로웃
**명** 목구멍

**I have a sore throat.**
아이 해브 어 소어- 쓰로웃

나는 목이 아파요.

# voice [vɔis] 보이스
**명** 목소리

**You have a soft voice.**
유- 해브 어 소프트 보이스

너의 목소리는 참 부드러워.

# shoulder [ʃóuldər] 쇼울더
**명** 어깨

**I have a stiff shoulder.**
아이 해브 어 스티프 쇼울더

어깨가 뻐근해요.

# chest

[tʃest] 체스트
圀 가슴

**I put a hand to my chest.**
아이 풋 어 핸드 투 마이 체스트

나는 가슴에 손을 가져다 대었다.

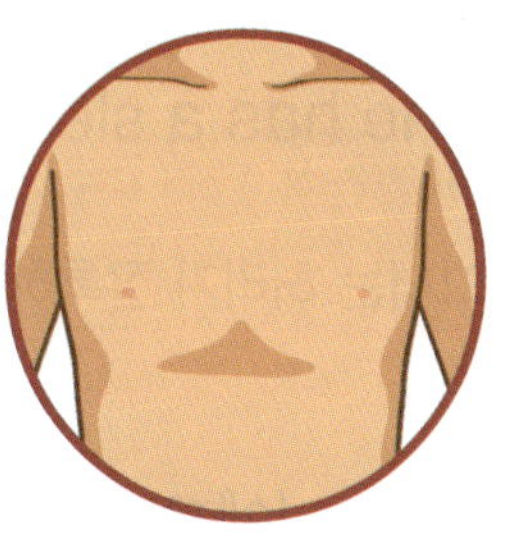

# abdomen

[ǽbdəmən] 앱더먼
圀 배

**Strain the lower abdomen.**
스트레인 더 로우어 앱더먼

단전에 힘을 주세요.

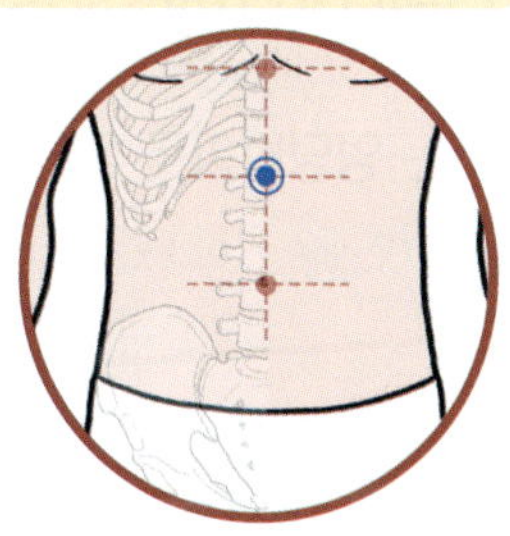

# back

[bæk] 백
圀 등

**I have a backache.**
아이 해브 어 백에이크

등이 아파요.

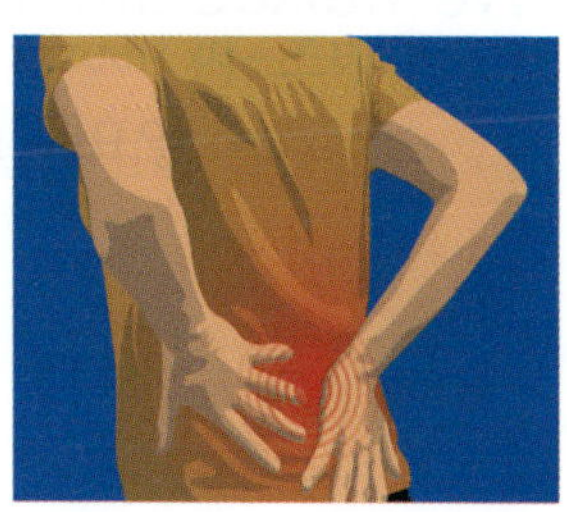

# waist

[weist] 웨이스트
명 허리

She has a slender waist.
쉬- 해즈 어 슬렌더 웨이스트

그녀는 허리가 잘록하다.

# hip

[hip] 힙
명 엉덩이

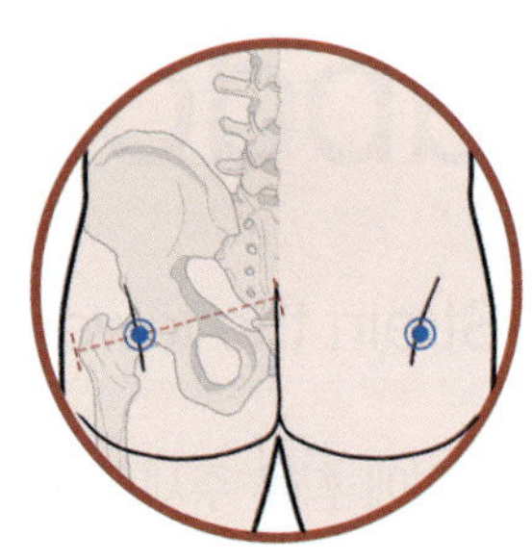

I fell on my hips.
아이 펠 온 마이 힙스

나는 엉덩방아를 찧었어요.

# arm

[a:rm] 암-
명 팔

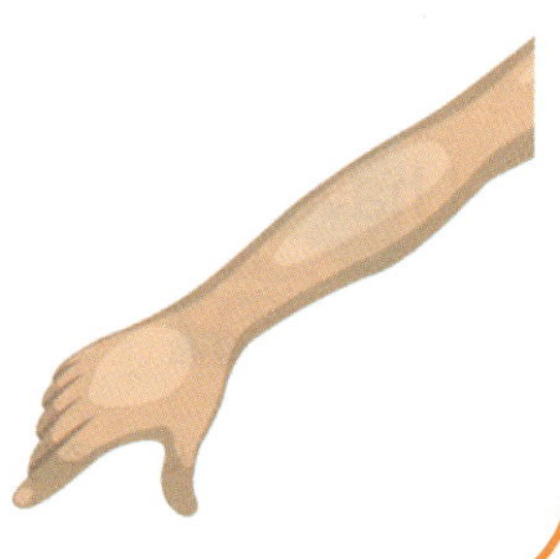

We walked arm in arm.
위 웍-트 암- 인 암-

우리는 팔짱을 끼고 걸었어요.

# elbow

[élbou] 엘보우
**명** 팔꿈치

**She jabbed him with her elbow.**
쉬- 잽드 힘 위드 허 엘보우

그녀가 팔꿈치로 그를 쿡 찔렀다.

# hand

[hænd] 핸드
**명** 손

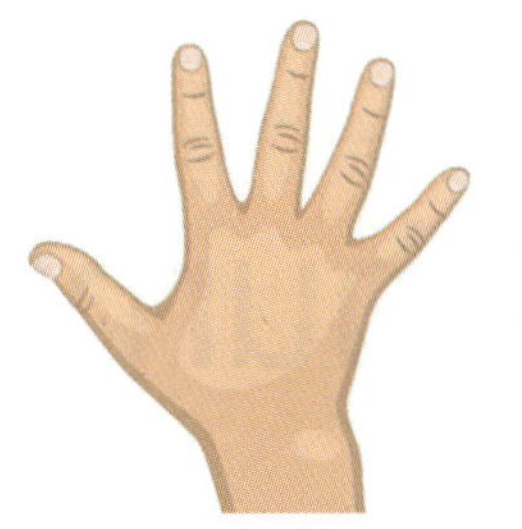

**I'll give you a hand.**
아일 기브 유- 어 핸드

내가 도와줄게.

# wrist

[rist] 리스트
**명** 손목

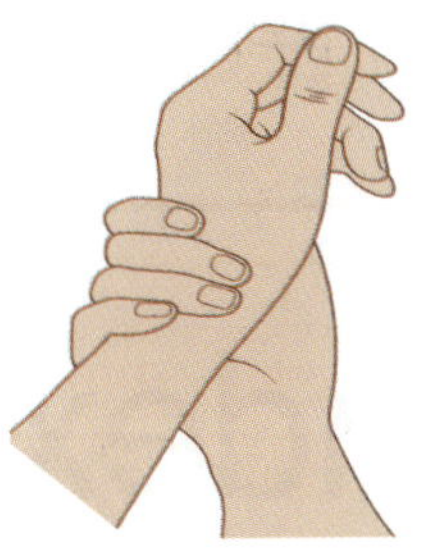

**I took him by the wrist.**
아이 툭 힘 바이 더 리스트

나는 그의 손목을 잡았어요.

# palm

[pa:m] 팜-
**명** 손바닥

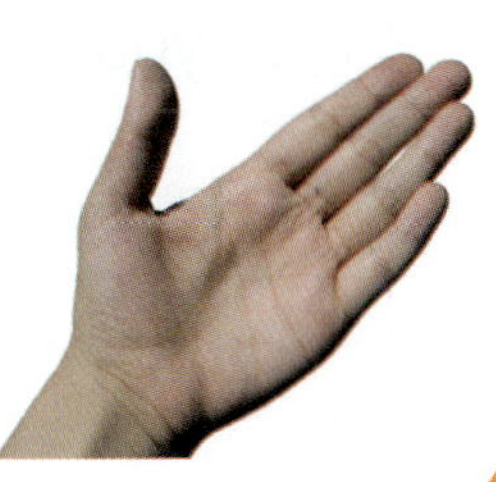

**Can you read a person's palm?**
캔 유- 리-드 어 퍼-슨즈 팜-

너는 손금을 볼 수 있니?

# finger

[fíŋgər] 핑거
명 손가락

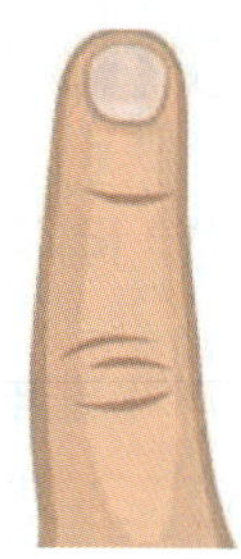

**She has long finger s.**
쉬- 해즈 롱- 핑거즈

그녀는 손가락이 길어요.

# thumb

[θʌm] 썸
명 엄지손가락

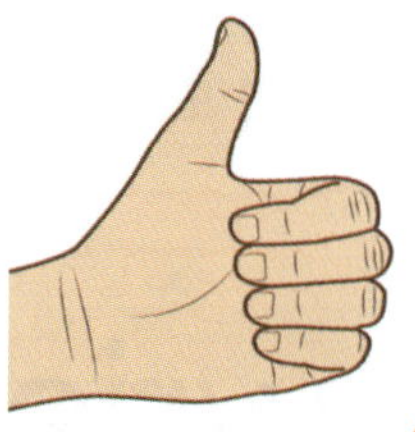

**He jigged his thumb up and down.**
히- 지그드 히즈 썸 업 앤드 다운

그는 그의 엄지손가락을 위 아래로 흔들었다.

# index finger

[índeks fíŋgər] 인덱스 핑거  명 집게손가락(둘째 손가락)

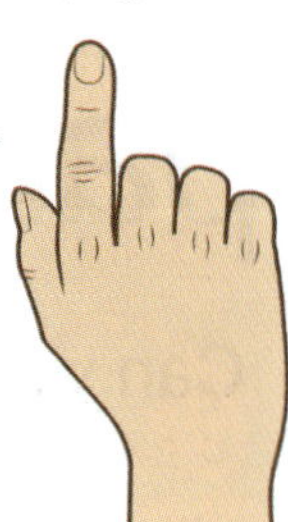

**Place your index finger on the trigger.**
플레이스 유어 인덱스 핑거 온 더 트리거

검지손가락으로 방아쇠를 잡는다.

# middle finger

[mídl fíŋgər] 미들 핑거  **명** 가운데손가락(셋째 손가락)

The middle finger is the longest.
더 미들 핑거 이즈 더 롱-기스트

가운데 손가락이 제일 길다.

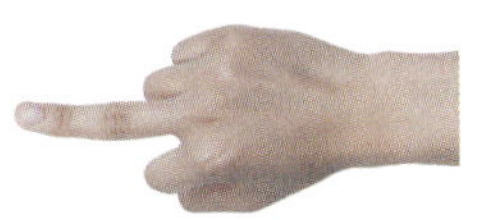

# ring finger

[riŋ fíŋgər] 링 핑거  **명** 약손가락(넷째 손가락)

The ring finger is the fourth finger.
더 링 핑거 이즈 더 포-쓰 핑거

약지는 네 번째 손가락입니다.

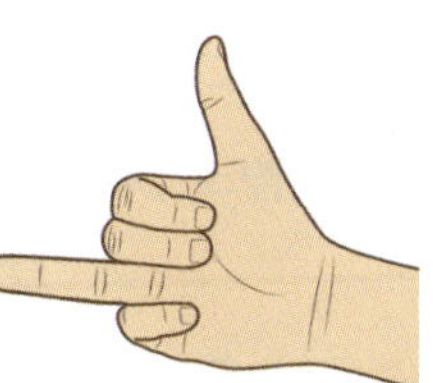

# little finger

[lítl fíŋgər] 리틀 핑거  **명** 새끼손가락(다섯째 손가락)

My little finger hurts.
마이 리틀 핑거 허-츠

새끼 손가락이 아파요.

# fingernail [fɪŋgəneɪl] 핑거네일
명 손톱

**Your fingernail is unkempt.**
유어 핑거네일 이즈 언켐트

손톱이 길구나.

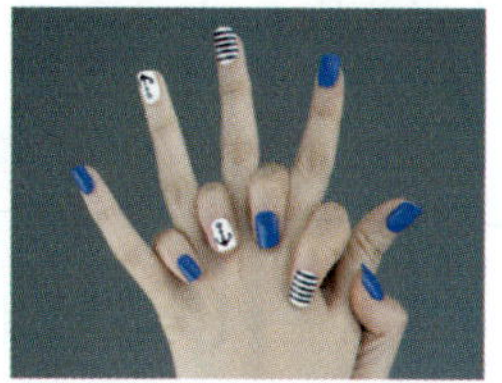

# leg [leg] 레그
명 다리

**I stretched my legs.**
아이 스트레치드 마이 레그즈

나는 다리를 쭉 뻗었어요.

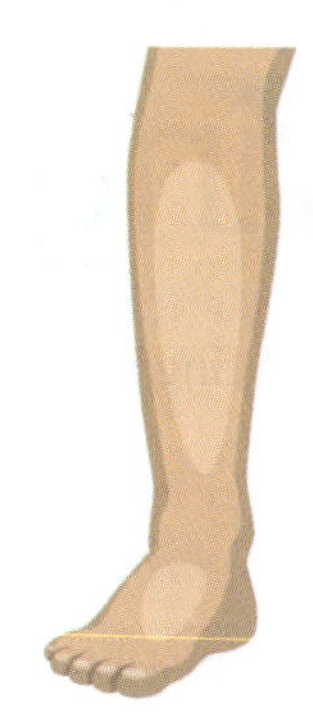

# thigh [θai] 싸이
명 허벅다리

**A bullet went through his thigh.**
어 불릿 웬트 쓰루 히즈 싸이

총알이 허벅다리를 통과했어요.

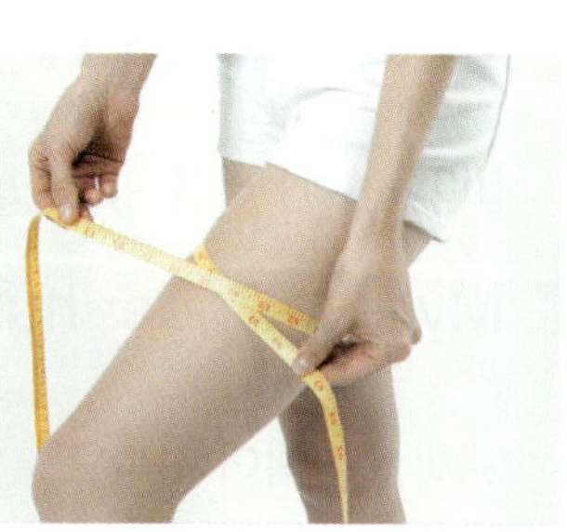

# calf
[kæf] 캐프
**명** 종아리

I've torn a **calf** muscle.
아이브 톤- 어 캐프 머슬

나는 종아리 근육이 찢어졌다.

# knee
[ni:] 니-
**명** 무릎

I got a bruise on my **knee**.
아이 갓 어 브루-즈 온 마이 니-

무릎에 멍이 들었어요.

# foot
[fut] 풋
**명** 발

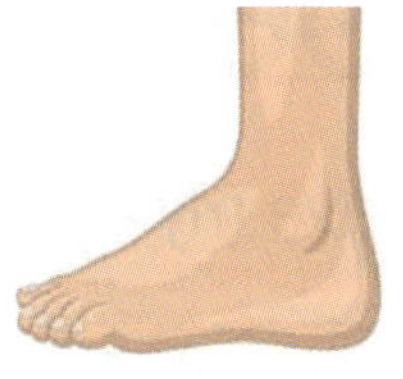

I go to school on **foot**.
아이 고우 투 스쿨- 온 풋

나는 걸어서 학교에 가요.

# ankle
[ǽŋkl] 앵클
**명** 발목

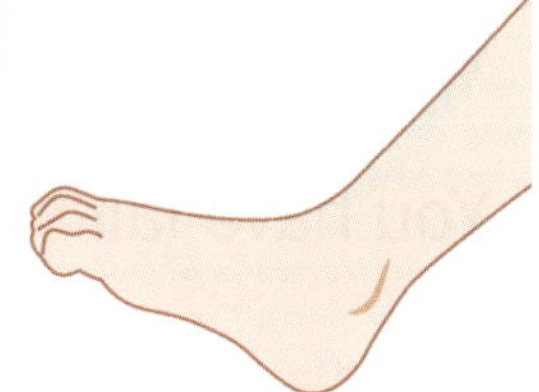

I sprained my **ankle**.
아이 스프레인드 마이 앵클

나는 발목을 삐었어요.

# heel
[hi:l] 힐ー
명 뒤꿈치

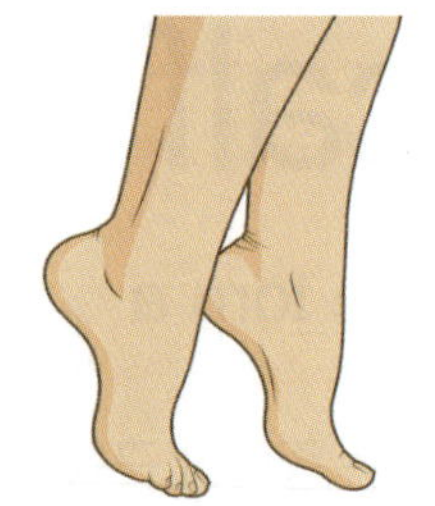

**I drag my heels.**
아이 드랙 마이 힐ー즈

나는 발을 질질 끌면서 걷는다.

# toe
[tou] 토우
명 발가락

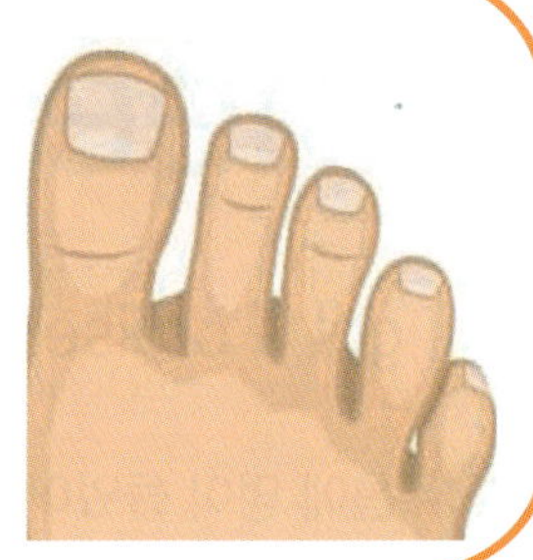

**My little toe is very short.**
마이 리틀 토우 이즈 베리 쇼ー트

내 새끼발가락은 아주 작아요.

# toenail
[tʊneɪl] 토우네일
명 발톱

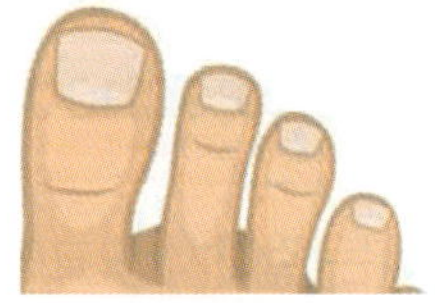

**I have my toenail off.**
아이 해브 마이 토우네일 오ー프

발톱이 빠졌어요.

# skin
[skin] 스킨
명 피부

**You have fair skin.**
유ー 해브 페어 스킨

네 피부는 참 깨끗해.

# muscle [mʌsl] 머슬
**명** 근육

### He has strong muscles.
히– 해즈 스트롱– 머슬즈

그는 단단한 근육을 가졌어.

# bone [boun] 보운
**명** 뼈

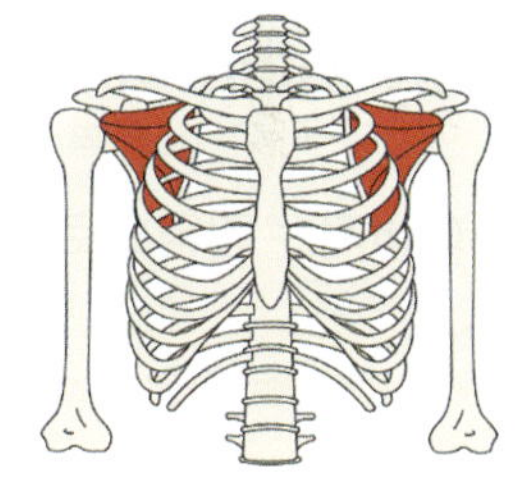

### I cut to the bone.
아이 컷 투 더 보운

나는 최대한으로 가격을 깎았다.

> **도움말** to the bone은 '최대한으로'라는 의미입니다. 우리말에 뼛속까지라는 말이 있지요. 그 만큼 최대한이라는 의미입니다.

# lung [lʌŋ] 렁
**명** 폐

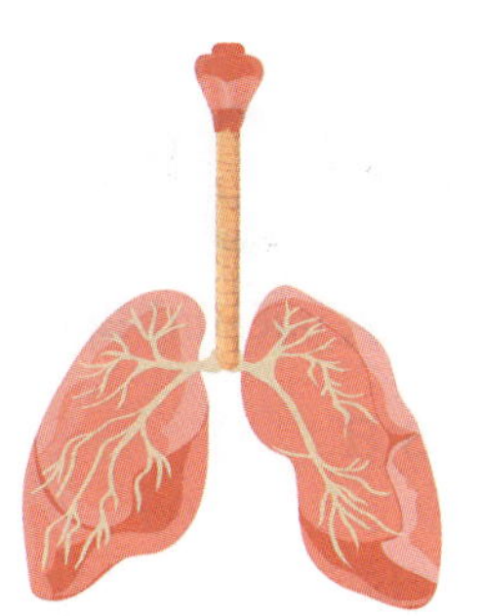

### I have a lung cancer.
아이 해브 어 렁 캔서

나는 폐암이에요.

# heart

[haːrt] 하-트
명 심장

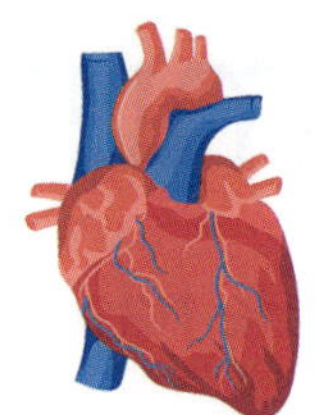

He has a **heart** attack.
히- 해즈 어 하-트 어택

그는 심장마비에 걸렸어요.

# liver

[lívər] 리버
명 간

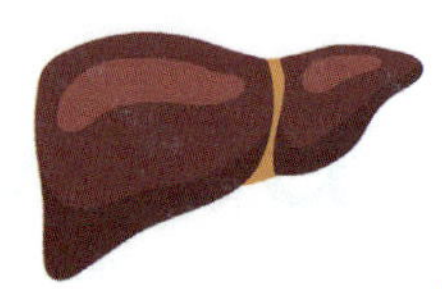

My father died of a **liver** cancer.
마이 파-더 다이드 어브 어 리버 캔서

아버지는 간암으로 돌아가셨어요.

# stomach

[stʌmək] 스터먹
명 위

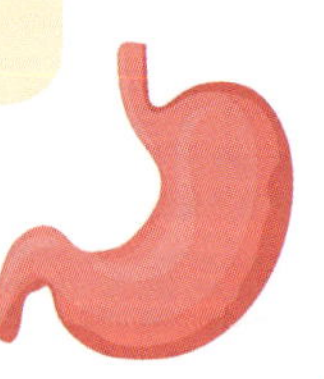

I have a **stomach**ache.
아이 해브 어 스터먹에이크

나는 배가 아파요.

# large intestine

[laːrdʒ intéstin] 라-지 인테스틴　명 대장

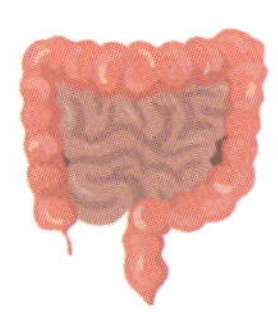

It's a **large intestine**.
잇츠 어 라-지 인텐스틴

그것은 대장(大腸)입니다.

# small intestine

[smɔ:l intéstin] 스몰- 인테스틴  명 소장

**A human's small intestine is 6 meters long.**
어 휴먼스 스몰- 인테스틴 이즈 식스 미터즈 롱-

인간의 소장은 길이가 6미터입니다.

# kidney

[kídni] 키드니  명 신장

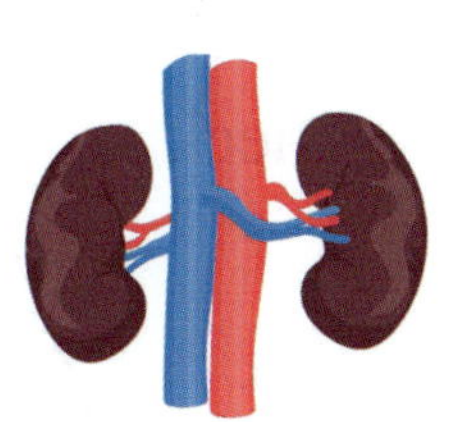

**You have a kidney stone.**
유- 해브 어 키드니 스토운

신장 결석이 있어요.



## ☑ 참고하자!!

우리가 신체 활동을 활발히 하면서 발생하는 현상이나 물질, 노폐물(쓰레기와 비슷한 것으로 몸에서 불필요해서 몸 밖으로 내보내는 물질)에는 어떤 것이 있나 알아 봐요.

눈물 : tear
눈곱 : eye-wax
침 : spit
콧물 : snivel
코딱지 : nose-wax
귀지 : ear-wax
비듬 : scurf

오줌 : urine / piss
똥 : ordure
방귀 : wind
트림 : belch / burp
딸꾹질 : hiccups

# Magic 영단어 플러스! 플러스

## ◎ 그림으로 익히는 영단어!

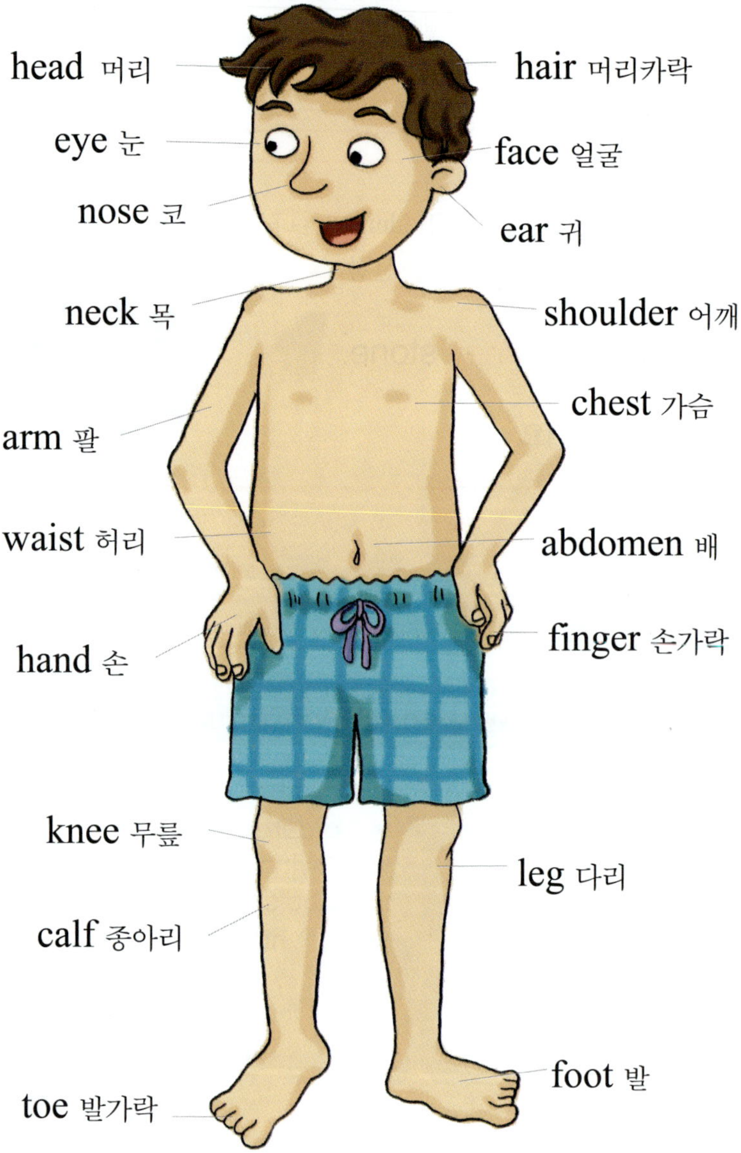

head 머리

hair 머리카락

eye 눈

face 얼굴

nose 코

ear 귀

neck 목

shoulder 어깨

chest 가슴

arm 팔

waist 허리

abdomen 배

hand 손

finger 손가락

knee 무릎

leg 다리

calf 종아리

foot 발

toe 발가락

# disease

[dizíːz] 디지-즈
명 병

**He died of a disease.**
히- 다이드 어브 어 디지-즈

그는 병으로 죽었어요.

# injury

[índʒəri] 인쭤리
명 상처, 부상

**It is a serious injury.**
잇 이즈 어 시리어스 인쭤리

그것은 심각한 부상입니다.

# patient
[péiʃənt] 페이션트
명 환자

**They take care of patients.**
데이 테이크 케어 어브 페이션츠

그들은 환자들을 돌봐요.

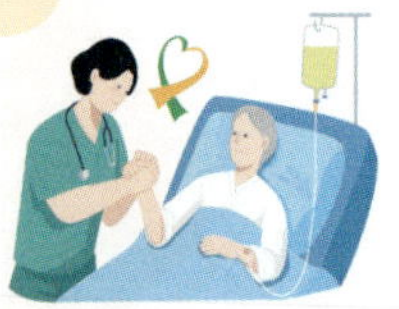

# infection
[inpékʃən] 인펙션
명 전염, 전염병(병을 옮기는 것)

**It's an infection.**
잇츠 언 인펙션

그것은 전염병이에요.

# virus
[váiərəs] 바이어러스
명 바이러스(병을 일으키는 병균)

**I got a virus on my computer.**
아이 갓 어 바이어러스 온 마이 컴퓨-터

컴퓨터에 바이러스 걸렸어.

# symptom
[símptəm] 심프텀
명 증상

**What's your symptom?**
왓츠 유어 심프텀

증상이 어때요?

# headache

[hedeɪk] 헤데이크
**명** 두통(머리 아픈 것)

**I have a headache.**
아이 해브 어 헤데이크

머리가 아파요.

# earache

[ɪreɪk] 이어에이크
**명** 귀앓이(귀 아픈 것)

**I have an earache.**
아이 해브 언 이어에이크

귀가 아파요.

# toothache

[tuːθeɪk] 투-쓰에이크
**명** 치통(이가 아픈 것)

**I have a toothache.**
아이 해브 어 투-쓰에이크

나는 이가 아파요.

# cavity

[kǽvəti] 캐버티
**명** 충치(이가 썩은 것)

**I have two cavities.**
아이 해브 투- 캐버티즈

나는 충치가 두 개 있어요.

# stomachache

[stʌ́məkèik] 스터먹에이크　명 복통(배가 아픈 것)

**I have a stomachache.**
아이 해브 어 스터먹에이크

나는 배가 아파요.

# vomit

[vámit] 바밋
명 토하는 것, 토사물

**There was vomit on the bed.**
데어 워즈 바밋 온 더 베드

침대에 토사물이 있었다.

# backache

[bǽkèik] 백에이크　명 요통(등이나 허리가 아픈 것)

**I have a backache.**
아이 해브 어 백에이크

나는 등이 아파요.

# heart disease

[ha:rt dizí:z] 하–트 디지–즈  명 심장병

**I have a heart disease.**
아이 해브 어 하-트 디지-즈

나는 심장병이 있어요.

# sore throat

[sɔ:rθrout] 소어–쓰로웃  명 목이 쓰리고 아픈 것

**I have a sore throat.**
아이 해브 어 소어– 쓰로웃

나는 목이 아파요.

# fever

[fí:vər] 피–버
명 열

**I have a high fever.**
아이 해브 어 하이 피-버

나는 열이 많이 나요.

# cold

[kould] 코울드
**명** 감기

I caught a bad cold.

아이 코-트 어 배드 코울드

나는 독감에 걸렸어요.

# cough

[kɔːf] 코-프
**명** 기침

I have a bad cough.

아이 해브 어 배드 코-프

나는 기침이 심해요.

# sneeze

[sniːz] 스니-즈
**명** 재채기

I have a fit of sneezing.

아이 해브 어 피트 어브 스니-징

재채기가 나요.

# runny nose

[rʌni noʊz] 러니 노우즈　**명** 콧물

**I have a runny nose.**
아이 해브 어 러니 노우즈

콧물이 나요.

# bloody nose

[blʌdi noʊz] 블러디 노우즈　**명** 코피

**I have a bloody nose.**
아이 해브 어 블러디 노우즈

코피가 나요.

# faint

[feint] 페인트
**명** 기절(정신을 잃고 쓰러지는 것)

**He fell to the ground in a dead faint.**
히- 펠 투 더 그라운드 인 어 데드 페인트

그는 완전히 졸도하여 땅바닥에 쓰러졌다.

# dizzy

[dízi] 디지
명 현기증(힘이 없고 어지러운 것)

I feel dizzy.
아이 필- 디지

어지러워요.

# sprain

[sprein] 스프레인
명 삠(다리 등을 잘못 디뎌 삐는 것)

It is a slight sprain.
잇 이즈 어 슬라이트 스프레인

약간 삔 것 뿐이에요.

# scratch

[skrætʃ] 스크래치
명 할퀸 상처

I have a scratch on my face.
아이 해브 어 스크래치 온 마이 페이스

저는 얼굴에 생채기가 있어요.

# insect bite

[ínsekt bait] 인섹트 바이트
명 벌레 물린 상처

I scratched an insect bite.
아이 스크래치드 언 인섹트 바이트

저는 벌레 물린 데를 긁었어요.

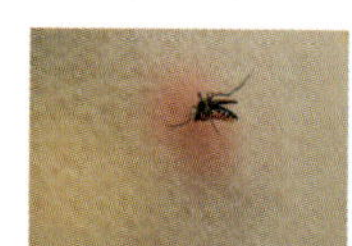

# bruise

[bru:z] 브루-즈
명 멍(맞거나 넘어져서 생기는 상처)

**I got a bruise on my knee.**
아이 갓 어 브루-즈 온 마이 니-

무릎에 멍이 들었어요.

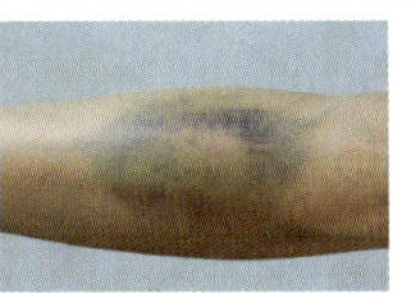

# burn

[bə:rn] 번-
명 화상(뜨거운 것에 데어서 나는 상처)

**I got burned.**
아이 갓 번-드

나는 화상을 입었어요.

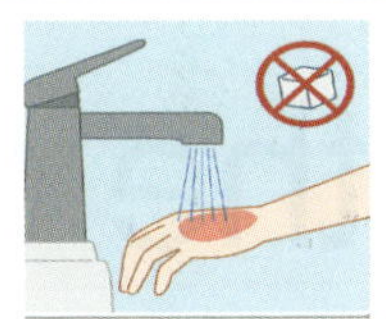

# sunburn

[sʌnbɜ:rn] 선번-
명 햇볕에 타서 쓰리고 아픈 것

**I have a sunburn.**
아이 해브 어 선번-

나는 햇볕에 그을렸어요.

# the disabled

[ðə diséibld] 더 디세이블드　명 신체 장애자들

**She tried to cheer up the disabled.**
쉬- 트라이드 투 치어 업 더 디세이블드

그녀는 불구가 된 사람들을 격려하려고 노력했다 .

# the blind

[ðə blaind] 더 블라인드　**명** 시각 장애인들(눈이 보이지 않는 사람)

**A dog for the blind is a service animal.**
어 도-그 포 더 블라인드 이즈 어 써-비스 애너멀

맹인 안내견은 도우미 동물이다.

# the deaf

[ðə def] 더 데프　**명** 청각 장애인들(귀가 들리지 않는 사람)

**The deaf usually communicate in sign language.**
더 데프 유-주얼리 커뮤-니케이트 인 싸인 랭귀지

청각장애인은 수화로 의사소통을 한다.

# accident [æksidənt] 액시던트

**명** 사고

**It was an accident.**
잇 워즈 언 액시던트

그것은 사고였어요.

# Magic 영단어 플러스! 플러스

**여**러분이 몸이 아플 때 하는 표현들을 영어로는 어떻게 말할까요? 우리에게는 익숙한 표현들이지만 막상 영어로 말할 때는 그리 쉽게 떠오르지 않는 말들이랍니다. 다음의 문장을 통해서 그 표현들을 익혀 보세요.

이가 아파요!
I have a (                ).

머리가 아파요!
I have a (                ).

기침이 나요!
I have a (                ).

더위 때문에 기절했어요!
I (                ) from the heat.

햇볕에 탔어요!
I have a (                ).

벌레 물린 데를 긁었어요!
I scratched an (                ).

답 toothache, headache, cough, fainted, sunburn, insect bite

# health care
[helθ kɛər] 헬쓰 케어
명 건강 관리

**Do you know where the health care center is?**
두- 유- 노우 웨어 더 헬쓰 케어 센터 이즈

건강 관리 센터가 어디에 있는지 아세요?

# hospital
[háspitl] 하스피틀
명 병원

**I went to the hospital.**
아이 웬트 투 더 하스피틀

나는 병원에 갔어요.

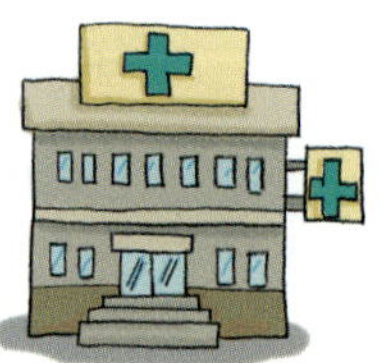

# doctor

[dáktər] 닥터
명 의사

**I have to see a doctor.**
아이 해브 투 씨- 어 닥터

나는 의사 선생님을 뵈야 해요.

# nurse

[nə:rs] 너-스
명 간호사

**She is a kind nurse.**
쉬- 이즈 어 카인드 너-스

그녀는 친절한 간호사입니다.

# druggist

[drʌgist] 드럭이스트
명 약사

**He is a druggist.**
히- 이즈 어 드럭이스트

그는 약사입니다.

# chemist [kémist] 케미스트
**명** 약사

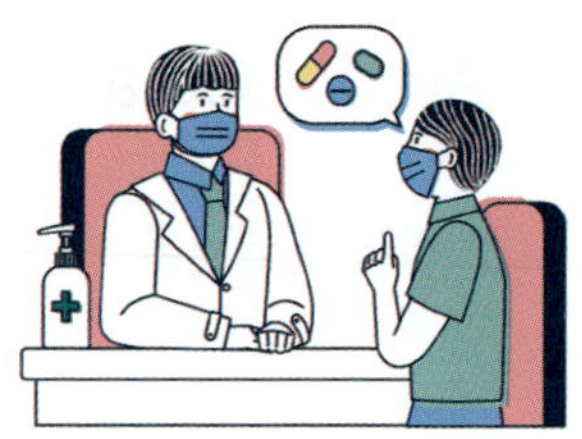

**He is a chemist.**
히- 이즈 어 케미스트

그는 약사입니다.

# medicine [médəsin] 메드신
**명** 약

**Take some medicine.**
테이크 섬 메드신

약을 좀 먹어 보세요.

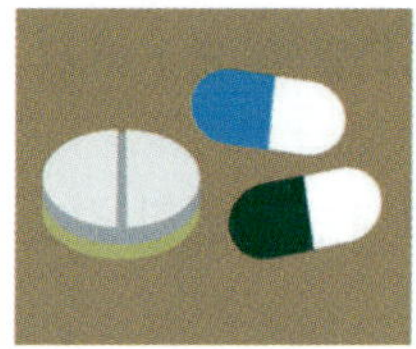

# aspirin

[ǽspərin] 애스피린
**명** 진통제(감기에 걸렸거나 머리, 이 등이 아플 때 먹는 약)

**Take some aspirin.**
테이크 섬 애스피린

아스피린을 드세요.

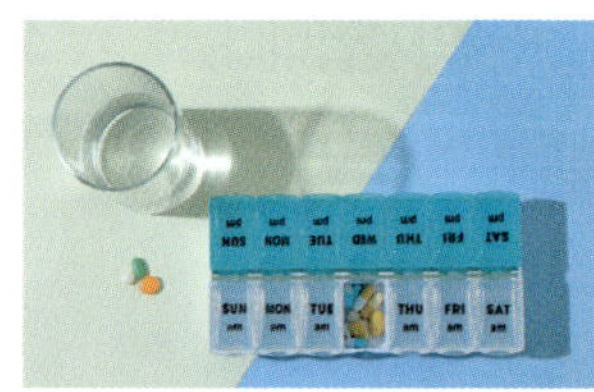

# cold tablet

[kould tǽblit] 코울드 태블릿
**명** 감기약

**How often should I take this cold tablet.**
하우 오-픈 슈드 아이 테이크 디스 코울드 태블릿

이 감기약을 어떻게 먹어야 하나요.

# cough syrup

[kɔ:f sírəp] 코-프 시럽
**명** 기침약물

**She gave her baby cough syrup.**
쉬- 게이브 허 베이비 코-프 시럽

그녀는 자기 아기에게 기침약을 먹였다.

# vitamin

[váitəmin] 바이터민
**명** 비타민

**Take some vitamin.**
테이크 섬 바이터민

비타민을 좀 드세요.

# eye drops

[ai drɔpz] 아이 드랍즈
**명** 안약(눈에 넣는)

**Put eye drops in your eyes.**
풋 아이 드랍즈 인 유어 아이즈

눈에 안약을 넣으세요.

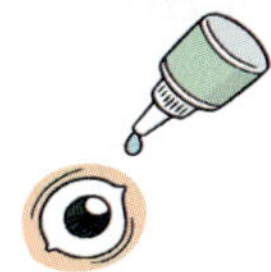

# ointment

[ɔ́intmənt] 오인트먼트
명 연고(피부병이 생겼거나 상처가 났을 때 바르는 크림)

**I applied ointment to a wound.**
아이 어플라이드 오인트먼트 투 어 운-드

나는 상처에 연고를 발랐어요.

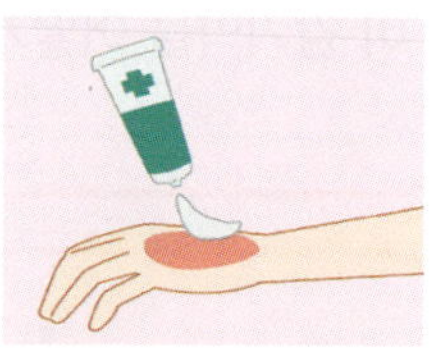

# therapy

[θérəpi] 쎄러피
명 치료

**He is having therapy to conquer his disease.**
히- 이즈 해빙 쎄러피 투 콘-커 히즈 디지-즈

그는 그의 병을 물리치기 위해 치료를 받고 있어요.

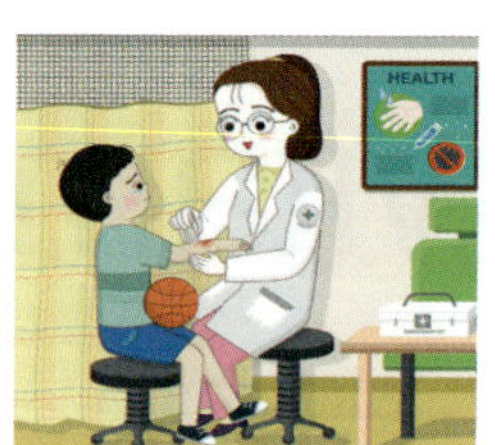

# injection

[indʒékʃən] 인젝션
명 주사

**I got an injection today.**
아이 갓 언 인젝션 투데이

나는 오늘 주사를 맞았어.

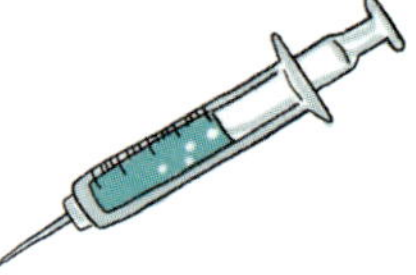

# surgery

[sə́ːrdʒəri] 서-저리

명 수술

She had a plastic surgery.

쉬- 해드 어 플래스틱 서-저리

그녀는 성형 수술을 했어요.

# stitch

[stitʃ] 스티치

동 상처 꿰매기

I closed the wound with three stitches.

아이 클로우즈드 더 운-드 위드 쓰리- 스티치즈

나는 상처를 3바늘 꿰맸어요.

# X-rays

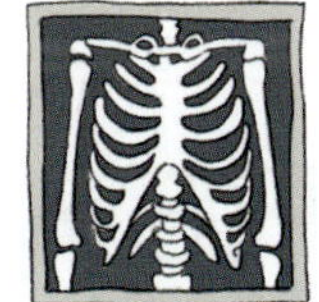

[eks reɪs] 엑스 레이즈

명 엑스레이(몸 속 기관의 상태를 알기 위해 찍는 사진)

The doctor studied the X-rays of her lungs.

더 닥터 스터디드 디 엑스 레이즈 어브 허 렁즈

의사가 그녀의 폐를 찍은 엑스선 사진들을 자세히 살폈다.

# blood test

[blʌd tést] 블러드 테스트
(명) 피검사

**I had a blood test.**
아이 해드 어 블러드 테스트

나는 피검사를 받았어요.

# thermometer

[θərmámətər] 써마머터 (명) 체온계 (몸의 온도를 재는 기계)

**The boy looks at the thermometer.**
더 보이 룩스 앳 더 써마머터

그 소년은 온도계를 본다.

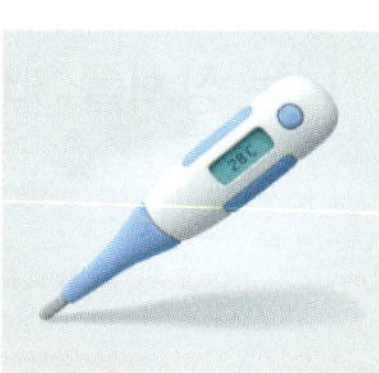

# bandage

[bǽndidʒ] 밴디쥐
(명) 붕대

**The nurse applied a bandage.**
더 너-스 어플라이드 어 밴디쥐

간호사가 붕대를 감아 주었어요.

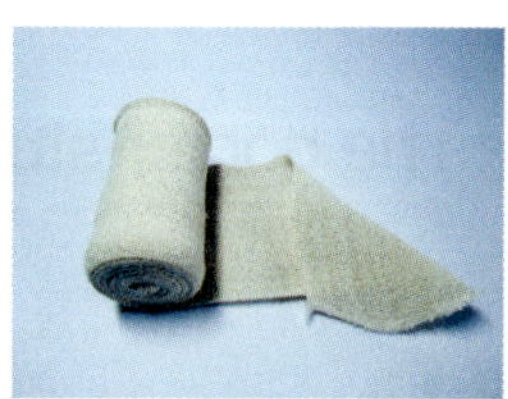

# cast

[kæst] 캐스트
(명) 깁스(부러진 뼈가 붙을 때까지 석고로 고정시키는 것)

I wore a cast on my leg.
아이 오어 어 캐스트 온 마이 레그

나는 다리에 깁스를 했어요.

# crutches

[krʌʧz] 크러취즈　(명) 목발(다친 다리를 지탱해 주는 지팡이)

He walks on crutches.
히- 웍-스 온 크러취즈

그는 목발을 집고 걸어요.

# wheelchair

[wiːltʃer] 휠-체어　(명) 휠체어(다리가 아픈 사람이 이동할 수 있게 만든 바퀴 달린 이동식 의자)

They are sitting in their wheelchairs.
데이 아 시팅 인 데어 휠-체어즈

그들은 휠체어에 앉아 있어요.

# diet

[dáiət] 다이엇

명 규정식(건강식), 식이요법(건강을 위해 먹는 음식을 제한하는 것)

**I'm on a diet.**

아임 온 어 다이엇

나는 다이어트 중입니다.

# exercise

[éksərsàiz] 엑서사이즈

명 운동

**Running on the spot is good exercise.**

러닝 온 더 스팟 이즈 굿 엑서사이즈

제자리 달리기는 좋은 운동이다.

# gargle

[gáːrgl] 가-글

명 (물로) 양치질

**A gargle with salt water is good for coughs.**

어 가-글 위드 솔-트 워-터 이즈 굿 포 코-프스

소금물로 양치질하는 것이 기침에 좋다.

#  영단어 플러스! 플러스

그림을 보고 알맞은 영어 단어를 적어 봐요. 평소에도 주위에 있는 물건들의 이름을 영어로 말해 보는 연습을 해 봐요. 영어 실력이 부쩍 늘어날 거예요.

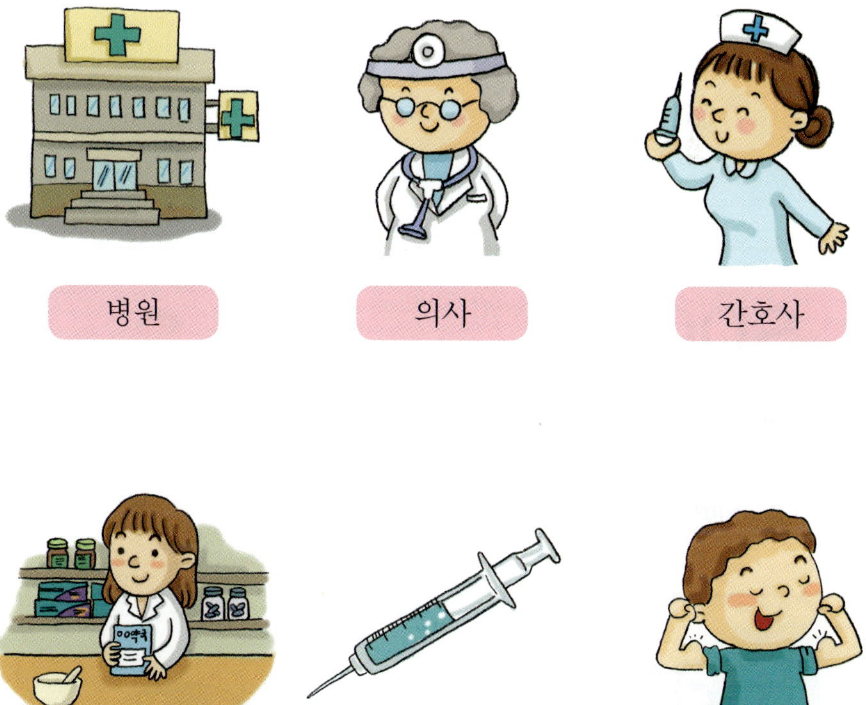


답 hospital, doctor, nurse, druggist / chemist , injection, exercise

# 운동과 여가생활
## Sports and Recreation

## sport
[spɔːrt] 스포-트
(명) 운동경기

**What kind of sports do you like?**
왓 카인드 어브 스포-츠 두- 유- 라이크

너는 어떤 운동을 좋아하니?

## team
[tiːm] 팀-
(명) 팀

**What is your favorite team?**
왓 이즈 유어 페이버릿 팀-

네가 가장 좋아하는 팀은 어디니?

# player
[pléiər] 플레이어
**명** 선수

**Who is your favorite player?**
후- 이즈 유어 페이버릿 플레이어

네가 가장 좋아하는 선수는 누구니?

# coach
[koutʃ] 코우치
**명** 코치

**He is my coach.**
히- 이즈 마이 코우치

그는 나의 코치입니다.

# fan
[fæn] 팬
**명** 팬

**I am a baseball fan.**
아이 엠 어 베이스볼- 팬

나는 야구 팬입니다.

# referee
[rèfərí:] 레퍼리-
**명** 심판

**He appealed to the referee.**
히- 어필-드 투 더 레퍼리-

그는 심판에게 항의했다.

# ping-pong

[píŋpàŋ] 핑팡
명 탁구

I like to play ping-pong.
아이 라이크 투 플레이 핑팡

저는 탁구치는 것을 좋아합니다.

# tennis

[ténis] 테니스
명 테니스

Let's play tennis.
렛츠 플레이 테니스

테니스 치자.

# baseball

[béisbɔ̀:l] 베이스볼–
명 야구

Can you play baseball?
캔 유– 플레이 베이스볼–

야구할 줄 아니?

# football

[fʊtbɔ:l] 풋볼–
명 미식축구

My hobby is playing football.
마이 하비 이즈 플레잉 풋볼–

내 취미는 축구예요.

# soccer
[sákər] 사커
명 축구

**Can you play soccer?**
캔 유- 플레이 사커

축구할 줄 아니?

# basketball
[bǽskitbɔ̀:l] 배스킷볼-
명 농구

**I like basketball best.**
아이 라이크 배스킷볼- 베스트

나는 농구를 가장 좋아해요.

# volleyball
[válibɔ̀:l] 발리볼-
명 배구

**I like watching volleyball on TV.**
아이 라이크 와칭 발리볼- 온 티비

나는 TV에서 배구 경기 보는 것을 좋아해요.

# golf
[galf] 갈프
명 골프

**My hobby is playing golf.**
마이 하비 이즈 플레잉 갈프

제 취미는 골프입니다.

# swimming

[swímiŋ] 스위밍
**명** 수영

My hobby is swimming.
마이 하비 이즈 스위밍

내 취미는 수영이에요.

# ice hockey

[ais háki] 아이스 하키
**명** 아이스 하키

Is it difficult to play ice hockey?
이즈 잇 디피컬트 투 플레이 아이스 하키

아이스 하키하는 것은 어렵니?

# skating

[skéitiŋ] 스케이팅
**명** 스케이팅

She's won several cups for skating.
쉬-즈 원 세버럴 컵스 포 스케이팅

그녀는 스케이팅으로 우승컵을 여러 차례 받았다.

# skiing

[skí:iŋ] 스키-잉
**명** 스키

When shall we go skiing?
웬 쉘 위 고우 스키-잉

언제 스키타러 갈 거예요?

# fencing

[fénsiŋ] 펜싱
명 펜싱

**The men are fencing.**
더 멘 아 펜싱

남자들이 펜싱을 하고 있다.

# wrestling

[résliŋ] 레슬링
명 레슬링

**Do you like wrestling?**
두- 유- 라이크 레슬링

너는 레슬링을 좋아하니?

# marathon

[mǽrəθàn] 매러썬
명 마라톤

**He came in third in the marathon.**
히- 케임 인 써-드 인 더 매러썬

그는 마라톤 경기에서 삼등으로 들어왔다.

# bowling

[bóuliŋ] 보올링
명 볼링

**I'm not very good at bowling.**
아임 낫 베리 굿 앳 보울링

나는 볼링을 잘 못 친다.

# jogging

My hobby is jogging.
마이 하비 이즈 자깅

내 취미는 조깅이에요.

# running

I like running.
아이 라이크 런닝

나는 달리기를 좋아해요.

# walking

Walking is a good exercise for a person's health.
워-킹 이즈 어 굿 에서사이즈 포 어 퍼-슨즈 헬쓰

걷기는 건강에 좋은 운동이에요.

# step

I walked with a rapid step.
아이 웍-트 위드 어 래피드 스텝

나는 빠른 걸음으로 걸었어요.

# roller skating

[róulər skéitiŋ] 로울러 스케이팅  명 롤러스케이팅

**Let's go roller skating.**
렛츠 고우 로울러 스케이팅

롤러스케이팅 타러 갑시다.

# inline skating

[ìnláin skéitiŋ ] 인라인 스케이팅  명 인라인 스케이팅

**My hobby is inline skating.**
마이 하비 이즈 인라인 스케이팅

내 취미는 인라인 타기예요.

# fishing

[fíʃiŋ] 피싱
명 낚시

**My hobby is fishing.**
마이 하비 이즈 피싱

나의 취미는 낚시입니다.

# sailing

[séiliŋ] 세일링
**명** 배타기

**Do you go sailing often?**
두- 유- 고우 세일링 오-픈

요트는 자주 타러 가세요?

# mountaineering

[màuntəníəriŋ] 마운터니어링　**명** 등산

**I often go mountaineering with my dad.**
아이 오-픈 고우 마운터니어링 위드 마이 대드

나는 아빠와 종종 등산을 가요.

# camping

[kǽmpiŋ] 캠핑
**명** 캠핑

**I will go camping with my friends.**
아이 윌 고우 캠핑 위드 마이 프렌즈

나는 친구들과 캠핑을 갈 거예요.

# hiking

[háikiŋ] 하이킹
**명** 하이킹, 도보여행

**Do you like hiking?**
두- 유- 라이크 하이킹

도보여행을 좋아하니?

# travel

[trǽvəl] 트래벌
**명** 여행

**I need to change my travel plans.**
아이 니-드 투 체인지 마이 트래벌 플랜스

제 여행 계획을 바꿔야 합니다.

# trip

[trip] 트립
**명** 여행 (trip은 단기 여행을 말해요.)

**I took a trip to Europe.**
아이 툭 어 트립 투 유럽

저는 유럽으로 여행을 떠났어요.

"""

# picnic [píknik] 피크닉
명 소풍

**I went on a picnic.**
아이 웬트 온 어 피크닉

나는 소풍을 갔어요.

# art [aːrt] 아-트
명 예술, 미술

**Life is short, art is long.**
라이프 이즈 쇼-트 아-트 이즈 롱-

인생은 짧고 예술은 길다.

# picture [píktʃər] 픽처
명 그림

**I drew a picture**
아이 드루- 어 픽처

나는 그림을 그렸어요.

# design
[dizáin] 디자인
명 디자인

She's good at art and design.
쉬-즈 굿 앳 아-트 앤드 디자인

그녀는 회화와 디자인에 능하다.


# photograph

[fóutəgræf] 포우터그래프  명 사진

I had my photograph taken.
아이 해드 마이 포우터그래프 테이큰

나는 사진을 찍었어요.


# movie
[mú:vi] 무-비
명 영화

How about going to a movie?
하우 어바웃 고우잉 투 어 무-비

영화 보러 갈래?

# cartoon [ka:rtú:n] 카-툰-

명 만화

**I like watching cartoons on TV.**
아이 라이크 와칭 카-툰-즈 온 티비

나는 TV에서 만화 보는 것을 좋아해요.

# comedy [kámədi] 카머디

명 코미디

**Do you like comedy?**
두- 유- 라이크 카머디

너는 코미디를 좋아하니?

# concert [kánsə:rt] 칸서-트

명 콘서트

**I have two tickets for the concert.**
아이 해브 투- 티킷츠 포 더 칸서-트

나에게 콘서트 표 2장이 있어요.

# music [mjúːzik] 뮤-직
**명** 음악

**My hobby is listening to music.**
마이 하비 이즈 리스닝 투 뮤-직

나의 취미는 음악 듣는 것이에요.

# opera [ápərə] 아퍼러
**명** 오페라

**Do you like opera?**
두- 유- 라이크 아퍼러

오페라 좋아하세요?

# dance [dæns] 댄스
**명** 춤

**The dance party was lit.**
더 댄스 파-티 워즈 리트

댄스파티는 재미있었다.

# ballet

[bǽlei] 밸레이
명 발레

I will take a **ballet** lesson.
아이 윌 테이크 어 밸레이 레슨

나는 발레 수업을 들을 거야.

# song

[sɔ́ːŋ] 송–
명 노래

What's your favorite **song**?
왓츠 유어 페이버릿 송–

네가 가장 좋아하는 노래는 뭐야?

# chorus

[kɔ́ːrəs] 코–러스
명 합창

We sing in **chorus**.
위 싱 인 코–러스

우리는 합창을 해요.

# piano

[piǽnou] 피애노우
® 피아노

**She can play the piano very wel**
쉬- 캔 플레이 더 피애노우 베리 웰

그녀는 피아노를 아주 잘 쳐요.

# organ

[ɔ́ːrgən] 오-건
® 오르간

**Playing organ is interesting.**
플레잉 오-건 이즈 인터레스팅

오르간을 연주하는 것은 재미있어요.

# guitar

[gitáːr] 기타-
® 기타

**I can play the guitar.**
아이 캔 플레이 더 기타-

나는 기타를 칠 수 있어요.

# cello
[tʃélou] 첼로우
명 첼로

It's a **cello**.
잇츠 어 첼로우

그것은 첼로야.

# violin
[vàiəlín] 바이얼린
명 바이올린

Can you play the **violin**?
캔 유- 플레이 더 바이얼린

너는 바이올린을 연주할 수 있니?

# drum
[drʌm] 드럼
명 드럼

He plays **drum** well.
히- 플레이즈 드럼 웰

그는 드럼을 잘 쳐요.

# flute
[fluːt] 플루–트
명 플루트

**She can play the flute.**
쉬– 캔 플레이 더 플루–트

그는 플루트를 연주할 수 있어.

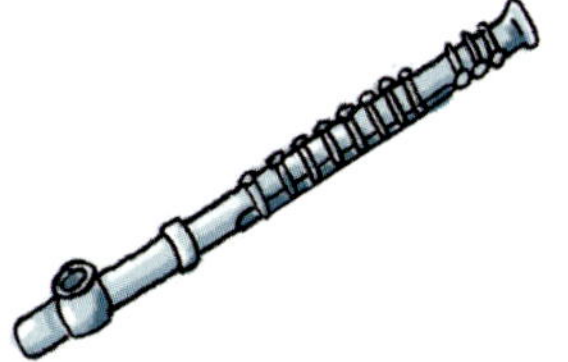

# xylophone
[záiləfòun] 자일러포운
명 실로폰

**It is actually a giant xylophone.**
잇 이즈 액추얼리 어 자이언트 자일러포운

그것은 정말로 큰 실로폰이다.

# tambourine
[tæmbəríːn] 탬버린–
명 탬버린

**I don't have a tambourine.**
아이 돈트 해브 어 탬버린–

나 탬버린이 없어.

# accordion [əkɔ́ːrdiən] 아코-디언
명 아코디언

## I heard he plays the **accordion**.
아이 허-드 히- 플레이즈 더 아코-디언

나는 그가 아코디언 연주를 하는 것을 들었다.

## ☑ 참고하자!!

여러분도 야구를 좋아하지요? 야구팀과 야구를 할 때 사용하는 운동기구, 보조도구들을 영어로는 뭐라고 말할까요? 하나씩 이름을 익혀 봐요.

- 야구경기 – baseball game
- 야구부 – baseball club
- 야구선수 – baseball player
- 야구공 – baseball
- 야구장갑 – baseball glove
- 야구방망이 – baseball bat
- 야구복 – baseball uniform
- 투수 – pitcher
- 포수 – catcher
- 타자 – batter
- 심판 – umpire
- 감독 – manager
- 코치 – coach

 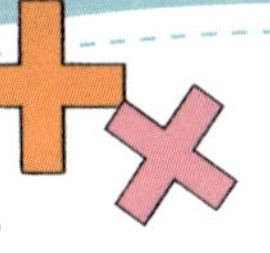

# Magic 영단어 플러스! 플러스

## ◎ My hobby is _______________.

**skating**
스케이트 타기

**swimming**
수영하기

**listening to music**
음악듣기

**playing the piano**
피아노 치기

**jogging**
조깅하기

**taking a picture**
사진 찍기

**playing with a pet**
애완동물과 놀기

**singing**
노래 부르기

**cooking**
요리하기

**reading books**
책 읽기

# school life

[sku:l laif] 스쿨- 라이프 　(명) 학교 생활

**How is your school life?**
하우 이즈 유어 스쿨- 라이프

너의 학교 생활은 어때?

# school

[sku:l] 스쿨-
(명) 학교

**The school begins at 9 o'clock.**
더 스쿨- 비긴즈 앳 나인 어클락

학교는 9시에 시작합니다.

# student
[stju:dnt] 스튜–든트
**명** 학생

We are students.
위 아 스튜–든츠

우리는 학생들입니다.

# schoolmate
[sku:lmeit] 스쿨–메이트
**명** 학교 친구

We are schoolmates.
위 아 스쿨–메이츠

우리는 학교 친구들입니다.

# classmate
[klæsmeit] 클래스메이트
**명** 동급생

She is my classmate.
쉬– 이즈 마이 클래스메이트

그녀는 나의 동급생입니다.

# teacher
[tí:tʃər] 티–처
**명** 선생님

She is a good teacher.
쉬– 이즈 어 굿 티–처

그녀는 좋은 선생님입니다.

# principal

[prínsəpəl] 프린서펄
**명** 교장 선생님

**How does your principal look like?**
하우 더즈 유어 프린서펄 룩 라이크

너의 교장 선생님은 어떻게 생기셨니?

# vice principal

[vais prínsəpəl] 바이스 프린서펄  **명** 교감 선생님

**He is a vice principal.**
히- 이즈 어 바이스 프린서펄

그는 교감 선생님입니다.

# counselor

[káunsələr] 카운설러
**명** 상담 선생님

**I'll talk with my counselor.**
아일 토-크 위드 마이 카운설러

제 상담 선생님과 얘기할 거예요.

# school nurse

[skuːl nəːrs] 스쿨- 너-스 **명** 양호 선생님

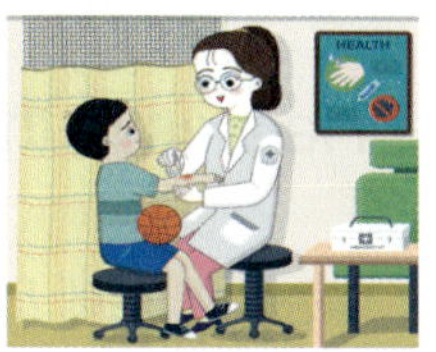

**She is a school nurse.**
쉬- 이즈 어 스쿨- 너-스

그녀는 양호 선생님입니다.

# teachers' lounge

[tíːtʃərs laundʒ] 티-처스 라운지 **명** 교무실

**I went to the teachers' lounge.**
아이 웬트 투 더 티-처스 라운지

나는 교무실로 갔다.

# classroom

[klǽsrùːm] 클래스룸- **명** 교실

**They are studying in the classroom.**
데이 아 스터딩 인 더 클래스룸-

그들은 교실에서 공부하고 있어요.

# music room

[mjúːzik ruːm] 뮤-직 룸- 명 음악실

**He was in the music room.**
히- 워즈 인 더 뮤-직 룸-

그는 음악실에 있었다.

# chemistry lab

[kéməstri læb] 케머스트리 랩 명 실험실

**I went to the chemistry lab to take the science class.**
아이 웬트 투 더 케머스트리 랩 투 테이크 더 사이언스 클
래스

우리는 과학 수업을 듣기 위해 실험실로 갔
어요.

# auditorium

[ɔːditɔ́ːriəm] 오-디토-리엄 명 강당

**The students gathered at the auditorium.**
더 스튜-든츠 개더드 앳 디 오-디토-리엄

학생들은 강당에 모였다.

# rest room



[rest ru:m] 레스트룸-
명 화장실

**Where is the rest room?**
웨어 이즈 더 레스트룸-

화장실은 어디에 있어요.

# gym

[dʒim] 짐
명 체육관

**How often do you go to the gym?**
하우 오-픈 두- 유- 고우 투 더 짐

너는 체육관에 얼마나 자주 가니?

# ground

[graund] 그라운드
명 운동장

**We played on the ground.**
위 플레이드 온 더 그라운드

우리는 운동장에서 놀았다.

# locker

[lákər] 락커
명 사물함

**Where is my locker?**
웨어 이즈 마이 락커

내 사물함이 어디에 있지?

# cafeteria

[kǽfətíəriə] 캐퍼티어리어
명 카페테리아(학교 식당)

Let's meet at a cafeteria.
렛츠 미-트 앳 어 캐퍼티어리어

학교 식당에서 만나자.

# school bus

[skuːl bʌs] 스쿨- 버스 명 학교 차, 스쿨 버스

Do you go to school by school bus?
두- 유- 고우 투 스쿨- 바이 스쿨- 버스

너는 학교 차로 학교에 가니?

# entrance

[éntrəns] 엔트런스
명 입학

I passed the entrance exam.
아이 패스드 디 엔트런스 이그잼

나는 입학시험에 합격했어요.

# graduation

[græʤuéiʃən] 그래주에이션　**명** 졸업

## When is your graduation ceremony?

웬 이즈 유어 그래주에이션 세러모니

졸업식이 언제예요?

# grade

[greid] 그레이드

**명** 학년

## What grade are you in?

왓 그레이드 아 유- 인

너는 몇 학년이니?

# class

[klæs] 클래스

**명** 학급

## How many classes are there?

하우 메니 클래시즈 아 데어

학급이 몇 개나 있니?

# lesson

[lésn] 레슨
명 수업

**How many lessons do you have?**
하우 메니 레슨즈 두- 유- 해브

수업은 얼마나 되니?

# subject

[sʌ́bdʒikt] 서브직트
명 과목

**What's your favorite subject?**
왓츠 유어 페이버릿 서브직트

네가 가장 좋아하는 과목은 뭐니?

# math

[mæθ] 매쓰
명 수학

**I'm not good at math.**
아임 낫 굿 앳 매쓰

나는 수학을 잘 못해요.

# English

[íŋgliʃ] 잉글리쉬
**명** 영어

I'm good at English.
아임 굿 앳 잉글리쉬

나는 영어를 잘 해요.

# history

[hístəri] 히스터리
**명** 역사

I'm interested in history.
아임 인터리스티드 인 히스터리

나는 역사에 관심이 있어요.

# geography

[dʒiágrəfi] 지아그러피
**명** 지리

The Geography paper was hard.
더 지아그러피 페이퍼 워즈 하-드

지리 시험은 어려웠다.

# science

[sáiəns] 사이언스
**명** 과학

He likes Science.
히- 라익스 사이언스

그는 과학을 좋아해요.

# biology

[baiáledʒi] 바이알러지
명 생물

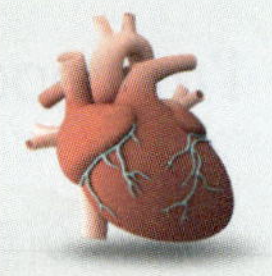

**Biology** is my favorite subject.
바이알러지 이즈 마이 페이버릿 서브직트

생물학은 내가 좋아하는 과목이다.

# chemistry

[kémestri] 케머스트리
명 화학

He's in my **chemistry** class.
히-즈 인 마이 케머스트리 클래스

그 사람은 나랑 화학 수업을 같이 들어.

# physics

[fíziks] 피직스
명 물리

Why is **physics** so hard?
와이 이즈 피직스 쏘우 하-드

물리학은 왜 이렇게 어려울까요?

# art

[a:rt] 아-트
명 미술

I'm interested in **art**.
아임 인터리스티드 인 아-트

저는 미술에 흥미가 있어요.

# music [mjú:zik] 뮤-직
명 음악

I like **music** the most.
아이 라이크 뮤-직 더 모우스트

저는 음악이 가장 좋아요.

# study [stʌdi] 스터디
명 공부

How is your **study**?
하우 이즈 유어 스터디

공부는 잘 돼?

# question [kwéstʃən] 퀘스천
명 질문

Do you have any **question**s?
두- 유- 해브 애니 퀘스천즈

질문 있어요?

# answer

[ǽnsər] 앤서
명 대답

I don't know the answer.
아이 돈트 노우 디 앤서

저는 답을 몰라요.

# preparation

[prèpəréiʃən] 프레퍼레이션  명 예습

Do preparations.
두- 프레퍼레이션즈

예습을 하거라.

# review

[rivjú:] 리뷰
명 복습

Let's review.
렛츠 리뷰-

복습하자.

# exercise

[éksərsàiz] 엑서사이즈 명 연습

**We studied exercises in grammar.**
위 스터디드 엑서사이지즈 인 그래머

우리는 문법의 연습문제를 공부했어요.

# homework

[houmwə:rk] 홈워-크 명 숙제

**Do your homework first.**
두- 유어 홈워-크 퍼-스트

숙제 먼저 하세요.

# examination

[igzæmənéiʃən] 이그재미네이션 명 시험

**I want to pass the examination.**
아이 완트 투 패스 디 이그재미네이션

시험에 통과하고 싶어요.

# test

[test] 테스트 명 시험

**I have a test tomorrow.**
아이 해브 어 테스트 투모-로우

나는 내일 시험이 있어요.

# school record

[skuːl rikɔ́ːrd] 스쿨- 리코-드  몡 학교 성적

**How was your school record?**
하우 워즈 유어 스쿨- 리코-드

너의 학교 성적은 어땠어?

# diary

[dáiəri] 다이(어)리  몡 일기

**I keep my diary everyday.**
아이 킵 마이 다이어리 에브리데이

나는 매일 일기를 써요.

# course

[kɔːrs] 코-스  몡 진행, 진로

**Which course do you take this year?**
위치 코-스 두- 유- 테이크 디스 이어

이번 해에 어떤 과목을 듣니?

# absence

[æbsəns] 앱선스
명 결석

My teacher marked the absence.
마이 티-처 막-트 디 앱선스

선생님이 결석을 체크하셨어요.

# presence

[prézns] 프레즌스
명 출석

Your presence is requested.
유어 프레즌스 이즈 리퀘스티드

출석하시기 바랍니다.

# name

[neim] 네임
명 이름

What's your name?
왓츠 유어 네임

너는 이름은 무엇이니?

# age

[eidʒ] 에이지
명 나이

What's your age?
왓츠 유어 에이지

너는 몇 살이니?

# height

[hait] 하잇
**명** 키

**What is your height?**
왓 이즈 유어 하잇

키가 몇이에요.

# weight

[weit] 웨잇
**명** 몸무게

**I gained a lot of weight.**
아이 게인드 어 랏 어브 웨잇

저는 살이 많이 쪘어요.

# number

[nʌ́mbər] 넘버
**명** 번호

**What's your home number?**
왓츠 유어 홈 넘버

너의 집 전화번호가 뭐니?

# meal service

[miːl sə́ːrvis] 밀- 서-비스
**명** 급식

**Parents are worried about meal service.**
페어런츠 아 워-리드 어바웃 밀- 서-비스

부모들은 학교 급식에 대해 염려한다.

# vacation

[veikéiʃən] 베이케이션
**명** 방학

**I'm on a vacation.**
아임 온 어 베이케이션

지금은 방학이에요.

# chalk

[tʃɔːk] 초-크
**명** 분필

**My teacher wrote in red chalk.**
마이 티-처 로우트 인 레드 초-크

선생님은 붉은 분필로 썼어요.

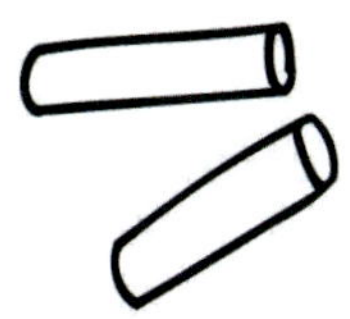

# blackboard

[blǽkbɔ̀ːrd] 블랙보-드  **명** 칠판

**Look at the blackboard.**
룩 앳 더 블랙보-드

칠판을 보세요.

# board eraser

[bɔ́ːrd iréisər] 보-드 이레이저  명 칠판 지우개

**Where is the board eraser?**
웨어 이즈 더 보-드 이레이저

칠판 지우개가 어디에 있지?

# desk [desk] 데스크
명 책상

**It's on your desk.**
잇츠 온 유어 데스크

그것은 책상 위에 있어요.

# chair [tʃɛ́ər] 체어
명 의자

**Sit on the chair.**
싯 온 더 체어

의자에 앉아라.

# seat
[si:t] 시-트
명 자리

**Have a seat.**
해브 어 시-트

앉으세요.

# bench
[bentʃ] 벤치
명 여러 명이 앉는 의자

**I sat on the bench.**
아이 샡 온 더 벤치

나는 의자에 앉았어요.

# bag
[bæg] 배그
명 가방

**This is his bag.**
디스 이즈 히즈 배그

이것은 그의 가방입니다.

# book [buk] 북
명 책

This is an interesting book.
디스 이즈 언 인터리스팅 북

이것은 재미있는 책입니다.

# textbook [tekstbuk] 텍스트북
명 교과서

Open your textbook.
오우픈 유어 텍스트북

교과서를 펴세요.

# notebook [noutbuk] 노우트북
명 공책

Bring your notebook.
브링 유어 노우트북

공책을 가져오세요.

# workbook

[wə:rkbuk] 워-크북
명 연습장

## I can't find my workbook.
아이 캔트 파인드 마이 워-크북

내 연습장이 안 보여요.

# dictionary

[díkʃənèri] 딕셔네리
명 사전

## Look up this word in the dictionary.
룩 업 디스 워-드 인 더 딕셔네리

사전에서 이 단어를 찾아보세요.

# paper

[péipər] 페이퍼
명 종이

## I need a piece of paper.
아이 니-드 어 피-스 어브 페이퍼

종이 한 장 주세요.

# page [peidʒ] 페이지
명 페이지, 면

**Open your book to page 10.**
오우픈 유어 북 투 페이지 텐

책의 10 페이지를 펴세요.

# pencil [pénsəl] 펜슬
명 연필

**Do you have a pencil?**
두- 유- 해브 어 펜슬

연필 있으세요?

# eraser [iréisər] 이레이저
명 지우개

**Can I borrow your eraser?**
캔 아이 바로우 유어 이레이저

지우개 좀 빌려 줄래?

# pen
[pen] 펜
명 펜

**Do you need a pen?**
두- 유- 니-드 어 펜

펜 필요하세요?

# ink
[iŋk] 잉크
명 잉크

**Don't write in red ink.**
돈트 라이트 인 레드 잉크

붉은색 잉크로 쓰지 마세요.

# crayon
[kréian] 크레이안
명 크레용

**I drew a picture with a crayon.**
아이 드루- 어 픽-처 위드 어 크레이안

나는 크레용으로 그림을 그렸어요.

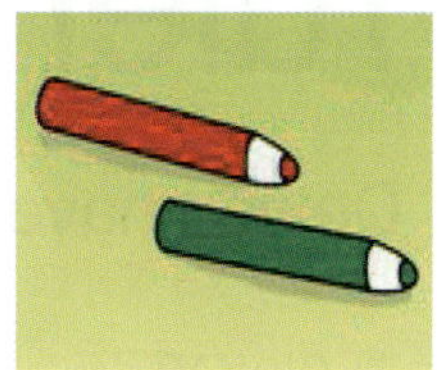

# watercolors

[wɔ́ːtərkʌ̀lərs] 워-터컬러스 명 그림물감

I painted birds in watercolors.
아이 페인티드 버-즈 인 워-터컬러스

나는 그림물감으로 새를 그렸어요.

# brush [brʌʃ] 브러시
명 붓

Do you have a brush?
두- 유- 해브 어 브러시

너 붓이 있니?

# ruler [rúːlər] 룰-러
명 자

Do you have rulers?
두- 유- 해브 룰-러즈

자 있어요?

# glue
[glu:] 글루–
명 풀

## Do you have a glue?
두– 유– 해브 어 글루–

딱풀 있어요?

# flag
[flæg] 플래그
명 국기

## This is a national flag.
디스 이즈 어 내셔널 플래그

이것은 국기입니다.

# map
[mæp] 맵
명 지도

## I looked it up on the map.
아이 룩트 잇 업 온 더 맵

나는 그것을 지도에서 찾아 보았어요.

# computer

[kəmpjúːtər] 컴퓨-터
명 컴퓨터

**I like to play computer games.**
아이 라이크 투 플레이 컴퓨-터 게임즈

저는 컴퓨터 게임을 좋아해요.

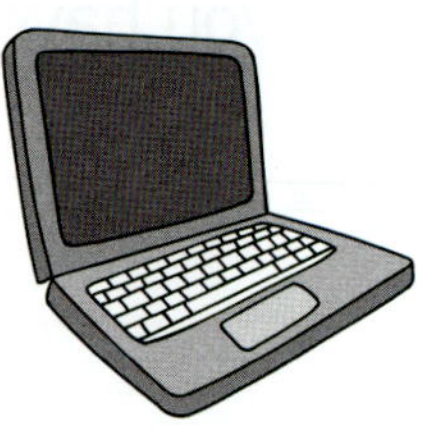

# monitor

[mánətər] 마너터
명 모니터, 화면

**Look at the monitor.**
룩 앳 더 마너터

모니터를 보세요.

# keyboard

[kiːbɔːrd] 키-보-드
명 키보드

**She's using a keyboard.**
쉬-즈 유-징 어 키-보-드

그녀는 키보드를 사용하고 있다.

# mouse [maus] 마우스
**명** 마우스

Double-click the left button of the mouse.
더블 클릭 더 레프트 버튼 어브 더 마우스

마우스 왼쪽 버튼을 더블 클릭하세요

# printer [príntər] 프린터
**명** 프린터

This printer is not working.
디스 프린터 이즈 낫 워-킹

이 프린터가 고장이 났어요.

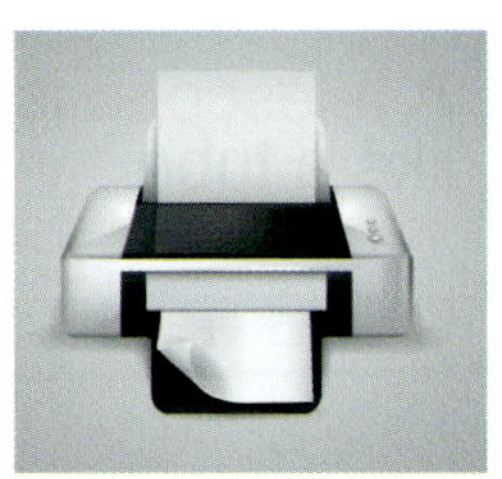

# scanner [skǽnər] 스캐너
**명** 스캐너

Do you know how to use this scanner?
두- 유- 노우 하우 투 유-즈 디스 스캐너

이 스캐너 어떻게 사용하는지 아니?

# microscope

[máikrəskòup] 마이크러스코우프  **명** 현미경

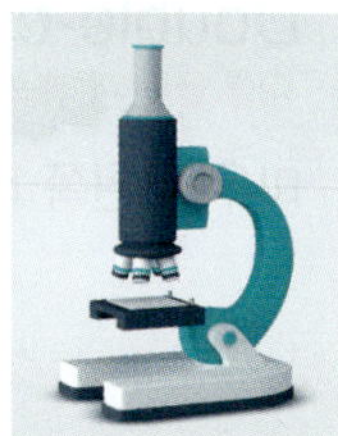

**Who is looking into a microscope?**
후- 이즈 룩킹 인투 어 마이크러스코우프

누가 현미경 안을 보고 있나요?

# telescope

[téləskòup] 텔러스코우프  **명** 망원경

**A telescope is a long instrument shaped like a tube.**
어 텔러스코우프 이즈 어 롱- 인스트러먼트 셰잎트 라이크 어 튜-브

망원경은 튜브처럼 생긴 긴 기구입니다.

# magnet

[mǽgnit] 매그니트  **명** 자석

**This is a bar magnet.**
디스 이즈 어 바- 매그니트

이것은 막대 자석입니다.

# Magic 영단어 플러스! 플러스

우리가 다니는 초등학생의 학년은 영어로 어떻게 쓸까요? 1학년부터 6학년까지 영어로 쓰고 읽어 봐요. 학년을 영어로 말할 때는 순서를 나타내는 서수를 쓴다는 것도 잊지 마세요.

◎ 위의 단어를 문장에 응용해 볼까요?

저는 1학년입니다.
**I'm in the first grade.**

＊밑줄 친 부분에 자신의 학년에 해당하는 영어를 말하면 됩니다.

# library

[láibrèri] 라이브러리

명 도서관

I went to the library to find a book.
아이 웬트 투 더 라이브러리 투 파인드 어 북

나는 책을 찾으려고 도서관에 갔어요.

# librarian

[laibrɛ́əriən] 라이브레어리언

명 사서

The librarian is putting books on the shelves.
더 라이브레어리언 이즈 푸팅 북스 온 더 쉘브즈

사서(도서관에서 책을 관리하는 직원)가 책장에 책을 정리하고 있어요.

# shelves
[ʃelvz] 쉘브즈
명 책장

The books are displayed on the **shelves**.

더 북스 아 디스플레이드 온 더 쉘브즈

책들이 책장 위에 진열되어 있어요.

# atlas
[ǽtləs] 애틀러스
명 지도책

This **Atlas** has gone out of date.

디스 애틀러스 해즈 곤- 아웃 어브 데이트

이 지도책은 옛날 거다.

# encyclopedia

[insàikləpí:diə] 인사이클러피-디어　명 백과사전

**Encyclopedia** is very useful.

인사이클러피-디어 이즈 베리 유-즈풀

백과사전은 매우 유용해요.

# novel

[nǽvəl] 나블
몡 소설

When is her new novel coming out?
웬 이즈 허- 뉴- 나블 커밍 아웃

그녀의 새 소설은 언제 나오나요?

# newspaper

[njuːzpéipər] 뉴-스페이퍼
몡 신문

My dad reads a newspaper every morning.
마이 대드 리-즈 어 뉴-스페이퍼 에브리 모-닝

아빠는 매일 아침 신문을 읽으세요.

# magazine

[mǽgəziːn] 매거진-
몡 잡지

I subscribed to a magazine.
아이 섭스크라입드 투 어 매거진-

나는 잡지를 구독했어요.

# library card

[láibrèri ka:rd] 라이브리 카드

명 책 대출 카드(책을 빌릴 때 적는 카드예요.)

**Do you have a library card?**

두- 유- 해브 어 라이브러리 카-드

책 대출 카드 있으세요?

# Magic 영단어 플러스! 플러스

도서관에서 볼 수 있는 책에는 어떤 것들이 있을까요? 한글 이름을 보고 영어로 적어 봐요.

소설

동화책

잡지

신문

백과사전

사전

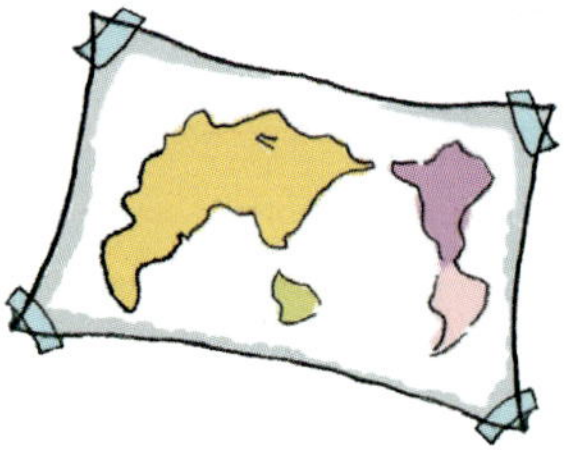

지도책

답 소설 – novel │ 동화책 – fairy tale book │ 잡지 - magazine │ 신문 - newspaper
백과사전 – encyclopedia │ 사전 – dictionary │ 지도책 – atlas

# housing

[háuziŋ] 하우징
명 주택

**Housing** prices are rising.
하우징 프라이시스 아 라이징

주택 가격이 오르고 있다.

# facilities

[fəsíləties] 퍼실러티즈
명 시설물

This is public **facilities**.
디스 이즈 퍼블릭 퍼실러티즈

이것은 공공 시설물입니다.

# mailbox

[meilbaks] 메일박스
명 우편함

**I put a letter into a mailbox.**
아이 풋 어 레터 인투 어 메일박스

나는 우편함에 편지를 넣었어요.

# front door

[frʌnt dɔ:r] 프런트 도어-
명 대문(앞문)

**I waited my brother at the front door.**
아이 웨이티드 마이 브러더 앳 더 프런트 도어-

나는 대문에서 남동생을 기다렸어요.

**The front door is open.**
더 프런트 도어- 이즈 오우픈

현관문이 열려 있습니다.

# doorbell

[dɔ:rbel] 도어-벨
명 초인종

**I rang the doorbell.**
아이 랭 더 도어-벨

나는 초인종을 눌렀어요.

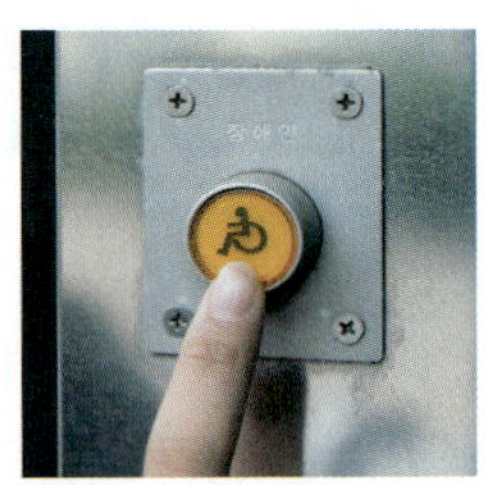

# hall

[hɔ:l] 홀-
**명** 현관

**He is standing in front of the front hall.**
히- 이즈 스탠딩 인 프런트 어브 더 프런트 홀-

그는 현관 앞에 서 있어요.

# room

[ru:m] 룸-
**명** 방

**Clean your room.**
클린- 유어 룸-

방을 치우세요.

# first floor

[fə:rst flɔ:r] 퍼-스트 플로어-
**명** 1층

**We are on the first floor.**
위 아 온 더 퍼-스트 플로어-

우리는 1층에 있어요.

# second floor

[sékənd flɔːr] 세컨드 플로어- 명 2층

**How can I get on the second floor?**
하우 캔 아이 겟 온 더 세컨드 플로어-

2층으로 가려면 어떻게 해야 하나요?

# third floor [θəːrd flɔːr] 서-드 플로어- 명 3층

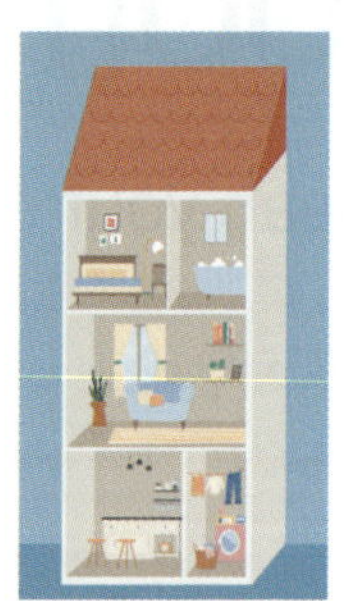

**He lives on the third floor.**
히- 리브즈 온 더 서-드 플로어-

그는 3층에 살아요.

# roof [ruːf] 루-프 명 지붕

**They fixed the roof.**
데이 픽스트 더 루-프

그들은 지붕을 수리했어요.

# TV antenna

[tíːvíː ænténə] 티-비- 앤테너　명 텔레비전 안테나

**I connected the TV antenna to the TV.**
아이 커넥티드 더 티-비- 앤테너 투 더 티-브이

텔레비전에 안테나를 연결했다.

# chimney

[tʃímni] 침니　명 굴뚝

**I swept a chimney.**
아이 스웹트 어 침니

나는 굴뚝을 청소했어요.

# garage

[gəráːdʒ] 거라-지　명 차고

**I put a car into a garage.**
아이 풋 어 카- 인투 어 거라-지

저는 차를 차고에 놓았어요.

# garden

[gá:rdn] 가-든
명 정원

**There are many flowers in the garden.**
데어 아 메니 플라워즈 인 더 가-든

정원에는 꽃들이 많아요.

# yard

[jɑ:rd] 야-드
명 마당

**Not in my backyard.**
낫 인 마이 백야-드

내 뒷마당에 안 돼.

도움말 약어로 NIMBY라고 하는 시사용어입니다. 자신이 거주하는 곳에 혐오시설 등이 들어오는 것을 거부하는 말로 지역 이기주의를 일컬을 때 이런 말을 씁니다. 여기서 backyard는 뒷마당을 말합니다.

# back door

[bæk dɔ:r] 백 도어-
명 뒷문

**Close the back door.**
클로우즈 더 백 도어-

뒷문을 닫으세요.

# lobby

[lάbi] 라비
명 로비(현관의 홀)

I'll see you at the lobby.
아일 씨- 유- 앳 더 라비

로비에서 보자.

# elevator

[éləvèitər] 엘러베이터
명 엘리베이터

I took the elevator to the 10th floor.
아이 툭 디 엘러베이터 투 더 텐쓰 플로어-

나는 10층까지 엘리베이터를 탔다.

# stair

[stɛər] 스테어
명 계단

Let's go up the stairs.
렛츠 고우 업 더 스테어즈

계단을 오르자.

# lock

[lak] 락
명 자물쇠

Please check the lock.
플리-즈 첵 더 락

자물쇠를 확인해 보세요.

# air conditioner

[ɛər kəndíʃənər] 에어 컨디셔너 명 냉난방 장치

**Turn on the air conditioner.**
턴- 온 디 에어 컨디셔너

에어컨을 켜세요.

# balcony

[bǽlkəni] 밸커니
명 베란다

**His house has a big balcony.**
히즈 하우스 해즈 어 빅 밸커니

그의 집에는 넓은 베란다가 있어요.

# parking lot

[páːrkiŋ lat] 파-킹 랏
명 주차장

**There is no parking lot here.**
데어 이즈 노 파-킹 랏 히어

이곳에는 주차장이 없어요.

# **Magic** 영단어 플러스! 플러스

집 안에는 어떤 물건들이 있을까요? 다음 그림 속의 물건들을 영어로 어떻게 말하는지 익혀 보세요. 생활 속에서 자주 쓰는 단어이므로 외워 두면 도움이 많이 된답니다.

# bedroom
[bédrùːm] 베드룸-
명 침실

**We have two bedrooms.**
위 해브 투- 베드룸-즈

침실이 두 개 있어요.

# bathroom
[bǽθrùːm] 배쓰룸-
명 욕실

**Go to the bathroom.**
고우 투 더 배쓰룸-

욕실로 가세요.

# bed

[bed] 베드
명 침대

**I go to bed early.**

아이 고우 투 베드 얼-리

저는 일찍 잠자리에 들어요.

# radio

[réidiòu] 레이디오우
명 라디오

**I turned on the radio.**

아이 턴-드 온 더 레이디오우

나는 라디오를 켰어요.

# chest

[tʃest] 체스트
명 장롱(옷이나 이불 등을 넣어 두는 서랍이 있는 가구)

**The mirror is on the chest of drawers.**

더 미러 이즈 온 더 체스트 어브 드로-즈

거울은 서랍장 위에 있다.

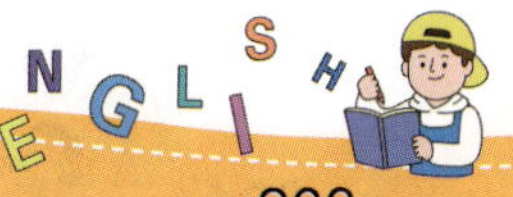

# mirror
[mírər] 미러
명 거울

**Look at the mirror.**
룩 앳 더 미러

거울을 보세요.

# phone
[foun] 포운
명 전화

**We spoke on the phone.**
위 스포우크 온 더 포운

우리는 전화로 이야기를 나누었다.

# balance
[bǽləns] 배런스
명 저울

**She weighed the meat in the balance.**
쉬- 웨이드 더 미-트 인 더 배런스

그녀는 저울로 고기의 무게를 달아보았다.

# toilet

[tɔ́ilit] 토일럿
**명** 화장실 변기

**Where is the toilet?**
웨어 이즈 더 토일럿

화장실이 어디에요?

# toilet paper

[tɔ́ilit péipər] 토일럿 페이퍼　**명** 화장지

**There is no toilet paper in the bathroom.**
데어 이즈 노 토일럿 페이퍼 인 더 배쓰룸-

화장실에 휴지가 없어요.

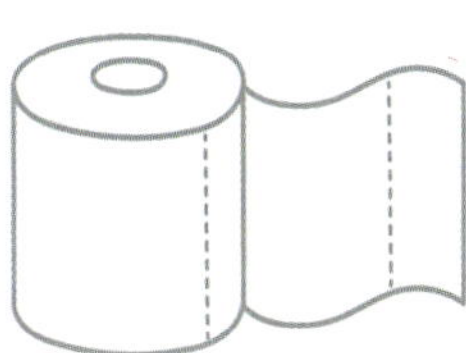

# towel

[táuəl] 타월
**명** 수건

**I wiped with a towel.**
아이 와입트 위드 어 타월

나는 수건으로 닦았어요.

# hair dryer

[hɛər dráiər] 헤어 드라이어
(명) 머리카락 건조기

**Plug in the hair dryer.**
플러그 인 더 헤어 드라이어

머리카락 건조기에 전원을 연결한다.

# sink

[siŋk] 싱크
(명) 세면대

**The sink spout is leaking.**
더 싱크 스파우트 이즈 리-킹

세면대 배수관이 새고 있어.

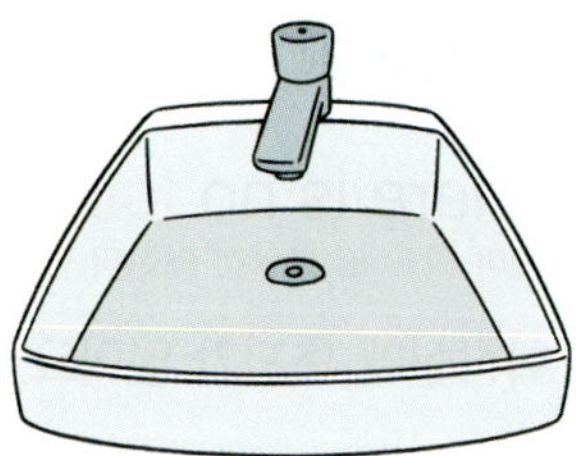

# faucet

[fɔ́ːsit] 포-싯
(명) 수도꼭지

**Turn off the faucet.**
턴- 오-프 더 포-싯

수도꼭지를 잠그세요.

# toothbrush

[tuːθbrʌʃ] 투-쓰브러쉬
(명) 칫솔

**Mom, where is my toothbrush?**
맘 웨어 이즈 마이 투-쓰브러쉬

엄마, 제 칫솔이 어디에 있어요?

# toothpaste

[tuːθpeist] 투-쓰페이스트 (명) 치약

**Where is my toothpaste?**
웨어 이즈 마이 투-쓰페이스트

제 치약이 어디에 있어요?

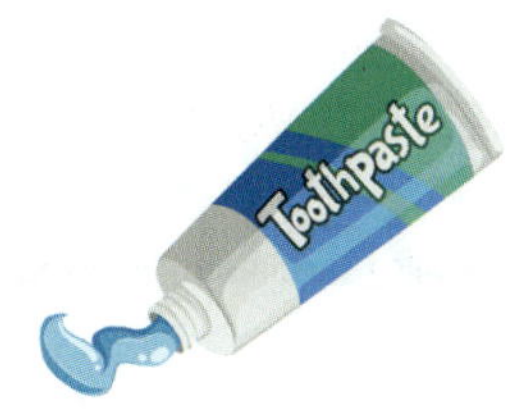

# soap

[soup] 소우프
(명) 비누

**I need three cakes of soap.**
아이 니-드 쓰리- 케익스 어브 소우프

비누 세 개 주세요.

# shower

[ʃáuər] 샤우어
명 샤워기

We're having a new shower put in.
위아 해빙 어 뉴 샤우어 풋 인

우리는 새 샤워기를 설치하고 있다

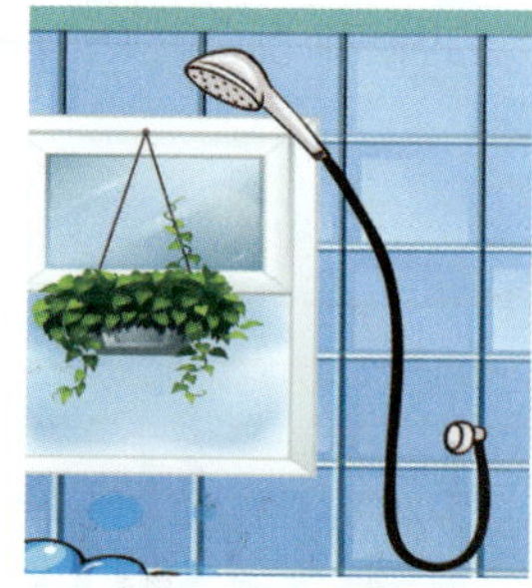

# bathtub

[bǽtʌb] 배쓰텁
명 목욕통

I refill a bathtub.
아이 리-필 어 배쓰텁

나는 욕조의 물을 갈아요.

# Magic 영단어 플러스! 플러스

우리는 따뜻한 방바닥에 이불을 깔고 자기도 하지만, 서양 사람들은 거의 침대에서 잠을 자요. 그래서 침대의 종류도 여러 가지랍니다. 일반적인 침대의 종류와 침대에 꼭 함께 있어야 하는 물건들의 이름을 알아볼까요?

**twin bed** : 트윈베드
한 사람용의 침대

**double bed** : 더블베드
두 사람이 잘 수 있는 크기의 침대

**bunk bed** : 번크베드
침대가 이층으로 되어 있어 좁은 공간에서 형제자매가 함께 쓸 수 있게 만들어진 침대

**pillow**   베개

**sheet**   시트(요 위에 까는 천, 홑이불)

**blanket**   담요

**bedspread**   침대 덮개

**comforter**   두꺼운 이불(오리털 등을 넣어 따뜻하게 만든 이불)

# living room
[líviŋ ruːm] 리빙 룸–
명 거실

**Where is the living room?**
웨어 이즈 더 리빙 룸–

거실이 어디예요?

# dining room
[dáiniŋ ruːm] 다이닝룸–
명 식당

**Let's go to the dining room.**
렛츠 고우 투 더 다이닝 룸–

식당으로 가자.

# kitchen
[kítʃən] 키친
명 부엌

**She is cooking in the kitchen.**
쉬- 이즈 쿠킹 인 더 키친

그녀는 부엌에서 요리를 하고 있어요.

# floor
[flɔːr] 플로어-
명 거실 마루(바닥)

**I wiped the floor.**
아이 와입트 더 플로어-

저는 거실 마루를 닦았어요.

# ceiling
[síːliŋ] 실-링
명 천장

**The ceiling is leaking.**
더 실-링 이즈 리-킹

천장이 새요.

# wall [wɔ:l] 월- 명 벽

**Wall**s have ears.
월-즈 해브 이어즈

벽에도 귀가 있다.

도움말 '벽에도 귀가 있다'는 말은 '밤 말은 쥐가 듣고 낮 말은 새가 듣는다'라는 우리말 속담과 비슷한 뉘앙스의 표현입니다.

# carpet [ká:rpit] 카-핏 명 카펫

I lay a carpet.
아이 레이 어 카-핏

나는 카펫을 깔아요.

# stove [stouv] 스토우브 명 난로

Don't sit too close to the stove.
돈트 싯 투- 클로우즈 투 더 스토우브

난로에 가까이 앉지 마세요.

# window

[wíndou] 윈도우
명 창문

**Open the window.**
오우픈 더 윈도우

창문을 여세요.

# curtain

[kə́ːrtn] 커-튼
명 커튼

**Draw a curtain.**
드로- 어 커-튼

커튼을 치세요.

# sofa

[sóufə] 소우퍼
명 의자(커피 테이블 주위에 놓는 의자, 여러 명이 모여 앉을 수 있게 되어 있어요.)

**I sit on the sofa.**
아이 싯 온 더 소우퍼

나는 소파에 앉아요.

# pillow

[pílou] 필로우

명 베개, 쿠션(소파나 의자에 등을 기
댈 때 편안하도록 천과 솜 등으로
푹신하게 만든 것)

**Which pillow is yours?**
위치 필로우 이즈 유어즈

어떤 베개가 네 것이니?

# television

[télǝviʒǝn] 텔러비전

명 텔레비전

**I watched television.**
아이 와치트 텔러비전

나는 텔레비전을 봤어요.

# video cassette recorder

[vídiòu kǝsét rikɔ́ːrdǝr] 비디오우 커셋 리코-더  명 비디오

**I bought a new video cassette recorder.**
아이 보-트 어 뉴- 비디오우 커셋 리코-더

나는 새 비디오를 구입했어요.

# frame
[freim] 프레임
**명** 액자

**The frame sets off picture.**
더 프레임 셋츠 오-프 픽쳐

그 액자는 그림을 돋보이게 한다.

# candle
[kǽndl] 캔들
**명** 양초

**I lighted a candle.**
아이 라이티드 어 캔들

나는 양초를 켰어요.

# bookcase
[bukkeis] 북케이스
**명** 책장

**There is a bookcase in my room.**
데어 이즈 어 북케이스 인 마이 룸-

내 방에는 책장이 있어요.

# dining room table
[dáiniŋ ruːm téibl] 다이닝 룸- 테이블 **명** 식탁

**Clean the dining room table.**
클린- 더 다이닝 룸- 테이블

식탁을 치우세요.

# dining room chair

[dáiniŋ ruːm tʃɛər] 다이닝 룸- 체어  명 식탁 의자

**Sit on the dining room chair.**
싯 온 더 다이닝 룸- 체어

식탁 의자에 앉으세요.

# tablecloth

[téiblklɔːθ] 테이블클로-쓰
명 식탁보

**I'll wash the tablecloth.**
아일 와쉬 더 테이블클로-쓰

나는 식탁보를 세탁할 거예요.

# sink

[siŋk] 싱크
명 싱크대(요리 재료나 그릇을 씻는 곳)

**All the dishes are stacked next to the sink.**
올- 더 디쉬즈 아 스택트 넥스트 투 더 싱크

모든 접시들이 싱크대 옆에 쌓여 있어요.

# cutting board

[kʌtiŋ bɔːrd] 커팅 보-드

명 도마(요리 재료를 올려 놓고 다듬거나 자르는 판

**Put it on a cutting board.**
풋 잇 온 어 커팅 보-드

그걸 도마 위에 올려주세요.

# cabinet

[kǽbənit] 캐버닛

명 찬장(그릇을 넣어 두는 곳

**He's taking a jar from the cabinet.**
히-즈 테이킹 어 자- 프럼 더 캐버닛

남자가 찬장에서 병을 꺼내고 있다.

# microwave

[maɪkrəweɪv] 마이크로우웨이브

명 전자레인지(음식을 데워 먹는 기계)

**Use the microwave.**
유-즈 더 마이크로우웨이브

전자레인지를 사용하세요.

# range

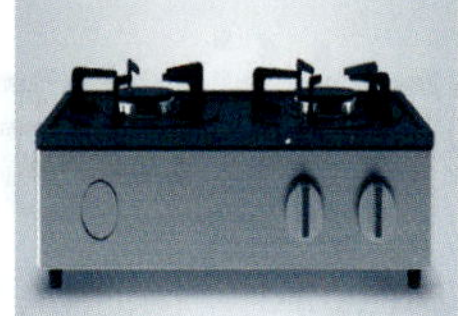

[reindʒ] 레인지

명 레인지(가스나 전기 등으로 불을 피워 음식을 익히는 장치)

**The dish is cooked on a range top.**

더 디쉬 이즈 쿡트 온 어 레인지 탑

그 요리는 가스레인지 위에서 조리된다.

# oven

[ʌvən] 어븐

명 오븐(음식을 굽거나 찌는 장치)

**It is an electric oven.**

잇 이즈 언 일레트릭 어븐

그것은 전자 오븐이에요.

# toaster

[tóustər] 토우스터

명 토스터(빵을 굽는 기계)

**The man is putting some bread in the toaster.**

더 맨 이즈 푸팅 섬 브레드 인 더 토우스터

남자가 토스터에 빵을 넣고 있다.

# refrigerator

[rifrídʒərèitər] 리프리저레이터 명 냉장고

**The food is in a refrigerator.**
더 푸-드 이즈 인 어 리프리저레이터

음식은 냉장고 안에 있어요.

# garbage pail

[gáːrbidʒ peil] 가-비지 페일 명 쓰레기통

**Throw garbage into the garbage pail.**
쓰로우 가-비지 인투 더 가-비지 페일

쓰레기는 쓰레기통에 버리세요.

# pot [pat] 팟
명 냄비

**The pot calls the kettle black.**
더 팟 콜-즈 더 케틀 블랙

똥 묻은 개가 겨 묻은 개를 나무란다.

# frying pan [fraiŋ pæn] 프라잉 팬
명 후라이팬

He jumped out of the frying pan into the fire.
히- 점프트 아웃 어브 더 프라잉 팬 인투 더 파이어

그는 프라이팬에서 불 속으로 뛰어내렸습니다.

도움말 후라이팬에서 나와서 불 속으로 들어갔다는 외국 속담으로 우리나라 속담으로 하면 작은 것을 피하려다 오히려 큰 손해를 보게 되었을 때 쓰는 말입니다.

# bowl [boul] 보울
명 그릇

I ate a bowl of hot soup.
아이 에이트 어 보울 어브 핫 숩-

나는 뜨거운 스프 한 그릇을 먹었어요.

# ladle [léidl] 레이들
명 국자

Where is a ladle?
웨어 이즈 어 레이들

국자가 어디에 있나요?

# spatula [spǽtʃulə] 스패츌러
명 주걱

Where did you put a spatula?
웨어 디드 유- 풋 어 스패츌러

주걱을 어디에 놓았어요?

# Magic 영단어 플러스! 플러스

서양 사람들은 아침이나 점심은 간단하게 먹고, 저녁을 잘 차려 먹는 습관이 있어요. 저녁에 온 가족이 모여서 여러 음식을 놓고 이야기를 나누며 하루를 마감하는 거지요. 이런 디너 정찬에는 어떤 요리 그릇이 준비되어야 할까요? 하나하나 이름과 쓰임을 익혀 봐요.

teapot : 차 주전자

coffee pot : 커피주전자

creamer : 크림(커피에 넣는 밀크크림)

sugar bowl : 설탕 그릇

serving platter : 쟁반

salt shaker : 소금 병

pepper shaker : 후추 병

salad plate : 샐러드 접시(과일, 야채 등을 담아내는 접시)

bread-and-butter plate : 빵과 버터를 담아내는 접시

soup bowl : 수프 그릇

dinner plate : 디너 접시(주 요리를 담아내는 큰 접시)

water glass : 물 글라스

wine glass : 와인 글라스

cup : 컵

saucer : 컵받침

napkin : 냅킨

salad fork : 샐러드 포크

dinner fork : 디너 포크

knife : 칼

teaspoon : 티스푼

soup spoon : 수프 스푼

butter knife : 버터 나이프

# personal care products

[pə́rsənl kέər prádʌkts] 퍼-스널 케어 프라덕츠  **명** 개인 용품

The demand for personal care products is increasing.
더 디맨드 포 퍼-스널 케어 프라덕츠 이즈 인크리-싱

개인 용품 수요가 증가하고 있다.

# toothbrush [tuːθbrʌʃ] 투-쓰브러시
**명** 칫솔

**Where is my toothbrush?**
웨어 이즈 마이 투-쓰브러시

내 칫솔 어디에 있어요?

# comb [koum] 코움
**몡** 빗

**Comb** your hair.
코움 유어 헤어

머리를 빗어요.

# razor [réizər] 레이저
**몡** 면도기

Where can I find a **razor**?
웨어 캔 아이 파인드 어 레이저

면도기가 어디에 있나요?

# nail clipper [neil klípər] 네일 클리퍼
**몡** 손톱깎기

How much is this **nail clipper**?
하우 머치 이즈 디스 네일 클리퍼

손톱깎기가 얼마예요?

# scissors [sízərz] 시저즈
**몡** 가위

Be careful when using **scissors**.
비 케어플 웬 유-징 시저즈

가위를 사용할 때는 조심하세요.

# shampoo

[ʃæmpú:] 샴푸–
**명** 샴푸

**Where is the shampoo?**
웨어 이즈 더 샴푸–

샴푸가 어디에 있나요?

# conditioner

[kəndíʃənər] 컨디셔너
**명** 린스(머리카락을 부드럽게 하기 위해 바르는 세제)

**Spray the conditioner onto your wet hair.**
스프레이 더 컨디셔너 온투 유어 웻 헤어

헤어컨디셔너를 젖은 머리에 대고 뿌리시오.

# hairspray

[herspreɪ] 헤어스프레이
**명** 헤어스프레이(머리 스타일을 고정하기 위해 뿌리는 것

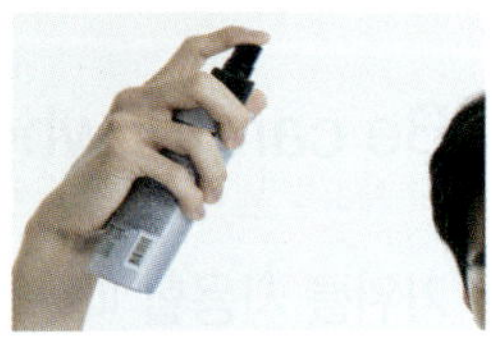

**I never use hairspray.**
아이 네버 유–즈 헤어스프레이

나는 헤어스프레이를 전혀 쓰지 않습니다.

# lipstick

[lipstik] 립스틱
**명** 립스틱(입술에 바르는 화장품)

**She put on lipstick on her lips.**
쉬- 풋 온 립스틱 온 허 립스

그녀는 입술에 립스틱을 발랐어요.

# makeup

[meikʌp] 메이크업
**명** 화장품

**I put on a makeup on my face.**
아이 풋 온 어 메이크업 온 마이 페이스

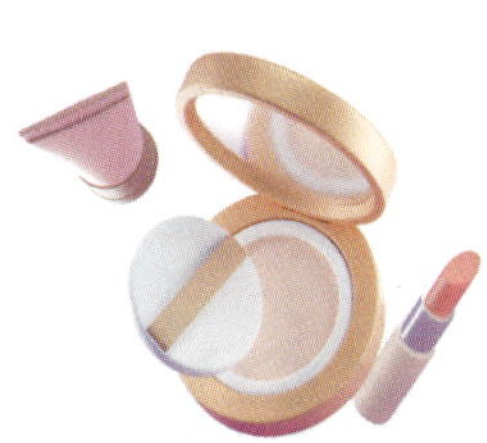

나는 얼굴에 화장을 했어요.

# shoe polish

[ʃuː páliʃ] 슈- 팔리쉬 **명** 구두약

**Polish my boots with shoe polish.**
팔리쉬 마이 부-츠 위드 슈- 팔리쉬

신발광택제로 내 부츠를 닦아.

# camera [kǽmərə] 캐머러
명 카메라

My friend has an expensive camera.
마이 프렌드 해즈 언 익스펜시브 캐머러

나의 친구는 비싼 카메라가 있어요.

# film [film] 필름
명 필름

He develops films.
히- 디벨럽스 필름즈

그는 필름을 현상해요.

# key [ki:] 키-
명 열쇠

I lost my key.
아이 로스트 마이 키-

나는 열쇠를 잃어버렸어요.

# band [bænd] 밴드
명 끈

Do you have a rubber band?
두- 유- 해브 어 러버 밴드

너는 고무줄을 가지고 있니?

# cloth diapers

[klɔ:θ dáiəpərs] 클로-쓰 다이어퍼스　명 기저귀

**Parents can put cloth diapers on their babies.**
패어런츠 캔 풋 클로-쓰 다이어퍼즈 온 데어 베이비즈

부모들은 아기들에게 천 기저귀를 채워줄 수 있다.

# toy chest

[tɔi tʃest] 토이 체스트　명 장난감 상자

**Put away your toy chest.**
풋 어웨이 유어 토이 체스트

장난감 상자를 정리하거라.

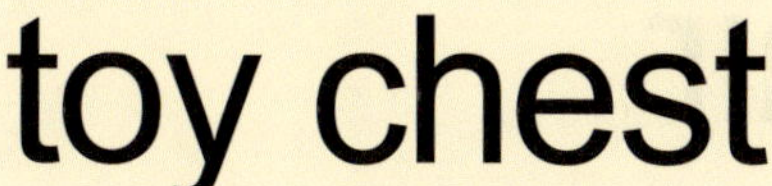

# car seat

[ka:rsi:t] 카- 시-트　명 카시트(아이를 차에 태울 때 아기용으로 차 시트에 고정시키는 의자

**They provide a car seat for a baby.**
데이 프러바이드 어 카- 시-트 포 어 베이비

그들은 아기를 위한 카시트를 제공합니다.

# baby carriage

[béibi kǽridʒ] 베이비 캐리지　명 유모차

**I push a baby carriage.**
아이 푸시 어 베이비 캐리지

나는 유모차를 몰아요.

# high chair

[hai tʃɛər] 하이 체어　명 어린이용 의자(어른이 앉는 의자보
다 다리를 길게 만들어 놓은 의자)

**Do you have a high chair?**
두- 유- 해브 어 하이 체어

어린이 의자를 준비해 주세요.

# potty

[páti] 파티
명 어린이용 변기, 용변기

**A small child needs a potty.**
어 스몰- 차일드 니-즈 어 파티

어린 아이들은 용변기가 필요해요.

# Magic 영단어 플러스! 플러스

아기나 어린이가 가지고 노는 장난감에는 어떤 것들이 있을까요? 영어로 장난감을 어떻게 부르는지 알아보고, 여러분이 가지고 있는 것에는 어떤 것들이 있는지 확인해 봐요.

## ◎ toy (장난감)

**teddy bear**
테디베어(곰인형)

**toy soldier**
장난감 병정

**doll**
인형

**toy train**
장난감 기차

**mobile**
모빌(아이 머리 위에
여러 가지 모양을 실에
매달아 움직이게 만들어
놓은 장난감)

**balloon**
풍선/기구

**rattle**
딸랑이(딸랑거리는
소리가 나는 장난감)

**toy horse**
장난감 말

**toy robot**
장난감 로봇

**toy rocket**
장난감 로켓

# store

[stɔːr] 스토어-

**명** 가게

I went to the store.
아이 웬트 투 더 스토어-

나는 가게에 갔어요.

# shop

[ʃap] 샵

**명** 가게, 상점

Where is the pet shop?
웨어 이즈 더 펫 샵

애완동물 가게가 어디에 있어요?

# place
[pleis] 플레이스
몡 장소

**Do you know the place of it?**
두- 유- 노우 더 플레이스 어브 잇

너는 그 장소를 아니?

**It's a nice place.**
잇츠 어 나이스 플레이스

거긴 괜찮은 곳이에요.

# market
[má:rkit] 마-킷
몡 시장

**I went to the market with my mother.**
아이 웬트 투 더 마-킷 위드 마이 머더

엄마와 시장에 갔어요.

# barber shop
[bá:rbər ʃap] 바-버 샵 몡 이발소

**Where can I find the barber shop?**
웨어 캔 아이 파인드 더 바-버 샵

이발소가 어디에 있나요?

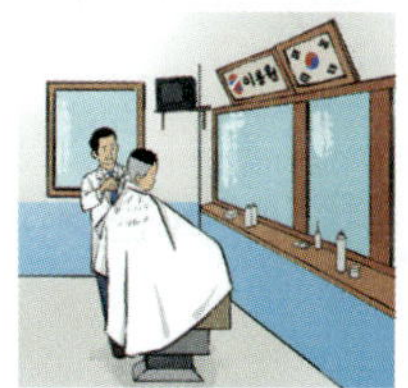

# hair salon

[hɛər səlán] 헤어 새론
**명** 미용실

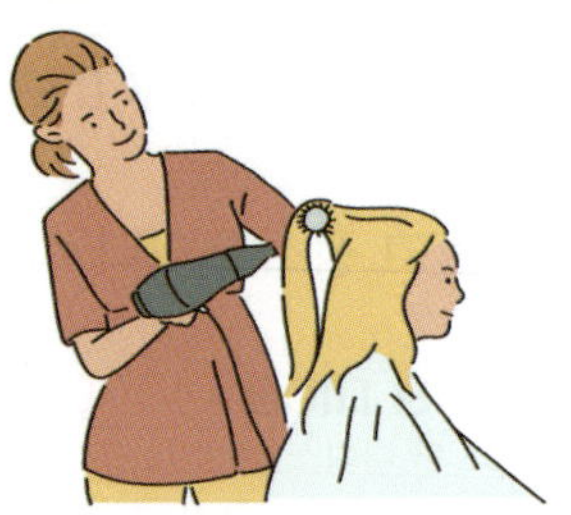

She is a customer at this **hair salon**.
쉬- 이즈 어 커스터머 앳 디스 헤어 새론

그녀는 이 미용실의 단골 손님이에요.

# bookstore

[bukstɔːr] 북스토어-
**명** 서점

I went to a **bookstore**.
아이 웬트 투 어 북스토어-

나는 서점에 갔어요.

# coffee shop

[kɔ́ːfi ʃap] 코-피 샵 **명** 커피판매점

My aunt will open a **coffee shop**.
마이 앤트 윌 오우픈 어 코-피 샵

우리 이모는 커피숍을 오픈할 거예요.

# convenience store

[kənvíːnjəns stɔːr] 컨비-니언스 스토어- 명 편의점

**Where is the convenience store?**
웨어 이즈 더 컨비-니언스 스토어-

편의점이 어디에 있나요?

# grocery store

[gróusəri stɔːr] 그로우서리 스토어- 명 식품점

**I went to the grocery store with my mom.**
아이 웬트 투 더 그로우서리 스토어- 위드 마이 맘

나는 엄마와 식료품점에 갔습니다.

# cleaner's

[klíːnərs] 클리-너스 명 세탁소

**Where is the nearest cleaner's?**
웨어 이즈 더 니어리스트 클리-너스

가까운 세탁소가 어디에 있나요?

# optician's

[aptíʃəns] 압티션즈
(명) 안경 가게

**Can you tell me where the optician's is?**
캔 유- 텔 미 웨어 디 압티션즈 이즈

안경점이 어디 있는지 알려주시겠습니까?

# flower shop

[fláuər ʃap] 플라워 샵 (명) 꽃가게

**There is a flower shop near my house.**
데어 이즈 어 플라워 샵 니어 마이 하우스

나의 집 근처에는 꽃가게가 있어요.

# gas station

[gæs stéiʃən] 개스 스테이션 (명) 주유소

**Where is the gas station?**
웨어 이즈 더 개스 스테이션

주유소가 어디에 있나요?

가게와 장소

# toy store

[tɔi stɔːr] 토이 스토어– 명 장난감 가게

**I went to the toy store with my dad.**
아이 웬트 투 더 토이 스토어– 위드 마이 대드

나는 아빠와 함께 장난감 가게에 갔어요.

# restaurant

[réstərənt] 레스터런트  명 레스토랑(음식점)

**Can you recommend any good restaurant.**
캔 유– 레커멘드 애니 굿 레스터런트

좋은 레스토랑을 추천해 줄 수 있습니다.

# ice cream shop

[ais kriːm ʃap] 아이스 크림– 샵  명 아이스크림 가게

**Can I stop by the ice cream shop?**
캔 아이 스탑 바이 디 아이스 크림– 샵

아이스크림 가게에 잠깐 들러도 될까요?

# bakery

[béikəri] 베이커리
**명** 빵집

I will buy bread at the bakery.
아이 윌 바이 브레드 앳 더 베이커리

나는 빵집에서 빵을 살 거예요.

# music store

[mjúːzik stɔːr] 뮤-직 스토어-  **명** 음악사

Where can I find the music store?
웨어 캔 아이 파인드 더 뮤-직 스토어-

음악사가 어디에 있나요?

# broadcasting station

[brɔ́ːdkæstiŋ stéiʃən] 브로-드캐스팅 스테이션  **명** 방송국

He works in a broadcasting station.
히- 웍-스 인 어 브로-드캐스팅 스테이션

그는 방송국에서 일한다.

# pet shop

[pet ʃap] 펫샵
**명** 애완동물 가게

She has a negative view of **pet shop**s.

쉬- 해즈 어 네거티브 뷰- 어브 펫 샵스

그녀는 애완동물 가게에 대해 부정적인 견해를 가지고 있다.

# pizza restaurant

[pí:tsə résterənt] 핏-저 레스터런트 **명** 피자 가게

I'm looking for a famous **pizza restaurant**.

아임 룩킹 포 어 페이머스 핏-저 레스터런트

나는 유명한 피자 가게를 찾고 있다.

# shoe store

[ʃu: stɔ:r] 슈-스토어
**명** 구두 가게

There are many kinds of shoes at the **shoe store**.

데어 아 메니 카인즈 어브 슈-즈 앳 더 슈- 스토어-

그 구두 가게에는 여러 종류의 구두가 있어요.

# post office

[poust ɔ́:fis] 포우스트 오-피스　명 우체국

**How can I get to the post office?**
하우 캔 아이 겟 투 더 포우스트 오-피스

우체국이 어디예요?

# department store

[dipá:rtmənt stɔ:r] 디파-트먼트 스토어-　명 백화점

**Can you tell me how I can get to the department store?**
캔 유- 텔 미 하우 아이 캔 겟 투 더 디파-트먼트 스토어-

백화점에 어떻게 갈 수 있는지 말씀해 주시겠어요?

# shopping mall

[ʃápiŋ mɔ:l] 샤핑 몰-　명 쇼핑센터

**Where is the nearest shopping mall?**
웨어 이즈 더 니어리스트 샤핑 몰-

근처에 가까운 쇼핑센터가 어디에 있나요?

# health club

[helθ klʌb] 헬쓰 클럽
**명** 헬스클럽(운동하는 곳)

**She is in the health club.**
쉬- 이즈 인 더 헬쓰 클럽

그녀는 헬스클럽에 있어요.

# drugstore

[drʌgstɔ́ːr] 드러그스토어-
**명** 약국

**Where is the nearest drugstore?**
웨어 이즈 더 니어리스트 드러그스토어-

제일 가까운 약국이 어디 있어요?

# clinic

[klínik] 클리닉
**명** 진료소

**He is running his own clinic.**
히- 이즈 러닝 히즈 오운 클리닉

그는 진료소를 자기가 직접 운영합니다.

# hospital [háspitl] 하스피틀
명 병원

**I went to the hospital.**
아이 웬트 투 더 하스피틀

나는 병원에 갔어요.

**Which hospital is he in?**
위치 하스피틀 이즈 히- 인

걔 어느 병원에 입원해 있어?

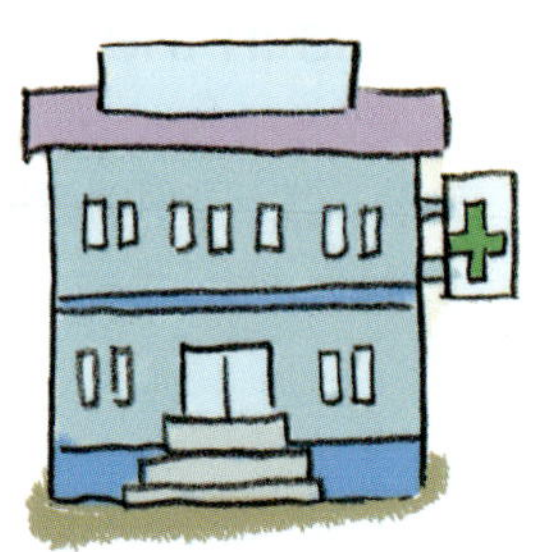

# bank [bæŋk] 뱅크
명 은행

**Can you tell me the way to the bank?**
캔 유- 텔 미 더 웨이 투 더 뱅크

은행에 가는 길을 알려줄 수 있어요?

# hotel [houtél] 호우텔
명 호텔

**How many days are you going to stay in this hotel?**
하우 메니 데이즈 아 유- 고우잉 투 스테이 인 디스 호우텔

이 호텔에 얼마 동안 머무르실 거예요?

# apartment

[əpáːrtmənt] 어파-트먼트　명 아파트

**I live in an apartment.**
아이 리브 인 언 어파-트먼트

나는 아파트에 살아요.

# house

[haus] 하우스　명 집

**Welcome to my house.**
웰컴 투 마이 하우스

집에 와 주셔서 기뻐요.

# church

[tʃəːrtʃ] 처-치　명 교회

**I go to church every weekend.**
아이 고우 투 처-치 에브리 위-켄드

나는 매주 교회에 가요.

# temple

[témpl] 템플
**명** 성당, 사원

I saw an old temple.

아이 소- 언 오울드 템플

나는 오래된 사원을 보았어요.

# city hall

[síti hɔ:l] 시티 홀-
**명** 시청

Could you direct me to City Hall?

쿠드 유- 디렉트 미 투 시티 홀-

시청으로 가는 방향을 좀 가르쳐 주시겠습니까?

# butcher's shop

[bútʃərz ʃap] 부쳐즈 샵 **명** 정육점

We bought some pork meat at a butcher's shop.

위 보-트 섬 포-크 미-트 앳 어 부쳐즈 샵

우리는 정육점에서 돼지고기를 샀다.

# theater

[θíːətər] 씨-어터
(명) 극장

**Shall we go to the theater?**
쉘 위 고우 투 더 씨-어터

극장에 같이 갈래?

# movie theater

[múːvi θíːətər] 무-비 씨-어터　(명) 영화관

**I went to the movie theater.**
아이 웬트 투 더 무-비 씨-어터

나는 영화관에 갔어요.

# museum

[mjuːzíːəm] 뮤-지-엄
(명) 박물관

**I went to the museum with my cousins.**
아이 웬트 투 더 뮤-지-엄 위드 마이 커즌즈

나는 사촌들과 박물관에 갔어요.

# zoo

[zu:] 주-

명 동물원

**There are many kinds of animals in the zoo.**

데어 아 메니 카인즈 어브 애너멀즈 인 더 주-

동물원에는 많은 종류의 동물들이 있어요.

**Let's go to the zoo.**

렛츠 고우 투 더 주-

우리 동물원에 가요.

# park

[pa:rk] 파-크

명 공원

**Let's take a walk in the park.**

렛츠 테이크 어 워-크 인 더 파-크

공원에서 산책하자.

# company

[kʌmpəni] 컴퍼니

명 회사

**Do you know our company?**

두- 유- 노우 아우어 컴퍼니

저희 회사를 알고 있어요?

# The White House

[ðə hwait haus] 더 화이트 하우스

명 백악관(미국의 대통령이 일을 하는 곳이에요.

**How Many Rooms Are There in the White House?**

하우 매니 룸-즈 아 데어 인 더 화이트 하우스

백악관에는 몇 개의 방이 있을까?

# The Blue House

[ðə blu: haus] 더 블루- 하우스

명 청와대(우리나라 대통령이 일을 하는 곳이에요.

**The Blue House is located in Seoul.**

더 블루- 하우스 이즈 로우케이티드 인 소울

청와대는 서울에 위치한다.

# courthouse [kɔ:rthaus] 코-트하우스
명 법원

**The courthouse is downtow.**

더 코-트하우스 이즈 다운타운

법원은 시내에 있다.

# jail

[dʒeil] 제일
**명** 감옥

**He was sent to jail.**
히- 워즈 센트 투 제일

그는 감옥에 보내졌어요.

# police station

[pəlíːs stéiʃən] 펄리-스 스테이션 **명** 경찰서

**Where is the police station?**
웨어 이즈 더 펄리-스 스테이션

경찰서가 어디예요?

# fire station

[faiər stéiʃən] 파이어 스테이션 **명** 소방서

**There is a fire station near my house.**
데어 이즈 어 파이어 스테이션 니어 마이 하우스

우리 집 근처에는 소방서가 있어요.

# army [áːrmi] 아-미
**명** 군대

**My brother is in the army.**
마이 브러더 이즈 인 디 아-미

내 남동생은 군인이에요.

# station [stéiʃən] 스테이션
**명** 역

**Get off at this station.**
겟 오-프 앳 디스 스테이션

이번 역에서 내리세요.

# bus stop [bʌs stap] 버스 스탑
**명** 버스정류장

**Do you know how to get to the bus stop?**
두- 유- 노우 하우 투 겟 투 더 버스 스탑

버스정류장까지 가는 길을 아세요?

# subway station

[sʌbwèi stéiʃən] 서브웨이 스테이션  명 지하철역

**Where is the nearest subway station.**
웨어 이즈 더 니어리스트 서브웨이 스테이션

가장 가까운 지하철역이다.

# taxi stand

[tǽksi stænd] 택시 스탠드
명 택시정류장

**There is a taxi stand over there.**
데어 이즈 어 택시 스탠드 오버 데어

저쪽에 택시정류장이 있어요.

# train station

[trein stéiʃən] 트레인 스테이션  명 기차역

**How long does it take to get to the train station?**
하우 롱– 더즈 잇 테이크 투 겟 투 더 트레인 스테이션

기차역까지 가는데 얼마나 걸려요?

# road

[roud] 로우드
**명** 길

Let's hit the road.

렛츠 힛 더 로우드

어서 떠나자.

# street

[striːt] 스트리—트
**명** 거리

I'm walking on the street.

아임 워-킹 온 더 스트리-트

저는 거리를 걷고 있어요.

# sidewalk

[saidwɔːk] 사이드워—크 **명** 인도(사람들이 걸어 다니는 길)

He is sweeping the sidewalk.

히- 이즈 스위-핑 더 사이드워-크

남자가 보도를 청소하고 있다.

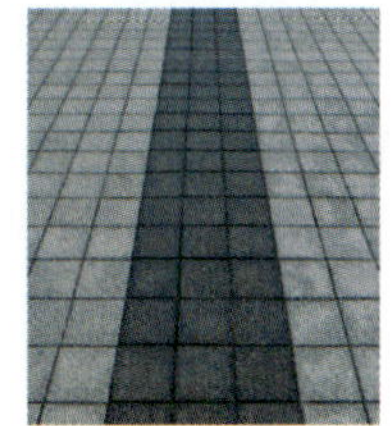

# intersection

[ìntərsékʃən] 인터섹션　⑲ 교차로

**Turn right at the next intersection.**
턴- 라이트 앳 더 넥스트 인터섹션

다음 교차로에서 우회전하세요.


# crosswalk

[krɔːswɔːk] 크로-스워-크　⑲ 횡단보도

**Be careful when you cross the street at the crosswalk.**
비 케어풀 웬 유- 크로-스 더 스트리-트 앳 더 크로-스워-크

횡단보도에서 길을 건널 때는 조심하세요.


# traffic light

[træfik lait] 트래픽 라이트　⑲ 신호등

**Wait for the traffic light to change.**
웨이트 포 더 트래픽 라이트 투 체인지

신호등이 바뀔 때까지 기다려 주세요.

# street light

[stri:t lait] 스트리-트 라이트 **명** 가로등

**The street light is standing on the road.**
더 스트리-트 라이트 이즈 스탠딩 온 더 로우드

길가에 가로등이 서 있어요.

# parking lot

[pá:rkiŋ lat] 파-킹 랏 **명** 주차장

**There is no parking lot.**
데어 이즈 노 파-킹 랏

주차장이 없어요.

# public telephone

[pʌ́blik téləfòun] 퍼블릭 텔러포운 **명** 공중전화

**Is there a public telephone near here?**
이즈 데어 어 퍼블릭 텔러포운 니어 히어

이 근처에 공중전화가 있나요?

# bridge

[bridʒ] 브리지
**명** 다리

**Don't cross the bridge until you come to it.**
돈트 크로-스 더 브리지 언틸 유- 컴 투 잇

공연한 걱정을 미리 하지 마세요.

# escalator

[éskəlèitə] 에스컬레이터
**명** 에스컬레이터

**I took the escalator.**
아이 툭 디 에스컬레이터

나는 에스컬레이터를 탔어요.

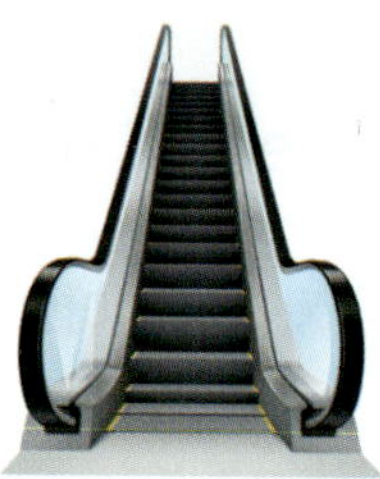

# Magic 영단어 플러스! 플러스

우리가 타고 다니는 교통 기관에는 어떤 것이 있을까요? 탈것의 영어 이름을 이번 기회에 외워 봐요. 우리말로 그대로 쓰는 것이 많아서 어렵지 않답니다.

**bus**
버스

**subway**
지하철

**car**
자동차

**taxi**
택시

**bicycle**
자전거

**motorcycle**
오토바이

**airplane**
비행기

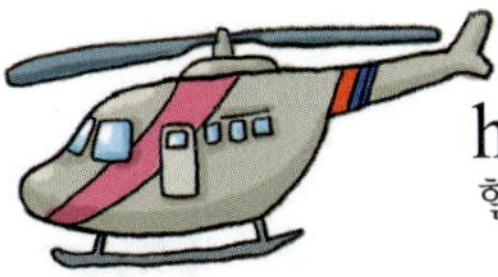

**helicopter**
헬리콥터

**jet**
제트기

**ship**
배

**더 알고 싶어요!** 청소차 garbage truck | 소방차 fire engine | 경찰차 police car
구급차 ambulance | 우편물 배달차 delivery van

# bank

[bæŋk] 뱅크
명 은행

I deposited some money in the bank.
아이 디파-지티드 섬 머니 인 더 뱅크

나는 은행에 예금을 했어요.

# bank book

[bæŋk buk] 뱅크 북
명 은행 통장

Do you have a bank book?
두- 유- 해브 어 뱅크 북

은행 통장이 있어요?

# credit card

[krédit kaːrd] 크레딧 카-드　명　신용카드(돈 대신에 쓸 수 있는 카드)

**Do you accept credit card?**
두- 유- 어셉트 그레딧 카-드

신용카드 되나요?

# deposit slip

[dipázit slip] 디파짓 슬립　명　예금 용지(돈을 저금할 때 적는 종이)

**Could you please fill out this deposit slip?**
쿠드 유- 플리-즈 필 아웃 디스 디파짓 슬립

입금 전표(예금 용지)를 작성해 주시겠습니까?

# withdrawal slip

[wiðdrɔ́ːəl slip] 윗드로-얼 슬립　명　출금 용지(돈을 찾을 때 적는 종이)

**You have to complete a withdrawal slip and wait in line.**
유- 해브 투 컴프리-트 어 윗드로-얼 슬립 앤드 웨이트 인 라인

예금 청구서를 먼저 작성하시고 줄서서 기다리십시오.

# check

[tʃek] 첵 **명** 수표(돈 대신 사용할 수 있는 것)

**I'd like to cash a check.**
아이드 라이크 투 캐시 어 첵

수표를 현금으로 바꾸고 싶은데요.

# password

[pæswəːrd] 패스워-드
**명** 비밀번호

**I've forgoten my password.**
아이브 포가튼 마이 패스워-드

제 비밀번호를 잊어버렸어요.

# stamp

[stæmp] 스탬프
**명** 도장

**I need stamps here.**
아이 니-드 스탬프스 히어

이곳에 도장을 찍어주세요.

# sign

[sain] 사인
명 사인(본인임을 증명하기 위해 적는 표시)

**Just sign here.**
저스트 사인 히어

여기에 사인해 주세요.

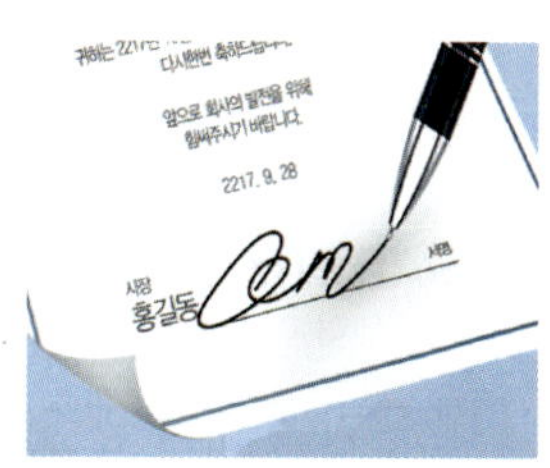

# teller

[télər] 텔러  명 은행원(돈을 받거나 내주는 은행 직원)

**He is a teller.**
히- 이즈 어 텔러

그는 은행원입니다.

# security guard

[sikjúərəti ga:rd] 시큐어러티 가-드  명 경비원

**There is a security guard.**
데어 이즈 어 시큐어러티 가-드

경비원이 있어요.

# cash machine

[kæʃ məʃíːn] 캐쉬 머신-

**명** 현금인출기(돈을 찾거나 넣을 때 이용하는 기계)

**Is there a cash machine near here?**
이즈 데어 어 캐쉬 머신- 니어 히어

이 근방에 현금 인출기가 있나요?

# ATM

[aitim] 에이티엠

**명** 자동현금인출기(Automatic Teller Machine)

**Where is the ATM?**
웨어 이즈 디 에이티엠

자동현금인출기가 어디에 있나요?

# safe

[seif] 세이프

**명** 금고

**The family jewels are locked away in a safe.**
더 패멀리 쥬-얼즈 아 락-트 어웨이 인 어 세이프

집안의 보석류는 금고에 넣어 잠가 두었다.

# cash
[kæʃ] 캐시
명 현금

**Cash** or charge?
캐시 오어- 차-지

현금으로 하시겠어요? 신용 카드로 하시겠어요?



# money
[mʌni] 머니
명 돈

He makes a lot of **money**.
히 메익스 어 랏 어브 머니

그는 돈을 많이 벌어요.

# coin
[kɔin] 코인
명 동전

Insert a **coin**, please.
인서-트 어 코인 플리-즈

동전을 넣어 주세요.

# bill
[bil] 빌
명 지폐

Let's split the **bill**.
렛츠 스플릿 더 빌

각자 내자.

# Magic 영단어 플러스! 플러스

미국의 동전과 지폐에 대해 알아 봐요. 우리와 많이 다르기 때문에 조금 어려워요. 동전과 지폐의 영어 이름과 액수를 확인해 봐요.

## ◎ 동전(coins)

동전에도 이름이 있어요. 가장 적은 액수의 동전은 1센트짜리예요. 이 동전을 미국에서는 '페니(penny)'라고 부른답니다. 1센트를 간단하게 '1¢'라고 쓰기도 해요. 좀 복잡한가요? 그림을 보고 각 동전을 하나씩 알아 봐요.

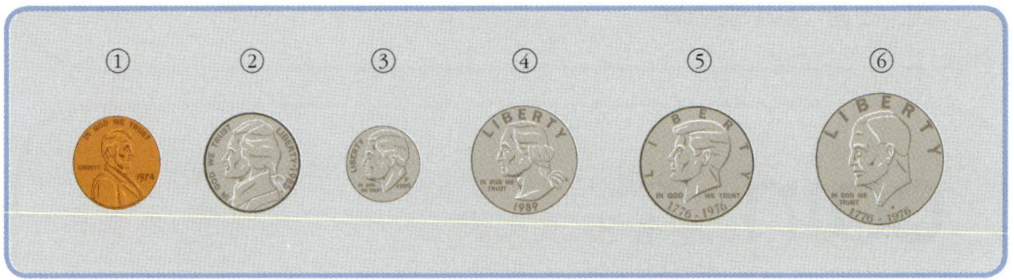


| 액수 | 동전 이름 |
|---|---|
| ① 1센트(one cent) | penny(1¢) [페니] |
| ② 5센트(five cents) | nickel(5¢) [니켈] |
| ③ 10센트(ten cents) | dime(10¢) [다임] |
| ④ 25센트(twenty-five cents) | quarter(25¢) [쿼터] |
| ⑤ 50센트(fifty cents) | half dollar(50¢) [하프 달러] |
| ⑥ 1달러(one dollar) | silver dollar($1.00) [실버 달러] |

＊100센트는 1달러예요.

# Magic 영단어 플러스! 플러스

## ◎ 지폐(bills)

종이로 된 돈을 지폐라고 해요. 동전과 같이 지폐에도 이름이 있어요. 가장 적은 액수의 지폐는 1달러짜리예요. 이 지폐를 미국에서는 '1달러(one-dollar bill / 원 달러 빌)'이라고 부른답니다. 1달러를 간단하게 '$1.00'라고 쓰기도 해요. 그림을 보고 각 지폐의 이름과 쓰기를 하나씩 알아 봐요.

| 액수 | 지폐 이름 |
| --- | --- |
| ① 1달러(one dollar) | one-dollar bill($1.00) |
| ② 5달러(five dollars) | five-dollar bill($5.00) |
| ③ 10달러(ten dollars) | ten-dollar bill($10.00) |
| ④ 20달러(twenty dollars) | twenty-dollar bill($20.00) |
| ⑤ 50달러(fifty dollars) | fifty-dollar bill($50.00) |
| ⑥ 100달러(one hundred dollars) | one-hundred dollar bill($100.00) |

## post office

[poust ɔ́:fis] 포우스트 오-피스
**명** 우체국

I dropped by a post office to buy some stamps.

아이 드랍트 바이 어 포우스트 오-피스 투 바이 섬 스탬프스

나는 우표를 사기 위해 우체국에 잠깐 들렀어요.

## letter

[létər] 레터
**명** 편지

Don't forget to mail this letter.

돈트 퍼겟 투 메일 디스 레터

이 편지 보내는 것 잊지 마세요.

# postcard

[poustka:rd] 포우스트카―드
**명** 엽서

**I sent her a postcard.**
아이 센트 허 어 포우스트카―드

나는 그녀에게 엽서를 보냈어요.

# air mail

[ɛər meil] 에어 메일
**명** 항공우편

**I want to send this letter by air mail.**
아이 완트 투 센드 디스 레터 바이 에어 메일

나는 이 편지를 항공우편으로 보내고 싶어요.

# surface mail

[sə́:rfis meil] 서―피스 메일 **명** 선박우편

**Airmail or surface mail?**
에어메일 오어― 서―피스 메일

항공우편으로 하나요, 해상우편으로 하나요?

# package
[pǽkidʒ] 패키지 (명) 소포

How would you like to send this package?
하우 우드 유- 라이크 투 센드 디스 패키지

이 소포를 어떻게 보내고 싶으세요?

# parcel post
[pá:rsəl poust] 파-설 포우스트 (명) 소포우편

I want to send it by parcel post.
아이 완트 투 센드 잇 바이 파-설 포우스트

나는 그것을 소포 우편으로 보내고 싶습니다.

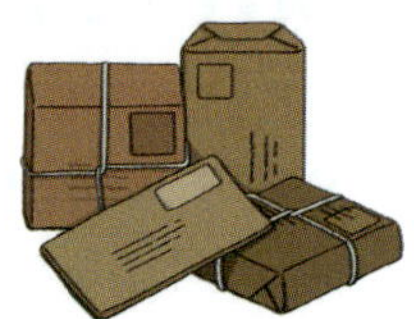

# registered mail
[rédʒistərd meil] 레지스터드 메일 (명) 등기우편

I'd like to send this letter by registered mail.
아이드 라이크 투 센드 디스 레터 바이 레지스터드 메일

이 편지를 등기우편으로 보내고 싶어요.

# express mail

[iksprés meil] 익스프레스 메일　명 빠른 우편

**I want to send this package by express mail.**
아이 완트 투 센드 디스 패키지 바이 익스프레스 메일

나는 이 소포를 빠른 우편으로 보내고 싶어요.

# stamp

[stæmp] 스탬프
명 우표

**My hobby is collecting stamps.**
마이 하비 이즈 컬렉팅 스탬프스

제 취미는 우표 수집입니다.

# envelope

[énvəlòup] 엔벌로우프
명 봉투

**Please write your address on the envelope.**
플리-즈 라이트 유어 어드레스 온 디 엔벌로우프

봉투 위에 주소를 써 주세요.

# name
[neim] 네임
명 이름

**Do you know her name?**
두- 유- 노우 허 네임

너는 그녀의 이름을 아니?

# address
[ədrés] 어드레스
명 주소

**What's your address?**
왓츠 유어 어드레스

너의 주소는 뭐니?

# zone
[zoun] 존
명 지역

**This is no-parking zone.**
디스 이즈 노 파-킹 존

여기는 주차 금지 구역입니다.

# zip code

[zíp kòud] 집 코우드
명 우편번호

What's your zip code?
왓츠 유어 집 코우드

우편번호가 어떻게 되세요?

# mailbox

[meilbaks] 메일박스
명 우체통

The mailbox is red.
더 메일박스 이즈 레드

우체통은 빨간색이에요.

# mail truck

[meil trʌk] 메일 트럭
명 우편 배달차

The mail truck is parked ahead of the car.
더 메일 트럭 이즈 팍-트 어헤드 어브 더 카-

우편 배달차가 승용차 앞에 주차되어 있다.

# postal worker

[póustl wə́ːrkər] 포우스틀 워-커  명 우체국 직원

**He is a postal worker.**
히- 이즈 어 포우스틀 워-커

그는 우체국 직원이에요.

# mailman

[meilmǽn] 메일맨
명 우편 집배원

**He is a mailman.**
히- 이즈 어 메일맨

그는 우편 집배원입니다.

# Magic 영단어 플러스! 플러스

**편**지 봉투를 쓰는 데도 형식이 있어요. 편지 봉투를 어떻게 쓰는지 한번 알아볼까요?

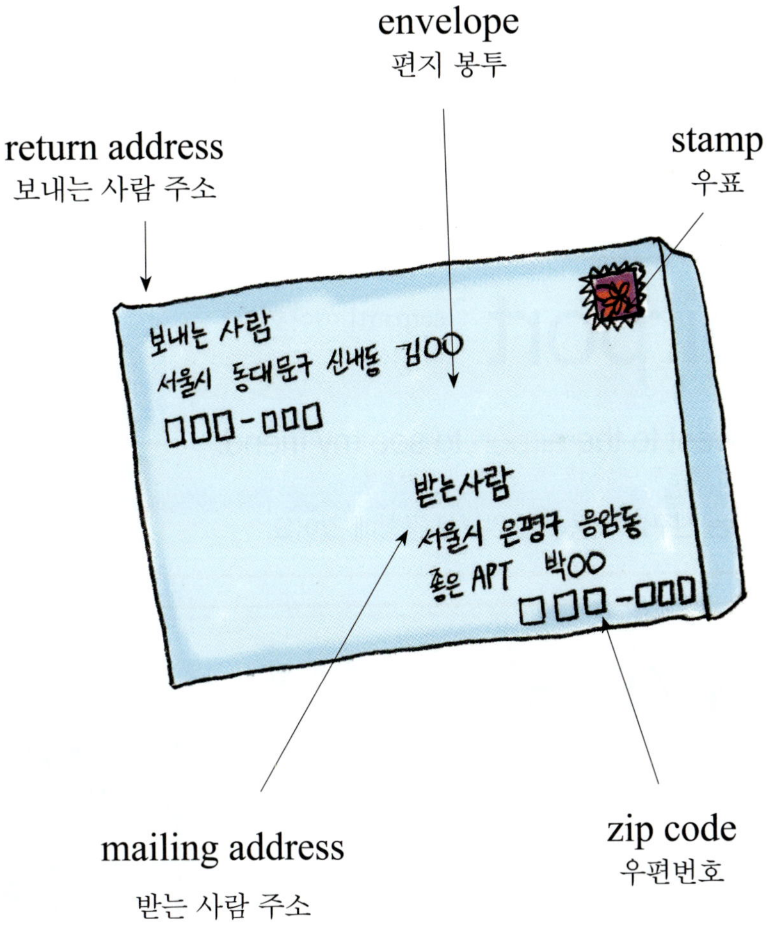

envelope
편지 봉투

return address
보내는 사람 주소

stamp
우표



mailing address

받는 사람 주소

zip code
우편번호

## airport

[ɛərpɔːrt] 에어포-트
명 공항

I went to the airport to see my friend.
아이 웬트 투 디 에어포-트 투 씨- 마이 프렌드

나는 친구를 배웅하기 위해서 공항에 갔어요.

## arrival

[əráivəl] 어라이벌
명 도착

When is the arrival time?
웬 이즈 디 어라이벌 타임

도착 시간이 언제예요?

# departure

[dipá:rtʃər] 디파-처
圆 출발

When is the **departure** time?
웬 이즈 더 디파-처 타임

출발 시간이 언제예요?

# fare

[fɛər] 페어
圆 요금

What's the bus **fare**?
왓츠 더 버스 페어

버스 요금이 얼마예요

# ticket

[tíkit] 티킷
圆 표, 티켓

Two **ticket**s, please.
투- 티킷츠 플리-즈

표 두 장 주세요.

# passport

[pǽspɔ:rt] 패스포-트
圆 여권

May I see your **passport**?
메이 아이 씨- 유어 패스포-트

여권 좀 보여주시겠어요?

# visa

[víːzə] 비-저

명 비자(다른 나라를 여행할 수 있는 증명서)

**I applied for a visa for the United States.**

아이 어플라이드 포 어 비-저 포 더 유나이티드 스테이츠

나는 미국으로 가는 비자를 신청했어요.

# boarding pass

[bɔ́ːrdiŋ pæs] 보-딩 패스　명 탑승권

**All passengers must present their boarding passes.**

올- 패선저즈 머스트 프레즌트 데어 보-딩 패시즈

모든 승객들은 그들의 탑승권을 보여주어야 한다.

# schedule

[skédʒuːl] 스케줄-

명 일정표

**Did you check the schedule?**

디드 유- 첵 더 스케줄-

일정표를 확인했나요?

# transfer

[trænsfə́ːr] 트랜스퍼-
명 환승(갈아타기)

**Where can I transfer?**
웨어 캔 아이 트랜스퍼-

어디에서 환승할 수 있나요?

# gate

[geit] 게이트
명 문

**The new departure gate is B29.**
더 뉴- 디파처- 게이트 이즈 비트웬티나인

새로운 탑승구는 B29입니다.

# suitcase

[suːtkeis] 숫-케이스
명 여행가방

**I lost my suitcase.**
아이 로스트 마이 숫-케이스

여행가방을 잃어버렸어요.

# passenger [pǽsəndʒər] 패선저

**명** 승객

**This is a passenger train.**
디스 이즈 어 패선저 트레인

이것은 여객 열차입니다.

# baggage [bǽgidʒ] 배기지

**명** 짐

**May I carry your baggage?**
메이 아이 캐리 유어 배기지

짐을 들어 드릴까요?

# baggage claim

[bǽgidʒ kleim] 배기지 클레임　**명** 짐 찾는 곳

**Where is the baggage claim?**
웨어 이즈 더 배기지 클레임

짐 찾는 곳은 어디인가요?

# security

[sikjúərəti] 시큐어러티
명 보안

**Where is the security guard?**
웨어 이즈 더 시큐어러티 가-드

안전요원이 어디에 있나요?

# customs

[kʌstəmz] 커스텀즈
명 관세(외국에서 사온 비싼 물
건에 세금을 물게 하는 것)

**This bag passed the customs.**
디스 백 패시드 더 커스텀즈

이 가방은 세관을 통과한 거예요.

# immigration

[ìməgréiʃən] 이머그레이션
명 입국심사(외국에서 비행기를 타고 우리나라에 온 사람들
을 확인하는 것)

**Where do I clear customs and
immigration?**
웨어 두 아이 클리어 커스텀즈 앤드 이머그레이션

통관과 입국심사는 어디에서 합니까?

# control tower

[kəntróul táuər] 컨트로울 타워

명 관제탑(비행기가 제대로 출발하고 도착할 수 있게 돕는 기관이에요.)

**Where is the control tower?**
웨어 이즈 더 컨트로울 타워

관제탑이 어디에 있나요?

**She's at the control tower.**
쉬-즈 앳 더 컨트로울 타워

그녀는 관제탑에 근무하고 있다.

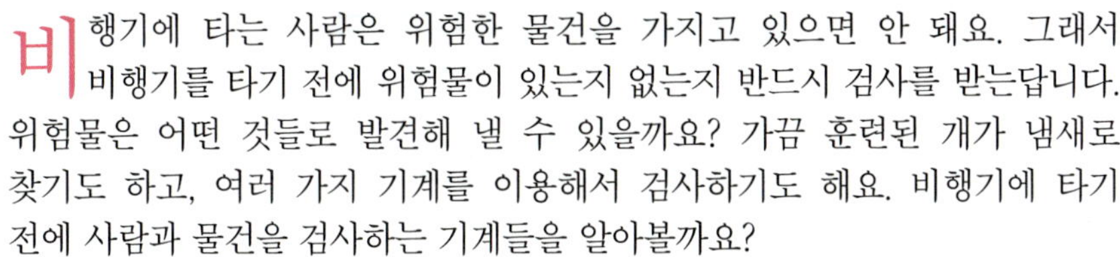

비행기에 타는 사람은 위험한 물건을 가지고 있으면 안 돼요. 그래서 비행기를 타기 전에 위험물이 있는지 없는지 반드시 검사를 받는답니다. 위험물은 어떤 것들로 발견해 낼 수 있을까요? 가끔 훈련된 개가 냄새로 찾기도 하고, 여러 가지 기계를 이용해서 검사하기도 해요. 비행기에 타기 전에 사람과 물건을 검사하는 기계들을 알아볼까요?

**✚ security checkpoint** (보안 검색대)
-비행기에 타기 전에 사람이나 물건에 위험한 물건이 없는지 확인하는 곳을 말해요.

**✚ X-ray machine** (엑스레이 기계) -비행기에 싣는 짐을 검사하는 기계로, 물건이 통과하면 엑스레이로 가방 속을 통과시켜 내용물을 확인해요.

**✚ metal detector**(금속 탐지기) - 쇠붙이를 가진 사람이 이 검사대를 통과하면 경보음이 울리게 돼요. 금속물질은 위험한 게 많아서 비행기에 가지고 탈 수 없답니다.

# barber
[báːrbər] 바-버
<br>명 이발사

**I want to become a barber.**
아이 완트 투 비컴 어 바-버

나는 이발사가 되고 싶어요.

# hairdresser
[héərdrèsər] 헤어드레서
<br>명 미용사

**I want to become a hairdresser.**
아이 완트 투 비컴 어 헤어드레서

나는 미용사가 되고 싶어요.

# bus driver

[bʌs dráivər] 버스 드라이버　명 버스 기사

**He is a bus driver.**
히- 이즈 어 버스 드라이버

그는 버스 기사입니다.

# taxi driver

[tǽksi dráivər] 택시 드라이버　명 택시 기사

**He is a very kind taxi driver.**
히- 이즈 어 베리 카인드 택시 드라이버

그는 매우 친절한 택시 기사입니다.

# truck driver

[trʌk dráivər] 트럭 드라이버　명 트럭 기사

**The truck driver picked up two hitchhikers.**
더 트럭 드라이버 픽트 업 투- 히치하이커즈

그 트럭운전사는 히치하이커 두 명을 태웠다.

# pilot

[páilət] 파일럿
명 비행기 조종사

**He grew to be a pilot.**
히- 그루- 투 비 어 파일럿

그는 비행기 조종사가 되었어요.

# stewardess

[stjúːərdis] 스튜-어디스  명 스튜어디스(여자승무원)

**I want to be a stewardess.**
아이 완트 투 비 어 스튜-어디스

나는 여승무원이 되고 싶어요.

# steward

[stjúːərd] 스튜-어드
명 스튜어드(남자승무원)

**He is a steward.**
히- 이즈 어 스튜-어드

그는 남자승무원입니다.

# cook
[kuk] 쿡
**명** 요리사

**She is a good cook.**
쉬- 이즈 어 굿 쿡

그녀는 훌륭한 요리사입니다.

# baker
[béikər] 베이커
**명** 제과 기술자

**We are here to be a baker.**
위 아 히어 투 비- 어 베이커

우리는 제과 기술자가 되기 위해 이곳에 왔어요.

# waiter
[wéitər] 웨이터
**명** 남자 직원(음식 등을 나르는 사람)

**Where is the waiter?**
웨어 이즈 더 웨이터

웨이터가 어디에 있나요

# waitress
[wéitris] 웨이트리스
**명** 여자 직원(음식 등을 나르는 사람)

**I'll ask the waitress for the bill.**
아일 애스크 더 웨이트리스 포 더 빌

종업원에게 계산서 갖다 달라고 할게요.

# businessman

[bíznismæn] 비즈니스맨 **명** 사업가

**My father is a businessman.**
마이 파-더 이즈 어 비즈니스맨

우리 아빠는 사업가입니다.

# scientist

[sáiəntist] 사이언티스트 **명** 과학자

**He is a famous scientist.**
히- 이즈 어 페이머스 사이언티스트

그는 유명한 과학자입니다.

# computer programmer

[kəmpjú:tər próugræmər] 컴퓨-터 프로우그러머 **명** 컴퓨터 프로그래머

**I want to be a computer programmer.**
아이 완트 투 비어 컴퓨-터 프로우그러머

저는 컴퓨터 프로그래머가 되고 싶어요.

# farmer





[fáːrmər] 파-머
**명** 농부

He is a diligent farmer.
히- 이즈 어 딜러전트 파-머

그는 성실한 농부입니다.

# fisherman

[fíʃərmæn] 피셔먼
**명** 어부

She is a wife of a fisherman.
쉬- 이즈 어 와이프 어브 어 피셔먼

그녀는 어부의 아내예요.

# gardener

[gáːrdnər] 가-드너
**명** 정원사(정원의 꽃이나 나무, 잔디를 가꾸는 사람)

We need a gardener.
위 니-드 어 가-드너

우리는 정원사가 필요해요.

# carpenter

[káːrpəntər] 카-펀터
명 목수

**He is a hardworking carpenter.**
히- 이즈 어 하-드워-킹 카-펀터

그는 열심히 일하는 목수입니다.

# homemaker

[houmméikər] 홈메이커  명 주부

**My mom is a homemaker.**
마이 맘 이즈 어 홈메이커

우리 엄마는 주부입니다.

# housekeeper

[hauskíːpər] 하우스키-퍼  명 가정부

**We should hire a housekeeper.**
위 슈드 하이어 어 하우스키-퍼

우리는 가정부를 고용해야 해요.

# sanitation woker

[sǽnitéiʃən wə́ːrkər] 새너테이션 워-커  **명** 환경미화원

**My father is a sanitation worker.**
마이 파-더 이즈 어 새너테이션 워-커

어버지는 환경미화원을 하고 계세요.

# messenger

[mésəndʒər] 메신저  **명** 배달부

**I sent a letter by a messenger.**
아이 센트 어 레터 바이 어 메신저

나는 배달부를 통해서 편지를 보냈다.

# salesperson

[séilzpə̀ːrsn] 세일즈퍼-슨  **명** 판매원

**The salesperson is very kind.**
더 세일즈퍼-슨 이즈 베리 카인드

판매원이 매우 친절합니다.

# secretary [sékrətèri] 세크러테리
명 비서

**She is my secretary.**
쉬- 이즈 마이 세크러테리

그녀는 나의 비서입니다.

# president [prézədənt] 프레저던트
명 대통령

**Do you know who is the president of France?**
두- 유- 노우 후- 이즈 더 프레저던트 어브 프랜스

너는 프랑스의 대통령이 누구인지 아니?

# soldier [sóuldʒər] 소울저
명 군인

**My brother is a soldier.**
마이 브러더 이즈 어 소울저

우리 남동생은 군인이에요.

# police officer

[pəlíːs ɔ́ːfisər] 펄리-스 오-피서  명 경찰관

**He is a police officer.**
히- 이즈 어 펄리-스 오-피서

그는 경찰관입니다.



# public officer

[pʌ́blik ɔ́ːfisər] 퍼블릭 오-피서  명 공무원, 문관

**I'm a public officer.**
아임 어 퍼블릭 오-피서

저는 공무원입니다.

# civil servant

[sívəl sə́ːrvənt] 시벌 서-번트  명 공무원, 관리

**Why do you wish to become a civil servant?**
와이 두- 유- 위시 투 비컴 어 시벌 서-번트

왜 공무원이 되길 희망하십니까?

# security guard

[sikjúərəti gaːrd] 시큐러티 가-드  명 경비원

**There is a security guard.**
데어 이즈 어 시큐러티 가-드

경비원이 있어요.

# model

[mádl] 마들
명 모델

**She is a famous model.**
쉬- 이즈 어 페이머스 마들

그녀는 유명한 모델이에요.

# firefighter

[faɪərfaɪtə(r)] 파이어파이터
명 소방수

**He is a brave firefighter.**
히- 이즈 어 브레이브 파이어파이터

그는 용감한 소방수입니다.

# architect

[á:rkətèkt] 아-키텍트
**명** 건축가

She is studying to be an architect.
쉬- 이즈 스터딩 투 비 언 아-키텍트

그녀는 건축가가 되기 위한 공부를 하고 있다.

# writer

[ráitər] 라이터
**명** 작가

My dream is to be a writer.
마이 드림- 이즈 투 비 어 라이터

나의 꿈은 작가가 되는 거예요.

# author

[ɔ́:θər] 오-써
**명** 저자

Who is the author?
후- 이즈 디 오-써

저자가 누구예요

# teacher

[tí:tʃər] 티-처
**명** 선생

She is my teacher.
쉬- 이즈 마이 티-처

그녀는 나의 선생님입니다.

# professor

[prəfésər] 프러페서 명 교수

My **professor** recommended this book.
마이 프러페서 레커멘디드 디스 북

나의 교수님이 이 책을 추천해 주셨어요.

# nurse

[nə:rs] 너-스 명 간호사

The **nurse** was very kind to me.
더 너-스 워즈 베리 카인드 투 미

그 간호사는 나에게 매우 친절했어요.

# pharmacist

[fá:rməsist] 파-머시스트 명 약사

The **pharmacist** filled the prescription.
더 파-머시스트 필드 더 프리스크립션

약사가 처방전대로 약을 조제해 주었다.

# doctor

[dáktər] 닥터
(명) 의사

## I will see a doctor.
아이 윌 씨- 어 닥터

나는 병원에 갈 거예요.


# veterinarian

[vètərənɛ́əriən] 베터러내어리언  (명) 수의사

## Do you know what kinds of thing veterinarians do?
두- 유- 노우 왓 카인즈 어브 씽 베터러내어리언즈 두-

너는 수의사가 무엇을 하는 직업인지 아니?


# dentist

[déntist] 덴티스트
(명) 치과의사

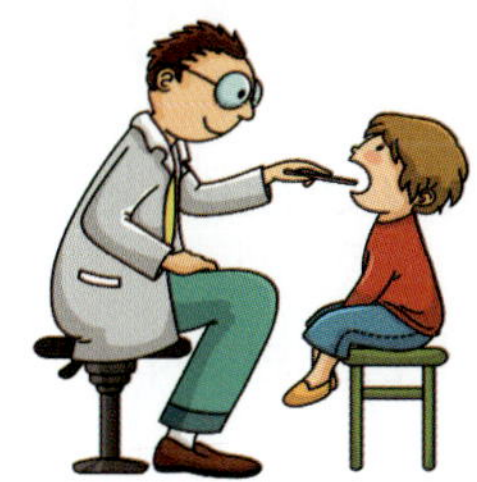

## My uncle is a dentist.
마이 엉클 이즈 어 덴티스트

나의 삼촌은 치과 의사예요.

# accountant

[əkáuntənt] 어카운턴트 **명** 회계사(수입, 지출, 세금 등을 계산하는 사람)

**It is very difficult to be an accountant.**
잇 이즈 베리 디피컬트 투 비 언 어카운턴트

회계사가 되는 것은 어려워요.

# judge

[dʒʌdʒ] 저지 **명** 판사

**The judge decides how the law should be applied.**
더 저지 디사이즈 하우 더 로- 슈드 비 어플라이드

판사는 법이 적용되는 것을 결정합니다.

# lawyer

[lɔ́ːjər] 로-이어 **명** 변호사

**My dream is to be a lawyer.**
마이 드림- 이즈 투 비 어 로-이어

내 꿈은 변호사가 되는 거예요.

# reporter
[ripɔ́:rtər] 리포-터
명 기자

**I just met the reporter.**
아이 저스트 멧 더 리포-터

지금 기자분 만나고 오는 길이에요.

# singer
[síŋər] 싱어
명 가수

**Who is your favorite singer?**
후- 이즈 유어 페이버릿 싱어

가장 좋아하는 가수가 누구예요?

# musician
[mjuːzíʃən] 뮤-지션
명 음악가

**He is a famous musician.**
히- 이즈 어 페이머스 뮤-지션

그는 유명한 음악가입니다.

# dancer

[dǽnsər] 댄서
명 무용가

**I want to dance like a dancer.**
아이 완트 투 댄스 라이크 어 댄서

나는 무용수처럼 춤을 추고 싶어요.

# artist

[áːrtist] 아-티스트
명 화가

**He is a great artist.**
히- 이즈 어 그레이트 아-티스트

그는 위대한 화가입니다.

# talent

[tǽlənt] 탤런트
명 탤런트

**She is a popular talent.**
쉬- 이즈 어 파-퓰러 탤런트

그녀는 유명한 탤런트예요.

# actor [ǽktər] 액터
명 남자 배우

**He is an actor.**
히- 이즈 언 액터

그는 남자 배우입니다.

# actress [ǽktris] 액트리스
명 여자 배우

**She is an actress.**
쉬- 이즈 언 액트리스

그녀는 여자 배우입니다.

# thief [θiːf] 씨-프
명 도둑

**I saw a thief in the house.**
아이 소- 어 씨-프 인 더 하우스

나는 집 안에서 도둑을 보았어요.

다음 그림을 보고 어떤 직업을 가진 사람인지 알아 봐요. 그리고 그림 속의 사람의 직업을 영어로 적어 봐요.

**police officer**
경찰관

**retailer**
소매상인

**farmer**
농부

**engineer**
기술자

**building constructor**
건설자

**taxi driver**
택시 기사

**soldier**
군인

**public officer**
공무원

**scientist**
과학자

# feeling

[fíːliŋ] 필-링
명 느낌, 감정

How are you feeling?
하우 아 유- 필-링

기분이 어때?

# motion

[móuʃən] 모우션
명 행위, 행동

Some scenes were filmed in slow motion.
섬 씬-즈 워 필름드 인 슬로우 모우션

일부 장면은 느린 동작으로 촬영되었다.

# mood

[mu:d] 무-드
명 기분

**I'm in a bad mood today.**
아임 인 어 배드 무-드 투데이

난 오늘 기분이 안 좋아.

# activity

[æktívəti] 액티버티
명 활동

**There are many extracurricular activities.**
데어 아 메니 엑스트러커리큘러 액티버티즈

과외 활동이 많아요.

# amusement

[əmjú:zmənt] 어뮤-즈먼트 명 위안, 즐거움

**I went to the amusement park yesterday.**
아이 웬트 투 디 어뮤-즈먼트 파-크 예스터데이

나는 어제 놀이 공원에 갔어요.

# idea
[aidíːə] 아이디-어
**명** 생각

**That's a great idea.**
댓츠 어 그레이트 아이디-어

그거 좋은 생각이다.

# life
[laif] 라이프
**명** 인생, 생명

**How's life?**
하우즈 라이프

어떻게 지내니?

# thank
[θæŋk] 쌩크
**명** 감사

**Thank you very much.**
쌩큐- 베리 머치

감사합니다.

# pity
[píti] 피티
**명** 동정, 연민

**I feel pity for you.**
아이 필- 피티 포 유-

그거 안됐구나.

# wonder
[wʌndər] 원더
**명** 놀라움

**It is no wonder.**
잇 이즈 노 원더

그것은 놀랄 일이 아니에요.

# alarm
[əláːrm] 얼람–
**명** 놀람, 공포

**It was an alarm.**
잇 워즈 언 얼람–

그것은 공포였어요.

# danger
[déindʒər] 데인저
**명** 위험

**You're in danger.**
유-아 인 데인저

당신은 위험해요.

# care
[kɛər] 케어
**명** 근심, 걱정

**Take care of yourself.**
테이크 케어 어브 유어셀프

몸 건강하세요.

# burden

[bə́:rdn] 버-든
명 무거운 짐, 부담

It is a **burden** to me.
잇 이즈 어 버-든 투 미

그것은 나에게 부담스러워.

# peace

[pi:s] 피-스
명 평화

**Peace** be with you!
피-스 비 위드 유-

평안하시길 바랍니다.

# pardon

[pá:rdn] 파-든
명 용서

I beg your **pardon**?
아이 벡 유어 파-든

다시 한 번 말씀해 주시겠어요?

# advice

[ædváis] 애드바이스
명 충고

Let me give you an **advice**.
렛 미 인 기브 유- 언 애드바이스

충고 한 마디 하죠.

# joy

[dʒɔi] 조이
명 기쁨

**It was a joy.**
잇 워즈 어 조이

그것은 기쁨이었어요.

# anger

[ǽŋgər] 앵거
명 노여움

**She bit back her anger.**
쉬- 빗 백 허 앵거

그녀는 화가 나는 것을 꾹 참았다.

# tragedy

[trǽdʒədi] 트래저디
명 비극

**It was a big tragedy.**
잇 워즈 어 빅 트래저디

그것은 큰 비극이었어요.

# mystery

[místəri] 미스터리
명 추리

**It is a mystery.**
잇 이즈 어 미스터리

그것은 미스터리예요.

# horror
[hɔ́ːrər] 호-러
**명** 공포

He was filled with horror at the sight.
히- 워즈 필드 위드 호-러 앳 더 사이트

그는 그 광경을 보고 공포에 떨었어요.

# hope
[houp] 호우프
**명** 희망

I have little hope.
아이 해브 리틀 호우프

나는 희망이 없어요.

# dream
[driːm] 드림-
**명** 꿈

What's your dream?
왓츠 유어 드림-

너의 장래희망은 무엇이니?

# adventure
[ædvéntʃər] 어드벤처
**명** 모험

What an adventure!
왓 언 어드밴처

굉장한 사건이군요!

# luck [lʌk] 럭
### 명 행운

Good luck!
굿 럭

행운을 빌어!

# love [lʌv] 러브
### 명 사랑

He fell in love with her at first sight.
히- 펠 인 러브 위드 허 앳 퍼-스트 사이트

그는 첫 눈에 그녀에게 반했어요.

# romance [roumæns] 로우맨스
### 명 로맨스

There's romance in the air.
데어즈 로우맨스 인 디 에어

로맨스의 기운이 감돈다.

# charm [tʃaːrm] 차암-
### 명 매력

She has great charm.
쉬- 해즈 어 그레이트 차암-

그녀는 대단한 매력을 지녔다.

# duty

[djúːti] 듀-티
(명) 의무, 임무

I'm off duty today.
아임 오-프 듀-티 투데이

나는 오늘 비번이에요.

# attention

[əténʃən] 어텐션
(명) 주의, 주목

May I have your attention, please?
메이 아이 해브 유어 어텐션 플리-즈

주목해 주시겠습니까?

# benefit

[bénəfit] 베너핏
(명) 이익

I've had the benefit of a good education.
아이브 해드 더 베너핏 어브 어 굿 에듀케이션

나는 교육을 잘 받는 혜택을 받았다.

# practice

[prǽktis] 프랙티스
명 습관, 실행

**We should make a practice.**
위 슈드 메이크 어 프랙티스

우리는 연습을 해야 해요.

# appointment

[əpɔ́intmənt] 어포인트먼트 명 약속

**I have an appointment.**
아이 해브 언 어포인트먼트

저는 약속이 있어요.

# proof

[pru:f] 프루-프
명 증명

**We need to see the proof.**
위 니-드 투 씨- 더 프루-프

우리는 증거를 봐야합니다.

# act
[ækt] 액트
명 행위

**This is an act of kindness.**
디스 이즈 언 액트 어브 카인드너스

이것은 친절한 행동이에요.

# try
[trai] 트라이
명 시도

**Let's try it again.**
렛츠 트라이 잇 어게인

다시 시도해 보자.

# test
[test] 테스트
명 시험, 검사

**I have a test tomorrow.**
아이 해브 어 테스트 투모-로우

나는 내일 시험이 있어요.

# use
[juːz] 유-즈
명 사용

**What's the use of it?**
왓츠 더 유-즈 어브 잇

그것은 어디에 사용하나요?

# accent
[ǽksent] 액센트
명 강세, 강조

Your accent is unique.
유어 액센트 이즈 유니-크

당신은 억양이 독특하네요.

# bath
[bæθ] 배쓰
명 목욕

I took a bath after dinner.
아이 툭 어 배쓰 애프터 디너

나는 저녁을 먹고 목욕을 했어요.

# pass
[pæs] 패스
명 합격

Congratulations on passing the exam!
컨그래츄레이션스 온 패싱 디 이그잼

시험에 합격한 것을 축하해!

# failure
[féiljər] 페일류어
명 실패

It was not a failure.
잇 워즈 낫 어 페일류어

그것은 실패가 아니에요.

# base [beis] 베이스
**명** 기초

It is a common base note in perfumery.
잇 이즈 어 카-먼 베이스 노우트 인 퍼퓨-머리

이것은 향수의 공통된 기초 재료예요.

# start [staːrt] 스타-트
**명** 시작

She wants to make a new start.
쉬- 완츠 투 메이크 어 뉴- 스타-트

그녀는 새롭게 시작하고 싶어해요.

# end [end] 엔드
**명** 끝

This is the end of the story.
디스 이즈 디 엔드 어브 더 스토-리

이것이 이야기의 끝이야.

# control [kəntróul] 컨트로울
**명** 지배

He is out of control.
히- 이즈 아웃 어브 컨트로울

그는 다루기가 힘들어요.

# obedience

[oubí:diəns] 오우비-디언스 **명** 복종

**He demands obedience from them.**
히- 디맨즈 오우비-디언스 프럼 뎀

그는 그들에게 복종을 요구해요.

# touch

[tʌtʃ] 터치
**명** 접촉

**Let's keep in touch.**
렛츠 키-프 인 터치

서로 연락하면서 지내자.

# cure

[kjuər] 큐어
**명** 치료

**Prevention is better than cure.**
프리벤션 이즈 베터 댄 큐어

예방이 최우선.

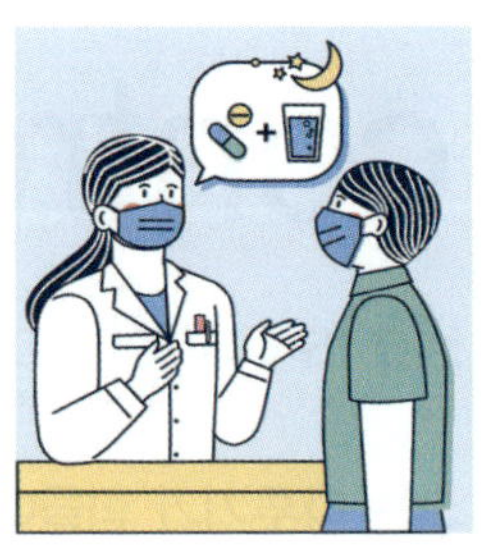

# note 

**note** [nout] 노우트
명 기록

You should make a **note** of it.
유- 슈드 메이크 어 노우트 어브 잇

그것을 메모하세요.

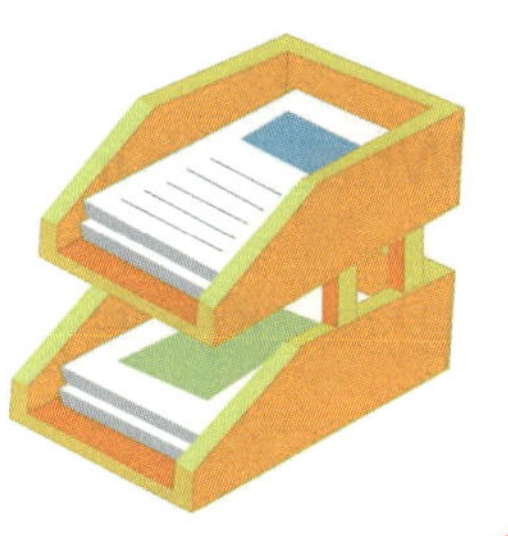



# housework

**housework** [hauˈswərˌk] 하우스워크
명 집안일

My brother doesn't do any **housework**.
마이 브러더 더즌트 두- 애니 하우스워크

내 오빠는 집안일을 전혀 하지 않는다.

# rest

**rest** [rest] 레스트
명 휴식

I took a **rest**.
아이 툭 어 레스트

저는 휴식을 취했어요.

# job [dʒab] 잡
명 일, 직업

**What's your job?**
왓츠 유어 잡

당신의 직업은 무엇입니까?

**to apply for a job**
투 어플라이 포 어 잡

일자리에 지원하다

# business [bíznis] 비즈니스
명 사업

**It's none of your business.**
잇츠 넌 어브 유어 비즈니스

내 일에 상관하지 마세요.

# career [kəríər] 커리어
명 생애, 경력

**Tell me about your career.**
텔 미 어바웃 유어 커리어

당신의 경력에 대해 말해 보세요.

# need
[ni:d] 니-드
명 필요

**There is no need for haste.**
데어 이즈 노 니-드 포 헤이스트

서두를 필요가 없어요.

# aim
[eim] 에임
명 목적

**What's your aim?**
왓츠 유어 에임

당신의 목적이 무엇입니까?

# plan
[plæn] 플랜
명 계획

**What's your plan?**
왓츠 유어 플랜

당신의 계획은 무엇입니까?

# chance [tʃæns] 챈스
**명** 기회

**I have a chance.**
아이 해브 어 챈스

나는 기회가 있어요.

# choice [tʃɔis] 초이스
**명** 선택, 선정

**There is no choice.**
데어 이즈 노 초이스

선택의 여지가 없어요.

# pick [pik] 픽
**명** 선택

**Take your pick.**
테이크 유어 픽

골라 봐.

# roll [roul] 로울
**명** 회전

**The neck roll is one of the best exercises.**
더 넥 로울 이즈 원 어브 더 베스트 엑서사이지즈

목 돌리기는 최고의 운동 중 하나이다.

# hurry
[hə́:ri/hʌ́ri] 허-리
명 서두름

**I'm in a hurry now.**
아임 인 어 허-리 나우

전 지금 바빠요.

# copy
[kápi] 카피
명 복사

**Can you copy this paper?**
캔 유- 카피 디스 페이퍼

이 종이 좀 복사해 줄래요?

# game
[geim] 게임
명 놀이, 경기

**I like to play computer games.**
아이 라이크 투 플레이 컴퓨-터 게임즈

나는 컴퓨터 게임을 좋아해요.

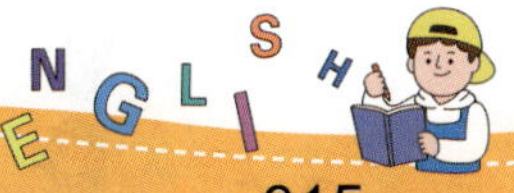

# fun
[fʌn] 펀
명 장난

**Don't make fun of me.**
돈트 메이크 펀 어브 미

나를 놀리지 마.

# sport
[spɔ:rt] 스포ー트
명 스포츠

**What kind of sports do you like?**
왓 카인드 어브 스포ー츠 두ー 유ー 라이크

너는 어떤 스포츠를 좋아하니?

# march
[ma:rtʃ] 마ー치
명 행진

**The enemy are on the march.**
더 에너미 아 온 더 마ー치

적군은 행군 중이다.

# camp
[kæmp] 캠프
명 야영, 캠프

**I went to camp with my friends.**
아이 웬트 투 캠프 위드 마이 프렌즈

나는 친구들과 야영을 갔어요.

# lot
[lat] 랏
명 제비 뽑기

**The lot fell on me.**
더 랏 펠 온 미

내가 당첨되었어요.

# kiss
[kis] 키스
명 키스

**It was a good kiss.**
잇 워즈 어 굿 키스

멋있는 키스였어요.

# lie
[lai] 라이
명 거짓말

**It is not a lie.**
잇 이즈 낫 어 라이

그것은 거짓말이 아니에요.

# story

[stɔ́:ri] 스토-리
명 이야기

**It is a sad story.**
잇 이즈 어 새드 스토-리

그것은 슬픈 이야기이다.

**a story based on fact**
어 스토-리 베이스트 온 팩트

사실에 기반을 둔 소설

# chat

[tʃæt] 챗
명 잡담

**I had a chat with my classmate.**
아이 해드 어 챗 위드 마이 클래스메이트

나는 학급친구와 잡담을 했어요.

# debate

[dibéit] 디베이트
명 토론

**We open the debate.**
위- 오우픈 더 디베이트

우리는 토론을 해요.

# contest

[kántest] 칸테스트
명 경쟁, 경연

**Let's have a contest.**
렛츠 해브 어 칸테스트

시합해 보자.

# battle

[bǽtl] 배틀
명 전쟁

**It was an air battle.**
잇 워즈 언 에어 배틀

그것은 공중전이었어요.

# fight

[fait] 파이트
명 싸움

**Don't make a fight with friends.**
돈트 메이크 어 파이트 위드 프렌즈

친구들과 싸우지 마세요.

**Don't give up the fight.**
돈트 기브 업 더 파이트

싸움 포기하지 마.

# quarrel

[kwɔ́:rəl] 쿼-럴
(명) 다툼

**It takes two to make a quarrel.**
잇 테익스 투- 투 메이크 어 쿼-럴

상대가 있어야 싸움이 된다.

**They plunged into a quarrel.**
데이 플런지드 인투 어 쿼-럴

그들이 갑자기 말다툼을 시작했다.

# reconciliation

[rèkənsìliéiʃən] 레컨시리에이션 (명) 화해

**He brought them reconciliation.**
히- 브로-트 뎀 레컨시리에이션

그는 그들을 화해시켰다.

**request reconciliation**
리퀘스트 레컨시리에이션

화해를 청하다

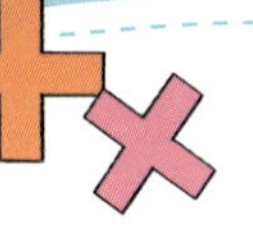

# Magic 영단어 플러스! 플러스

◎ 다음 그림을 보고 알맞은 영어 단어를 적어 봐요.

**I'll take some** ▢▢▢▢.
나는 쉴 거야.

**I like to play computer**
▢▢▢▢.
나는 컴퓨터 게임 하고 싶어.

**He is** ▢▢▢▢▢ **ing hard.**
그는 열심히 공부를 하고 있어.

**Don't make a** ▢▢▢▢▢
**with friends.**
친구들과 싸우지 말아라.

# nature

[néitʃər] 네이처
명 자연

We should protect nature.
위 슈드 프러텍트 네이처

우리는 자연을 보호해야 해요.

# environment

[inváiərənmənt] 인바이(어)런먼트  명 환경

We should protect the environment.
위 슈드 프러텍트 디 인바이(어)런먼트

우리는 환경을 보호해야만 해요.

# universe

[júːnəvə̀ːrs] 유-니버-스
명 우주

The Sun is the only star in the universe.
더 선 이즈 디 오운리 스타- 인 디 유-니버-스

태양은 우주에서 유일한 별이다.

# world

[wəːrld] 월-드
명 세계

It is the smallest dog in the world.
잇 이즈 더 스몰-리스트 도-그 인 더 월-드

그것은 세계에서 가장 작은 강아지입니다.

# country

[kʌntri] 컨트리
명 나라

We came from the same country.
위 케임 프럼 더 세임 컨트리

우리는 같은 나라에서 왔어요.

# town

[taun] 타운
명 소도시

He lives in a small town.
히- 리브즈 인 어 스몰- 타운

그는 작은 소도시에 살아요.

# capital

[kǽpətl] 캐퍼틀
명 수도

Seoul is the capital of Korea.
소울 이즈 더 캐퍼틀 어브 커리-어

서울은 한국의 수도입니다.

# sky

[skai] 스카이
명 하늘

I look up the blue sky.
아이 룩 업 더 블루- 스카이

나는 푸른 하늘을 봅니다.

# sun

[sʌn] 선
명 태양

The sun rises in the East.
더 선 라이지즈 인 디 이-스트

태양은 동쪽에서 뜹니다.

# moon

[muːn] 문-
명 달, 위성

Look at the moon.
룩 앳 더 문-

달을 보세요.

# star [sta:r] 스타-
## 명 별

I can see many stars in the sky.
아이 캔 씨- 메니 스타-즈 인 더 스카이

하늘에 많은 별이 보여요.

# earth [ə:rθ] 어-쓰
## 명 지구, 땅

The earth is round.
디 어-쓰 이즈 라운드

지구는 둥그렇습니다.

# ground [graund] 그라운드
## 명 땅

It fell on the ground.
잇 펠 온 더 그라운드

그것은 땅에 떨어졌어요.

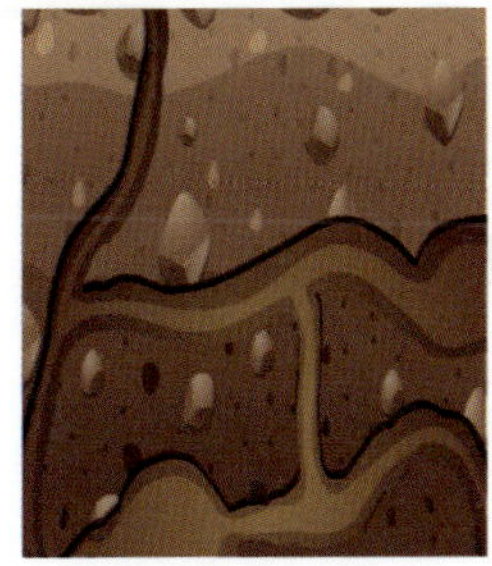

# land [lænd] 랜드
명 육지

He owns **land**s.
히- 오운즈 랜즈

그는 지주이다.

# sea [si:] 씨-
명 바다

There are many kinds of fish in the **sea**.
데어 아 메니 카인즈 어브 피쉬 인 더 씨-

바다에는 많은 종류의 물고기가 있어오

# ocean [óuʃən] 오우션
명 바다, 해양

I'd prefer an **ocean** view.
아이드 프리퍼- 언 오우션 뷰-

바다가 보이는 전망이 더 좋아요.

# beach
[biːtʃ] 비-치
명 해변

I went to the beach.
아이 웬트 투 더 비-치

나는 해변으로 갔어요.

# shore
[ʃɔːr] 쉬-어
명 해안

Let's walk along the shore.
렛츠 워-크 어롱- 더 쉬-어

해안을 따라 걷자.

# island
[áilənd] 아일런드
명 섬

Have you ever been in Je-ju island?
해브 유- 에버 빈 인 제주 아일런드

제주도에 가 본적이 있니?

# mountain 
[máuntən] 마운턴
명 산

I like mountain climbing.
아이 라이크 마운턴 클라이밍

저는 등산을 좋아해요.

# hill
[hil] 힐
명 언덕

I walked up the hill.
아이 웍-트 업 더 힐

나는 언덕을 올라갔어요.

# valley
[væli] 배리
명 계곡

The valley lay below us.
더 배리 레이 빌로우 어스

계곡이 우리 아래로 펼쳐져 있었다.

# river
[rívər] 리버
명 강

This is a river.
디스 이즈 어 리버

이것은 강입니다.

# lake
[leik] 레이크
명 호수

**This is a lake.**
디스 이즈 어 레이크

이것은 호수입니다.

# pool
[pu:l] 풀-
명 웅덩이

**The pool is very deep.**
더 풀- 이즈 베리 딥-

웅덩이가 매우 깊어요.

# pond
[pand] 판드
명 연못

**The pond is very clean.**
더 판드 이즈 베리 클린-

연못이 매우 깨끗해요.

# field
[fi:ld] 필-드
명 들판

**The horses are in the field.**
더 호-시즈 아 인 더 필-드

말들이 들판에 있어요.

# desert

[dézərt] 데저트
명 사막

**The Sahara Desert is very famous among people.**
더 새해러 데저트 이즈 베리 페이머스 어멍 피-플

사하라 사막은 사람들 사이에서 유명합니다.

**desert areas**
데저트 에어리어즈

사막 지역

# waterfall

[wɔ́ːtərfɔːl] 워-터폴-
명 폭포

**The waterfall is very beautiful.**
더 워-터폴- 이즈 베리 뷰-터펄

폭포가 매우 아름다워요.

# water

[wɔ́ːtər] 워-터
명 물

**I need some water.**
아이 니-드 섬 워-터

물 좀 주세요.

# ice
[ais] 아이스
**명** 얼음

**Let's break the ice.**
렛츠 브레이크 디 아이스

분위기 좀 살려 봅시다.

**도움말** '얼음을 깬다'라는 말은 서먹한 분위기를 누그러뜨린다는 의미입니다.

# air
[εər] 에어
**명** 공기

**The birds are flying in the air.**
더 버-즈 아 플라잉 인 디 에어

새들이 공중에서 날고 있어요.

# rock
[rak] 락
**명** 바위

**He is form as a rock.**
히- 이즈 폼- 애즈 어 락

그는 바위처럼 견고한 사람입니다.

# stone
[stoun] 스토운
**명** 돌

**He is cold as a stone.**
히- 이즈 코울드 애즈 어 스토운

그는 매몰찬 사람입니다.

# sand [sænd] 샌드
명 모래

He buries his head in the sand.
히- 베리즈 히즈 헤드 인 더 샌드

그는 현실을 회피해요.

도움말 '모래 속으로 머리를 묻는다'는 말은 현실을 회피한다는 의미입니다.

# plant [plænt] 플랜트
명 식물

There are many kinds of plants in the botanical garden.
데어 아 메니 카인즈 어브 플랜츠 인 더 버태니클 가-든

식물원에는 많은 종류의 식물들이 있어요.

# grass [græs] 그래스
명 풀

The grass is green.
더 그래스 이즈 그린-

잔디가 푸른색이에요.

# jungle

[dʒʌ́ŋgl] 정글
영 밀림

**There is a law in the jungle.**

데어 이즈 어 로- 인 더 정글

밀림에는 법칙이 있다.

# forest

[fɔ́:rist] 포-리스트
영 숲

**He cannot see the forest for the trees.**

히- 캔낫 씨- 더 포-리스트 포 더 트리-즈

그는 나무 때문에 숲을 보지 못해요.

도움말 작은 것 때문에 일의 전체적인 모양을 보지 못한다는 의미입니다.

# wood

[wud] 우드
영 나무, 목재, 숲

**It is made of solid wood.**

잇 이즈 메이드 어브 살-리드 우드

그것은 원목으로 만들어졌어요.

# tree
[tri:] 트리–
명 나무

**There is an oak tree in front of my house.**
데어 이즈 언 오우크 트리– 인 프런트 어브 마이 하우스

우리집 앞에는 떡갈나무가 있어요.

**to cut down a tree**
투 컷 다운 어 트리–

나무를 베어 넘기다

# object
[ábdʒikt] 아브직트
명 물건, 물체

**What's this object?**
왓츠 디스 아브직트

이 물건은 무엇입니까?

# matter
[mǽtər] 매터
명 물질, 재료

**What happens to matter if you chop it up very fine?**
왓 해펀즈 투 매터 이프 유– 찹 잇 업 베리 파인

만약 물질을 잘게 쪼개면 무슨 일이 발생할까?

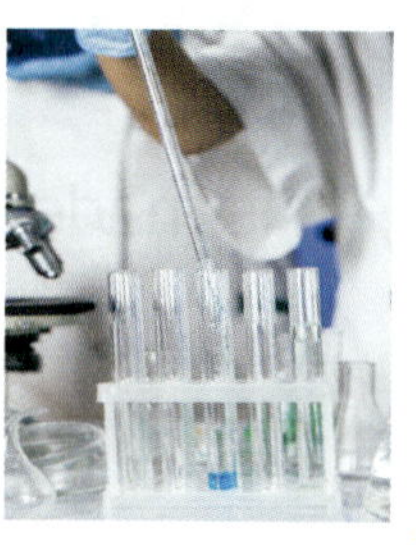

# sight

[sait] 사이트
명 시각, 조망

**Out of sight, out of mind.**
아웃 어브 사이트 아웃 어브 마인드

눈에서 멀어지면 마음에서도 멀어진다.

# view

[vju:] 뷰-
명 전망

**There is a house with a good view of the sea.**
데어 이즈 어 하우스 위드 어 굿 뷰- 어브 더 씨-

바닷가가 보이는 좋은 전망이 있는
집이 있어요.

**A Room With A View**
어 룸- 위드 어 뷰-

전망 좋은 방

# sound

[saund] 사운드
명 소리

**What's this sound?**
왓츠 디스 사운드

이게 무슨 소리예요?

# noise
[nɔiz] 노이즈
명 소음

**Don't make a noise in class.**
돈트 메이크 어 노이즈 인 클래스

수업 중에는 시끄럽게 하지 마세요.

**Keep the noise down.**
킵- 더 노이즈 다운

소리 좀 줄여.

# taste
[teist] 테이스트
명 맛

**I have a taste for music.**
아이 해브 어 테이스트 포 뮤-직

저는 음악에 흥미가 있어요.

# speed
[spi:d] 스피-드
명 속도

**What's the speed limit?**
왓츠 더 스피-드 리미트

제한 속도가 얼마입니까?

# way
[wei] 웨이
**명** 길, 방향

**What's the fastest way to get there?**
왓츠 더 패스티스트 웨이 투 겟 데어

그곳에 가는 가장 빠른 방법은 무엇입니까?

**Please come this way.**
플리-즈 컴 디스 웨이

이쪽으로 오십시오

# space
[speis] 스페이스
**명** 공간

**There is no space.**
데어 이즈 노 스페이스

공간이 없어요.

# area
[έəriə] 에(어)리어
**명** 면적, 지역

**Are you familiar with this area?**
아 유- 퍼밀리어 위드 디스 에(어)리어

이 지역을 아세요?

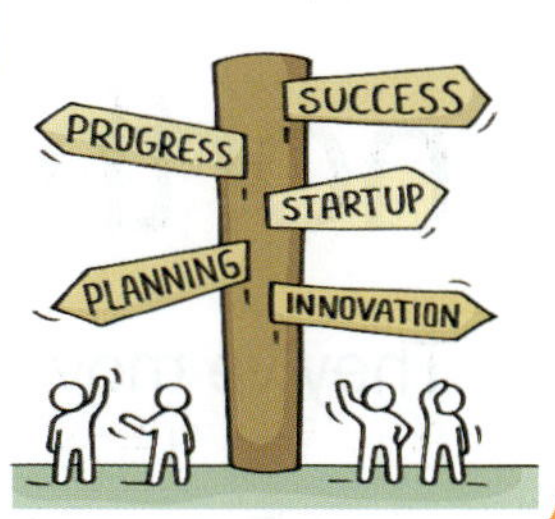

# east [i:st] 이-스트

**명** 동쪽

The sun rises in the East.

더 선 라이지즈 인 디 이-스트

태양은 동쪽에서 뜹니다.

# west [west] 웨스트

**명** 서쪽

Go to the West.

고우 투 더 웨스트

서쪽으로 가세요.

# south [sauθ] 사우쓰

**명** 남쪽

We live in the South.

위 리브 인 더 사우쓰

우리는 남쪽에 살아요.

# north [nɔ:rθ] 노-쓰

**명** 북쪽

They've moved up north.

데이브 무브드 업 노-쓰

그들은 북부로 이사를 갔다.

# center
[séntər] 센터
명 중심

**It is in the center of the city.**
잇 이즈 인 더 센터 어브 더 시티

그것은 도시의 중심에 있어요.

# middle
[mídl] 미들
명 중간

**He is a middle school student.**
히- 이즈 어 미들 스쿨- 스튜-든트

그는 중학생이에요.

# front
[frʌnt] 프런트
명 앞쪽

**Go back to your front page.**
고우 백 투 유어 프런트 페이지

앞 페이지로 돌아가세요.

# corner [kɔ́ːrnər] 코-너
**명** 구석, 모퉁이

**Christmas is just around the corner.**
크리스머스 이즈 저스트 어라운드 더 코-너

크리스마스가 얼마 남지 않았어요.

# top [tap] 탑
**명** 꼭대기

**He is at the top of his class.**
히- 이즈 앳 더 탑 어브 히즈 클래스

그는 반에서 1등입니다.

# temperature

[témpərətʃər] 템퍼러처  **명** 온도

**What's the temperature?**
왓츠 더 템퍼러처

온도가 몇 도입니까?

# heat
[hi:t] 히-트
명 더위

## I can't stand the heat anymore.
아이 캔트 스탠드 더 히-트 애니모-어

더 이상 더위를 못 참겠어요.

# cloud
[klaud] 클라우드
명 구름

## Not a cloud in the sky.
낫 어 클라우드 인 더 스카이

하늘에 구름 한 점 없어요.

# rain
[rein] 레인
명 비

## It looks like rain.
잇 룩스 라이크 레인

비가 올 것 같아요.

# shower [ʃáuər] 샤우어
**명** 소나기

**Many drops make a shower.**
메니 드랍스 메이크 어 샤우어

티끌 모아 태산.

# snow [snou] 스노우
**명** 눈

**We had much snow in this winter.**
위 해드 머치 스노우 인 디스 윈터

올 겨울에는 눈이 많이 왔어요.

# frost [frɔːst] 프로-스트
**명** 서리

**There was a hard frost that night.**
데어 워즈 어 하-드 프로-스트 댓 나이트

그날 밤에는 된서리가 내렸다.

# wind
[wind] 윈드
(명) 바람

**There isn't much wind today.**
데어 이즌트 머치 윈드 투데이

오늘은 바람이 많이 불지 않아요/

# hail
[heil] 헤일
(명) 우박

**The hail rattled on the roof.**
더 헤일 래틀드 온 더 루-프

우박이 지붕에 우두둑 떨어졌다.

# lightning
[láitniŋ] 라이트닝
(명) 번개

**Did you see the lightning last night?**
디드 유- 씨- 더 라이트닝 래스트 나이트

어젯밤에 번개 치는 거 봤어?

# thunder

[θʌndər] 썬더 명 천둥

There was a **thunder** and lightning.
데어 워즈 어 썬더 앤드 라이트닝

천둥과 번개가 쳤어요.

# earthquake

[3:rθkweɪk] 어-쓰퀘이크 명 지진

There was an **earthquake** yesterday.
데어 워즈 언 어-쓰퀘이크 예스터데이

어제 지진이 났어요.

# explosion

[iksplóuʒən] 익스플로우전 명 폭발

There was a sudden **explosion**.
데어 워즈 어 서든 익스플로우전

갑작스런 폭발이 있었어요.

# typhoon

[taifúːn] 타이푼-
**명** 태풍

**A new typhoon is developing.**
어 뉴- 타이푼- 이즈 디벨라핑

새로운 태풍이 발생 중입니다

# hurricane

[hə́ːrəkèin] 허-러케인
**명** 허리케인

**A fierce hurricane is approaching the town.**
이 피어스 허-러케인 이즈 어프로우칭 더 타운

사나운 허리케인이 마을로 다가오고 있다.

# flood

[flʌd] 플러드
**명** 홍수

**The floods are out all along the way.**
더 플러즈 아 아웃 올- 어롱- 더 데이

골짜기 일대에 홍수가 났어요.

# drought

[draut] 드라우트
(명) 가뭄

Due to the **drought**, the farmers have had poor crops this year.

두- 투 더 드라우트 더 파-머즈 해브 해드 푸-어 크랍스 디스 이어

가뭄 때문에 농부들은 올해 수확을 많이 하지 못했어요

# fire

[faiər] 파이어
(명) 화재

There was a big **fire** in my neighborhood.

데어 워즈 어 빅 파이어 인 마이 네이버후드

동네에 큰 불이 있었어요.

# smog

[smag] 스마그
(명) 스모그(오염되어 안개처럼 뿌옇게 낀 공기를 말해요.)

The town is full of hanging **smog**.

더 타운 이즈 풀 어브 행잉 스마그

도시의 스모그가 심해요.

# pollution
[pəlúːʃən] 펄루-션
명 오염

Pollution can harm marine life.
펄루-션 캔 함- 머린- 라이프

오염은 해양 생물들에게 해를 끼칠 수 있다.

# light
[lait] 라이트
명 빛

All colors depend on light.
올- 칼러즈 디펜드 온 라이트

모든 색은 빛에 달려 있다.

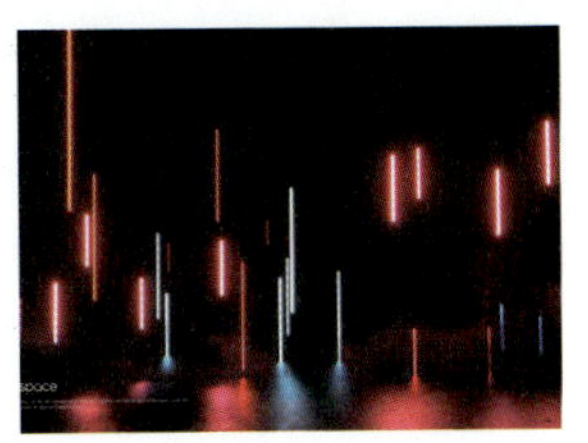

# drop
[drap] 드랍
명 물방울

The coffee tastes good to the last drop.
더 코-피 테이스츠 굿 투 더 래스트 드랍

커피는 마지막 한 방울까지 맛이 좋아요.

a drop in the bucket
어 드랍 인 더 버킷

창해일속

# bubble

[bʌbl] 버블
명 거품

**She blew bubbles.**
쉬- 블루 버블즈

그녀는 비눗방울을 불었어요.

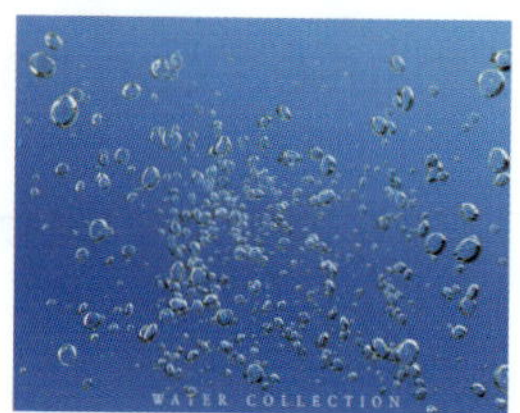

# smoke

[smouk] 스모우크
명 연기, 흡연

**There is no smoke without fire.**
데어 이즈 노 스모우크 위다웃 파이어

아니 땐 굴뚝에 연기 날까?

# steam

[sti:m] 스팀-
명 증기, 김

**I ran out of steam.**
아이 랜 아웃 어브 스팀-

나는 증기 밖으로 나갔어요.

# hole

[houl] 호울
**명** 구멍

He is like a rat in a **hole**.

히- 이즈 라이크 어 랫 인 어 호울

그는 독 안에 든 쥐이다.

# recycle

[ri:sáikl] 리-사이클
**명** 재활용

We started a **recycling** program.

위 스타-티드 어 리-사이클링 프로우그램

우리는 재활용 제도를 시작했어요.

# solar energy

[sóulər énərdʒi] 소울러 에너지 **명** 태양 에너지

I prefer **solar energy** to other forms.

아이 프리퍼- 소울러 에너지 투 어더 폼-즈

나는 다른 형태의 에너지보다 태양 에너지를 선호해요.

# natural gas

[nǽtʃərəl gǽs] 내처럴 개스　명　천연 가스

**This area is abundant in natural gas.**
디스 에(어)리어 이즈 어번던트 인 내처럴 개스

이 지역은 천연 가스가 풍부하다.

# coal

[koul] 코울
명　석탄

**This area is abundant in coal.**
디스 에(어)리어 이즈 어번던트 인 코울

이 지역은 석탄이 풍부해요.

# oil

[ɔil] 오일
명　기름

**Don't pour oil on the flames.**
돈트 포-어 오일 온 더 플레임즈

불난 집에 부채질하지 말아요.

도움말　타오르는 불길에 기름을 붓는 격을 나타내는 속담입니다.

# Magic 영단어 플러스! 플러스 

우리 주변에는 어떤 자연 환경이 있을까요? 다음 그림을 보고 알맞은 영어 이름을 적어 봐요.

## I. 그림으로 익히는 영단어!

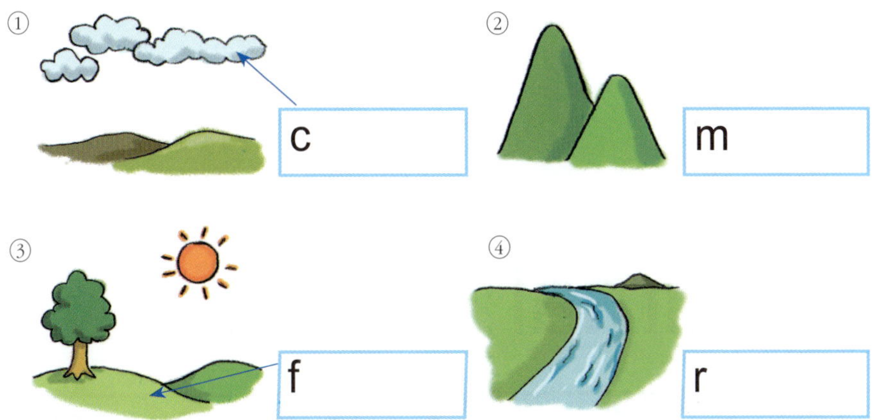



## II. 다음의 방향을 영어로 적어 봐요.

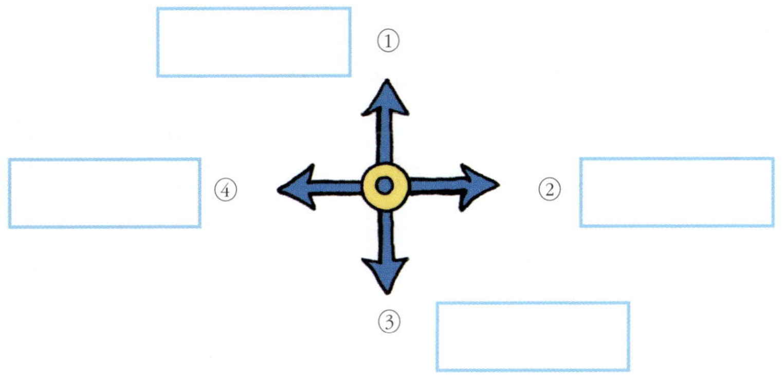



답  I ) 1. cloud  2. mountain  3. field  4. river    II ) 1. North  2. East  3. South  4. West

# 동물의 왕국
## Animals

**animal** [ǽnəməl] 애너멀
명 동물

**What kind of animal do you like?**
왓 카인드 어브 애너멀 두- 유- 라이크

너는 어떤 동물을 좋아하니?

**beast** [biːst] 비-스트
명 짐승

**The lion is the king of breasts.**
더 라이언 이즈 더 킹 어브 비-스츠

사자는 짐승의 왕이다.

# mankind

[mǽnkájnd] 맨카인드
명 인류, 인간

**It was a great forward for mankind.**
잇 워즈 어 그레이트 포-워드 포 맨카인드

그것은 인류를 위한 큰 진전이었다.

# livestock

[livstak] 라이브스탁
명 가축

**Animals such as cattle and sheep are livestock.**
애너멀즈 서치 애즈 캐틀 앤드 쉽- 아 라이브스탁

소나 양과 같은 동물을 가축이라고 한다.

# feed

[fi:d] 피-드
명 사료

**The fish is on the feed.**
더 피쉬 이즈 온 더 피-드

물고기가 미끼를 먹고 있다.

# dog

[dɔ:g] 도-그
명 개

**Do you like a dog?**
두- 유- 라이크 어 도-그

너는 강아지를 좋아하니?

# puppy [pʌpi] 퍼피
### 명 강아지

**My puppy is very cute.**
마이 퍼피 이즈 베리 큐-트

나의 강아지는 매우 귀여워요.

# cat [kæt] 캣
### 명 고양이

**Do you like a cat?**
두- 유- 라이크 어 캣

너는 고양이를 좋아하니?

# kitten [kítn] 키튼
### 명 새끼 고양이

**The kitten is very cute.**
더 키튼 이즈 베리 큐-트

새끼 고양이가 너무 귀여워요.

# rat [ræt] 랫
### 명 쥐

**I hate rats.**
아이 헤이트 랫츠

나는 쥐를 정말 싫어해요.

# mouse
[maus] 마우스
**명** 생쥐

**He is like a drowned mouse.**
히- 이즈 라이크 어 드라운드 마우스

그는 물에 빠진 생쥐 같아요.

# squirrel
[skwə́:rəl] 스쿼-럴
**명** 다람쥐

**The squirrel is sitting on the grass.**
더 스쿼-럴 이즈 시팅 온 더 그래스

다람쥐가 잔디 위에 앉아 있어요.

# lion
[láiən] 라이언
**명** 사자

**The lion was stalking a zebra.**
더 라이언 워즈 스토-킹 어 지-브러

그 사자는 얼룩말에게 몰래 접근하는 중이었다.

# tiger
[táigər] 타이거
**명** 호랑이

**The eyes of tiger were very fierce.**
디 아이즈 어브 타이거 워 베리 피어스

호랑이의 눈빛이 매우 매서웠어요.

# leopard

[lépərd] 레퍼드
명 표범

Can the **leopard** change his spots?
캔 더 레퍼드 체인지 히즈 스팟츠

표범이 무늬를 바꿀 수 있느냐?

도움말 우리말 속담의 '호박에 줄 긋는다고 수박되랴.'와 비슷한 뉘앙스의 표현입니다.

# hyena

[hyena] 하이-너
명 하이에나

The **hyena**s are running away.
더 하이-너즈 아 러닝 어웨이

하이에나가 도망을 치고 있어요.

# giraffe

[dʒərǽf] 저래프
명 기린

The **giraffe** has long neck.
더 저래프 해즈 롱- 넥

기린은 긴 목을 가졌어요.

# hippopotamus

[hìpəpátəməs] 히퍼파터머스 명 하마

**Hippopotamus**es are very heavy.
히퍼파터머시즈 아 베리 헤비

하마는 매우 무거워요.

# rhinoceros

[rainásərəs] 라이나사러스 명 코뿔소

**Rhinoceros** has a horn on its nose.
라이나사러스 해즈 어 혼- 온 잇츠 노우즈

코뿔소는 코에 뿔이 있어요.

# elephant

[éləfənt] 엘러펀트 명 코끼리

The **elephant** has long nose.
디 엘러펀트 해즈 롱- 노우즈

코끼리는 코가 길어요.

# bear
[bɛər] 베어
**명** 곰

**Have you ever seen a polar bear?**
해브 유- 에버 신 어 포울러 베어

북극 곰을 본 적이 있니?

# panda
[pǽndə] 팬더
**명** 팬더 곰

**Have you ever seen a panda?**
해브 유- 에버 신 어 팬더

팬더 곰을 본 적이 있니?

# deer
[diər] 디어
**명** 사슴

**I saw five deer in the woods.**
아이 소- 파이브 디어 인 더 우즈

나는 숲속에서 5마리의 사슴을 보았어요.

# camel

[kǽməl] 캐멀
명 낙타

The **camels** live in deserts.
더 캐멀즈 리브 인 데저츠

낙타들은 사막에 살아요.

# horse

[hɔ:rs] 호-스
명 말

I could eat a **horse**.
아이 쿠드 이-트 어 호-스

배가 고파 죽겠어요.

※ 너무 배가 고파서 말 한 마리도 먹을 수 있다는 표현입니다.

# zebra

[zí:brə] 지-브러
명 얼룩말

A **zebra** has black and white stripes.
어 지-브러 해즈 블랙 앤드 화이트 스트라잎스

얼룩말은 검은 줄무늬가 있다.

# donkey [dáŋki] 당키
**명** 당나귀

He is riding a **donkey**.
히- 이즈 라이딩 어 당키

그는 당나귀를 타고 있다.

# pig [pig] 피그
**명** 돼지

**Pig**s might fly.
피그즈 마이트 플라이

그런 일은 없어요.

# wild boar [waild bɔːr] 와일드 보어-
**명** 멧돼지

They captured a **wild boar** alive.
데이 캡쳐드 어 와일드 보어- 어라이브

그들은 멧돼지를 산 채로 포획했다.

# cow [kau] 카우
**명** 암소

A **cow** runs after the horse.
어 카우 런즈 애프터 더 호-스

암소가 말을 따라가고 있어요.

# bull
[bul] 불
**명** 황소

**bull's-eye**
불스 아이

(과녁의) 중심, 명중

# sheep
[ʃiːp] 쉽-
**명** 양

**a lost sheep**
어 로-스트 쉽-

길을 잃은 양

# goat
[gout] 고우트
**명** 염소

**the sheep and the goats.**
더 쉽- 앤드 더 고우츠

선인과 악인.

# wolf
[wulf] 울프
**명** 늑대

**The wolf ate all of them!**
더 울프 에이트 올- 어브 뎀

늑대가 모두 잡아 먹었어요!

# fox

[faks] 팍스
명 여우

I saw a **fox** burrow in the field.
아이 소- 어 팍스 버-로우 인 더 필-드

나는 여우가 들판에서 굴을 파는 것을 보았다.

# monkey

[mʌŋki] 멍키
명 원숭이

The **monkey**s are very cute.
더 멍키즈 아 베리 큐-트

원숭이가 너무 귀여워요.

# gorilla

[gərílə] 거릴라
명 고릴라

A **gorilla** escaped from the zoo this morning.
어 거릴러 익스케입트 프럼 더 주- 디스 모-닝

오늘 아침 고릴라 한 마리가 동물원을 탈출했습니다.

# chimpanzee

[tʃimpænzí:] 침팬지-
명 침팬지

Are you able to imitate a **chimpanzee**?
아 유- 에이블 투 이머테이트 어 침팬지-

너 침팬지 흉내낼 수 있어?

# koala

[kouá:lə] 코우알-러
**명** 코알라

I haven't seen a koala.
아이 해븐트 신 어 코우알-러

나는 코알라를 본 적이 없다.

# kangaroo

[kǽŋgərú:] 캥거루-
**명** 캥거루

A kangaroo is a large Australian animal.
어 캥거루- 이즈 어 라-지 아스트레일리언 애너멀

캥거루는 호주에 사는 커다란 동물입니다.

# skunk

[skʌŋk] 스컹크
**명** 스컹크

A skunk releases an unpleasant smelling.
어 스컹크 릴리-시즈 언 언플레즌트 스멜링

스컹크는 불쾌한 냄새를 배출해요.

# rabbit
[rǽbit] 래빗
**명** 집토끼

I like **rabbit**s.
아이 라이크 래비츠

나는 토끼가 좋아요.

# hare
[hɛər] 헤어
**명** 들토끼

**hare** and tortoise
헤어 앤드 토-터스

토끼와 거북이

# alligator
[ǽligèitər] 앨리게이터
**명** 악어(입이 큰)

An **alligator** has a long tail.
언 앨리게이터 해즈 어 롱- 테일

악어는 긴 꼬리를 가지고 있어요.

# crocodile
[krάkədàil] 크라커다일
**명** 악어

A **crocodile** has a long body.
어 크라커다일 해즈 어 롱- 바디

악어는 몸이 길어요.

# lizard
[lízərd] 리저드
명 도마뱀

**He scared at a lizard.**
히- 스케어드 앳 어 리저드

그는 도마뱀을 보고 겁을 냈다.

# tortoise
[tɔ́ːrtəs] 토-터스
명 거북

**A tortoise is too slow.**
어 토-터스 이즈 투- 슬로우

거북이는 너무 느리다.

# snake
[sneik] 스네이크
명 뱀

**I hate snakes.**
아이 헤이트 스네잌스

저는 뱀을 싫어해요.

# cobra
[kóubrə] 코우브러
명 코브라

**A bite from a cobra can kill in minutes.**
어 바이트 프럼 어 코우브러 캔 킬 인 미닛츠

코브라에게 물리면 몇 분 안에 죽을 수도 있다.

# frog

[frɔːg] 프로-그
**명** 개구리

He is a big **frog** in a small pond.
히- 이즈 어 빅 프로-그 인 어 스몰- 판드

그는 우물 안 개구리예요.

# seal

[siːl] 씰-
**명** 물개

One type of **seal** is able to dive for two hours!
원 타입 어브 씰- 이즈 에이블 투 다이브 포 투 아우어즈

물개 중의 한 종류는 두 시간이나 잠수를 할 수 있다!

# sea lion

[ siː láiən] 씨- 라이언
**명** 바다사자

Why did the **sea lion** cross the road?
와이 디드 더 씨- 라이언 크로스 더 로우드

바다사자는 왜 길을 건넜을까요?

# otter

[átər] 아터
**명** 수달

The **otter** enjoyed eating the fish.
디 아터 인조이드 이-팅 더 피쉬

그 수달은 물고기를 먹는 것을 즐겼습니다.

# beaver

[bíːvər] 비-버
명 비버

He worked diligently like a beaver.
히- 웍-트 딜러전틀리 라이크 어 비-버

그는 비버처럼 부지런히 일했다.

# raccoon

[rækúːn] 래쿤-
명 너구리

There is a cute raccoon in the picture.
데어 이즈 어 큐-트 래쿤- 인 더 픽처

사진 속에는 귀여운 너구리 한 마리가 있습니다.

# bat

[bæt] 배트
명 박쥐

He is blind as a bat.
히- 이즈 블라인드 애즈 어 배트

그는 눈 뜬 장님이에요.

# whale [hweil] 웨일
**명** 고래

The **whale** spouts water.
더 웨일 스파우츠 워-터

고래가 물을 내뿜어요.

# dolphin [dálfin] 달핀
**명** 돌고래

A **dolphin** isn't afraid of men.
어 달핀 이즌트 어프레이드 어브 멘

돌고래는 사람을 무서워하지 않는다.

# fish [fiʃ] 피쉬
**명** 물고기

I like go **fish**ing.
아이 라이크 고우 피싱

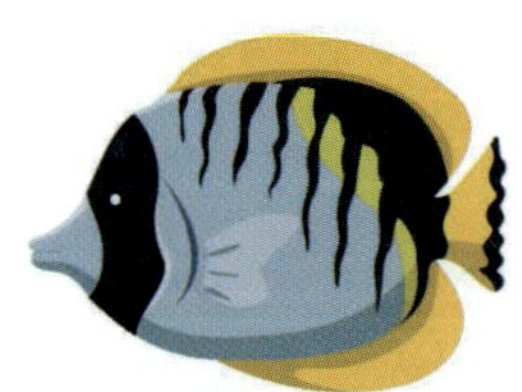

저는 낚시하는 것을 좋아해요.

# goldfish [góuldfiʃ] 고울드피쉬
**명** 금붕어

I have five **goldfish**.
아이 해브 파이브 고울드피쉬

나는 금붕어 다섯 마리를 기르고 있다.

# shark [ʃaːrk] 샤-크
**명** 상어

A **shark** is a very large fish.
어 샤-크 이즈 어 베리 라-지 피쉬

상어는 큰 물고기예요.

# eel [iːl] 일-
**명** 뱀장어

A long **eel** is coming.
어 롱- 일- 이즈 커밍

길다란 뱀장어가 오고 있어요.

# cod [kad] 카드
**명** 대구

This fish is a type of **cod**.
디스 피쉬 이즈 어 타입 어브 카드

이것은 대구의 한 종류입니다.

# tuna [tjúːnə] 튜-너
**명** 참치

He ate a can of **tuna** for lunch.
히- 에이트 어 캔 어브 튜-너 포 런치

그는 점심으로 참치 통조림을 먹었다.

# jellyfish

[dʒélifiʃ] 젤리피쉬
**(명)** 해파리

**Jellyfish** do not have any bones.
젤리피쉬 두 낫 해브 애니 보운즈

해파리는 뼈가 없는 생물이다.

# starfish

[stɑ:rfiʃ] 스타-피쉬
**(명)** 불가사리

The **starfish** is running toward us.
더 스타-피시 이즈 러닝 토-드 어스

불가사리가 우리에게 오고 있어요.

# cuttlefish

[kʌtlfiʃ] 커틀피쉬
**(명)** 오징어

Try some dried **cuttlefish**.
트라이 섬 드라이드 커틀피쉬

마른 오징어 좀 먹어봐.

# octopus

[áktəpəs] 악터퍼스
**(명)** 문어

How many legs does an **octopus** have?
하우 메니 레그즈 더즈 언 악터퍼스 해브

문어의 다리는 몇 개이지요?

# bird

[bə:rd] 버-드
명 새

The early bird catches the worm.
디 얼-리 버-드 캐치즈 더 웜-

일찍 일어나는 새가 벌레를 잡는다.

# small octopus

[smɔ:l ɑ́ktəpəs] 스몰- 악터퍼스  명 낙지

Do you know a good small octopus restaurant?
두- 유- 노우 어 굿 스몰- 악터퍼스 레스터런트

당신은 맛있는 낙지 식당을 아시나요?

# shellfish

[ʃelfiʃ] 쉘피쉬
명 조개

Starfish normally eat shellfish.
스타-피쉬 노-멀리 이-트 쉘피쉬

불가사리는 보통 조개류를 먹는다.

# mussel 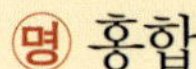 [mʌsəl] 머슬
**명** 홍합

What kind of drinks will be good with mussel soup?
왓 카인드 어브 드링크스 윌 비 굿 위드 머슬 숩-

홍합탕과 어떤 음료가 잘 어울릴까요?

# shrimp [ʃrimp] 슈림프
**명** 작은 새우

Fall is a great season for shrimp!
폴- 이즈 어 그레이트 시-즌 포 슈림프

가을은 풍성한 새우의 계절이에요!

# prawn [prɔːn] 프론-
**명** 보리새우

I like a prawn very much.
아이 라이크 어 프론- 베리 머치

난 정말 보리새우를 좋아한다.

# crab [kræb] 크랩
**명** 게

This crab is full of meat.
디스 크랩 이즈 풀 어브 미-트

이 게는 속이 꽉 찼다.

# crayfish

[kleifiʃ] 크레이피쉬
**명** 가재

Crayfish dwell in fresh water streams and lakes.
크레이피쉬 드웰 인 프레쉬 워-터 스트림-즈 앤드 레익스

가재는 민물이나 호수에 산다.

# lobster

[lábstər] 랍스터
**명** 바다가재

That store's special is lobster.
댓 스토어-스 스페셜 이즈 랍스터

저 가게의 특별 상품은 바다가재이다.

# penguin

[péŋgwin] 펭귄
**명** 펭귄

The penguins are walking on the ice.
더 펭귄즈 아 워-킹 온 디 아이스

펭귄들이 얼음 위를 걷고 있어요.

# eagle

[íːgl] 이-글
**명** 독수리

An eagle flew over me.
언 이-글 플루- 오우버 미

독수리 한 마리가 내 머리 위를 날아갔다.

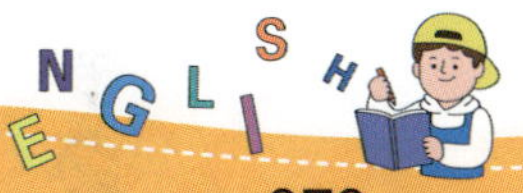

# hawk [hɔːk] 호-크
**명** 매

A **hawk** hovered over the hill.
어 호-크 하버드 오우버 더 힐

매 한 마리가 언덕 위를 맴돌았다.

# owl [aul] 아울
**명** 부엉이

He is an old **owl**.
히- 이즈 언 오울드 아울

그는 나이 든 부엉이에요.

# woodpecker

[wúdpèkər] 우드페커 **명** 딱따구리

A **woodpecker** is pecking a hole in a tree.
어 우드페커 이즈 페킹 어 호울 인 어 트리-

딱따구리가 나무를 쪼아 구멍을 내고 있다.

# pheasant

[féznt] 페즌트
**명** 꿩

**The hunter killed a pheasant with a single shot.**
더 헌터 킬드 어 페즌트 위드 어 싱글 샷

사냥꾼은 단발에 꿩을 잡았다.

# peacock

[píːkàk] 피-칵
**명** 공작새(수컷)

**The peacock is displaying his tail.**
더 피-칵 이즈 디스플레잉 히즈 테일

공작이 날개를 펴고 있다.

# peahen

[piːhen] 피-헨
**명** 공작새(암컷)

**I saw a peacock try and impress a peahen.**
아이 소- 어 피-칵 트라이 앤드 임프레스 어 피-헨

수컷 공작새 한 마리가 암컷에게 관심을 끌려고 하는 걸 봤어.

# parakeet

[pǽrəkìːt] 패러키-트
**명** 잉꼬

**My parakeet died today.**
마이 패러키-트 다이드 투데이

내 잉꼬가 오늘 죽었어.

# wild goose [waild gu:s] 와일드 구ー스
**명** 기러기

A **wild goose** is honking.
어 와일드 구ー스 이즈 항ー킹

기러기가 끼루룩거리다

# gull [gʌl] 걸
**명** 갈매기

The **gull** held the fish in its beak.
더 걸 헬드 더 피쉬 인 잇츠 빅ー

그 갈매기는 부리로 그 물고기를 물었다.

# crow [krou] 크로우
**명** 까마귀

A **crow** was cawing.
어 크로우 워즈 코ー잉

까마귀가 깍깍 울고 있었다

# magpie [mǽgpài] 매그파이
**명** 까치

The **magpie** is considered a bird of good luck in Korea.
더 매그파이 이즈 컨시더드 어 버ー드 어브 굿 럭 인 커리ー어

한국에서는 까치를 길조로 여긴다.

# pigeon [pídʒən] 피전

명 비둘기

**The pigeon flapped away.**
더 피전 플랩트 어웨이

비둘기는 날개치며 날아가 버렸다.

# sparrow [spǽrou] 스패로우

명 참새

**A sparrow flew into the classroom.**
어 스패로우 플루- 인투 더 클래스룸-

참새 한 마리가 교실 안으로 날아들었다.

# hen [hen] 헨

명 암탉

**A hen pecks corn.**
어 헨 펙스 콘-

암탉이 옥수수를 쪼아 먹는다.

# rooster [rú:stər] 루-스터

명 수탉

**The rooster crows every morning at sunrise.**
더 루-스터 크로우즈 에브리 모-닝 앳 선라이즈

매일 아침 동틀녘에 수탉이 운다.

# chicken [tʃíkən] 치킨
**명** 닭

Don't count **chicken**s before they are hatched.

돈트 카운트 치킨즈 비포- 데이 아 해치트

닭이 병아리를 낳기 전에 세지 마라.

도움말 우리말 속담의 '김칫국부터 마시지 마라'와 비슷한 뉘앙스의 표현입니다

# duck [dʌk] 덕
**명** 오리

He waddled like a **duck**.

히- 와-들드 라이크 어 덕

그는 오리처럼 뒤뚱뒤뚱 걸었다.

# goose [guːs] 구-스
**명** 거위

I got **goose** bumps at the sight.

아이 갓 구-스 범프스 앳 더 사이트

나는 그 광경에 소름이 돋았어요.

도움말 goose bumps는 우리말의 '닭살'이라는 표현입니다.

# Magic 영단어 플러스! 플러스

◎ **다음 그림을 보고 동물의 이름을 영어로 적어 봐요.**

| ① | ② | ③ |
|---|---|---|

| ④ | ⑤ | ⑥ |
|---|---|---|

답 1.giraffe  2.lion  3.dolphin  4.elephant  5.penguin  6.cuttlefish

# insect
[ínsekt] 인섹트
명 곤충

I don't like **insect**s.
아이 돈트 라이크 인섹츠

나는 곤충을 좋아하지 않아요.

# worm
[wə:rm] 웜–
명 벌레

Even a **worm** will turn.
이–븐 어 웜– 윌 턴–

지렁이도 밟으면 꿈틀한다.

# tick

[tik] 틱
명 진드기

**The baby was bitten by a tick.**

더 베이비 워즈 비튼 바이 어 틱

아기가 진드기에 물렸다.

# butterfly

[bʌtərflài] 버터플라이
명 나비

**I have butterflies in my stomach.**

아이 해브 버터플라이즈 인 마이 스터먹

나는 가슴이 두근거려요.

※ 직역하면 뱃속에 나비가 있다는 뜻으로, 긴장해서 불편해진 속을 이에 빗대어 표현한 것입니다.

# moth

[mɔ:θ] 모-쓰
명 나방

**I saw a pea moth on a bean leaf.**

아이 소- 어 피- 모-쓰 온 어 빈- 리-프

콩잎에 앉아있는 나방을 보았다.

# dragonfly

[drǽgənflaɪ] 드래건플라이
**명** 잠자리

The boy is catching a dragonfly.
더 보이 이즈 캐칭 어 드래건플라이

그 소년은 잠자리를 잡고 있다.

# beetle

[bíːtl] 비-틀
**명** 딱정벌레

In this case, a scarab, or beetle.
인 디스 케이스 어 스캐럽 오어- 비-틀

이 경우는 풍뎅이 또는 딱정벌레입니다.

# honeybee

[hʌ́nibiː] 허니비-
**명** 꿀벌

A honeybee is a bee that makes honey.
어 허니비- 이즈 어 비- 댓 메익스 허니

꿀벌은 꿀을 만드는 벌이에요.

# ladybug

[léidibʌg] 레이디벅
**명** 무당벌레

**Have you seen a ladybug before?**
해브 유- 신 어 레이디벅 비포-

여러분은 전에 무당벌레를 본 적이 있나요?

# mosquito

[məskí:tou] 머스키-토우
**명** 모기

**I was bitten by mosquitoes.**
아이 워즈 비튼 바이 머스키-토우즈

모기한테 물렸어요.

# fly

[flai] 플라이
**명** 파리

**A fly landed on his nose.**
어 플라이 랜디드 온 히즈 노우즈

파리 한 마리가 그의 코에 앉았다.

# day-fly

[dei-flai] 데이플라이
(명) 하루살이

Do you know how to get rid of dayfly?

두- 유- 노우 하우 투 겟 리드 어브 데이플라이

하루살이 제거 방법 알아?

# ant

[ænt] 앤트
(명) 개미

Ants are very diligent insect.

엔츠 아 베리 딜러전트 인섹트

개미는 부지런한 곤충이에요.

# spider

[spáidər] 스파이더
(명) 거미

The spider is making a web.

더 스파이더 이즈 메이킹 어 웹

거미가 거미줄을 치고 있다.

# scorpion [skɔ́ːrpiən] 스코-피언
**명** 전갈

The scorpion has a sting in its tail.

더 스코-피언 해즈 어 스팅 인 잇츠 테일

전갈은 꼬리에 (독)침이 있다.

# cricket [kríkit] 크리킷
**명** 귀뚜라미

I saw a cricket on my way to school.

아이 소- 어 크리킷 온 마이 웨이 투 스쿨-

나는 학교 가는 길에 귀뚜라미를 봤다.

# earthworm [ə́ːrθwə̀ːrm] 어-쓰웜-
**명** 지렁이

An earthworm lives in the moist soil.

언 어-쓰웜- 리브즈 인 더 모이스트 소일

지렁이는 축축한 흙 속에서 산다.

# mantis

[mǽntis] 맨티스
**명** 사마귀

Young **mantis**es eat small insects.
영 맨티시즈 이-트 스몰- 인섹츠

어린 사마귀들은 작은 곤충들을 먹습니다.

# cockroach

[kákròutʃ] 칵크로우치
**명** 바퀴벌레

Some **cockroach** can fly.
섬 칵크로우치 캔 플라이

어떤 바퀴벌레들은 날 수 있다.

# snail

[sneil] 스네일
**명** 달팽이

He walks as slow as a **snail**.
히- 월-스 애즈 슬로우 애즈 어 스네일

그는 느리게 걸어요.

# Magic 영단어 플러스! 플러스

◎ **다음 그림을 보고 곤충의 이름을 영어로 적어 봐요.**

| ① | ② | ③ |

| ④ | ⑤ | ⑥ |

답 1.beetle   2.honeybee   3.snail   4.mantis   5.butterfly   6.dragonfly

# plant [plænt] 플랜트
### 명 식물

**What is the name of that plant?**
왓 이즈 더 네임 어브 댓 플랜트

저 식물의 이름이 뭐예요?

# seed [si:d] 시-드
### 명 씨

**The farmer sows the good seed.**
더 파-머 소우즈 더 굿 시-드

농부가 좋은 씨앗을 뿌린다.

식물나라

# root
[ru:t] 루―트
(명) 뿌리

**The plant has not struck root yet.**
더 플랜트 해즈 낫 스트럭 루―트 옛

그 식물은 아직 뿌리를 내리지 못했다.

# stem
[stem] 스템
(명) 줄기

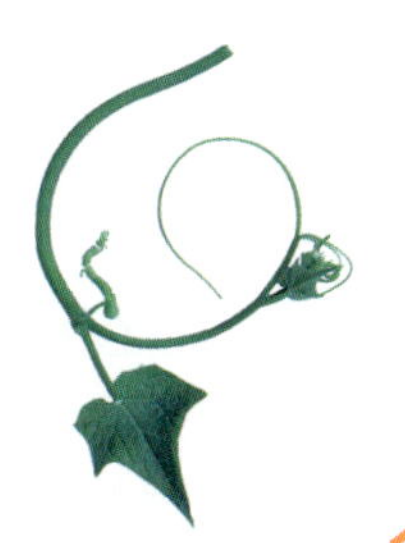

**The stem of this plant is tough.**
더 스템 어브 디스 플랜트 이즈 터프

이 식물은 줄기가 억세다.

# leaf
[li:f] 리―프
(명) 잎

**The last leaf didn't fall.**
더 래스트 리―프 디든트 폴―

마지막 잎새는 떨어지지 않았다.

# bud
[bʌd] 버드
(명) 싹

**The tree is in bud already.**
더 트리― 이즈 인 버드 올―레디

나무에 벌써 싹이 났다.

# tree
[tri:] 트리–
명 나무

Let's decorate the Christmas tree.
렛츠 데커레이트 더 크리스머스 트리–

크리스마스트리를 장식하자.

# pine
[pain] 파인
명 소나무

Pine trees grow densely.
파인 트리–즈 그로우 덴슬리

소나무가 빽빽이 자라고 있다.

# pine-nuts
[pain- nʌts] 파인넛츠
명 잣

Jatjuk is gruel made of ground pine nuts and rice.
잣죽 이즈 그루–얼 메이드 어브 그라운드 파인 넛츠 앤드 라이스

잣죽은 잣과 쌀을 함께 갈아서 쑨 죽을 말한다.

# ginkgo
[gíŋkou] 징코우
명 은행나무

Why do ginkgo tree fruits become stinky?
와이 두 징코우 트리– 프루–츠 비컴 스팅키

은행나무 열매에서는 왜 냄새가 날까요?

# birch

[bə:rtʃ] 버-취
명 자작나무

Birch burns well.
버-취 번즈 웰

자작나무는 잘 탄다.

# maple

[méipl] 메이플
명 단풍나무

The Canadian flag has a maple leaf on it.
더 커네이디언 플래그 해즈 어 메이플 리-프 온 잇

캐나다 국기에는 단풍잎이 하나 있다.

# elm

[elm] 에름
명 느릅나무

She's riding under an elm.
쉬-즈 라이딩 언더 언 에름

여자는 느릅나무 아래에서 자전거를 타고 있다.

# oak

[ouk] 오우크
명 오크

An old oak tree once stood here.
언 오울드 오우크 트리- 원스 스투드 히어

한때는 여기에 나이 많은 오크 나무가 한 그루 서 있었다.

# willow

[wílou] 윌로우
**명** 버드나무

He cut the pendant branches of the willow.
히- 컷 더 펜던트 브랜치즈 어브 더 윌로우

그는 버드나무의 늘어진 가지들을 잘랐다.

# flower

[fláuər] 플라워
**명** 꽃

What a beautiful flower it is!
왓 어 뷰-터펄 플라워 잇 이즈

꽃이 아름다워요!

# rose

[rouz] 로우즈
**명** 장미

I gave her a red rose.
아이 게이브 허 어 레드 로우즈

나는 그녀에게 붉은 장미를 주었어요.

# sunflower

[sʌnfláuər] 선플라워
**명** 해바라기

She is putting a sunflower in her hair.
쉬- 이즈 푸팅 어 선플라워 인 허- 헤어

그녀는 머리에 해바라기를 꽂고 있다.

# lily
[líli] 릴리
명 백합

I like a **lily** better than a rose.
아이 라이크 어 릴리 베터 댄 어 로우즈

나는 장미보다 백합을 더 좋아해.

# tulip
[tjú:lip] 튜-립
명 튤립

They are **tulip**s.
데이 아 튜-립스

그것들은 튤립이에요.

# violet
[váiəlit] 바이얼릿
명 제비꽃

The boy is picking **violet**s.
더 보이 이즈 피킹 바이얼릿츠

남자아이가 제비꽃을 따고 있다.

# carnation
[ka:rnéiʃən] 카-네이션
명 카네이션

He gave his mom a **carnation**.
히- 게이브 히즈 맘 어 카-네이션

그는 엄마에게 카네이션을 드렸다

# daffodil [dǽfədìl] 대퍼딜
명 수선화

**My favorite flower is daffodil.**
마이 페이버릿 플라워 이즈 대퍼딜

내가 제일 좋아하는 꽃은 수선화야.

# jasmine [dʒǽzmin] 재즈민
명 재스민

**I like jasmine tea.**
아이 라이크 재즈민 티-

나는 재스민 차를 좋아해요.

# orchid [ɔ́:rkid] 오-키드
명 난초

**The plant is a nocturnal orchid.**
더 플랜트 이즈 어 낙터-늘 오-키드

이 식물은 야행성 난초입니다.

# cactus
[kǽktəs] 캑터스
명 선인장

The **cactus** is originally from the desert.
더 캑터스 이즈 어리저늘리 프럼 더 데저트

선인장은 원래 사막에서 왔어요.

# grain
[grein] 그레인
명 곡식

They bartered **grain** for salt.
데이 바-터드 그레인 포 솔-트

그들은 곡식을 소금과 물물교환했다.

# rice plant
[rais plænt] 라이스 플랜트
명 벼

The **rice plant** is ripening yellow.
더 라이스 플랜트 이즈 라이퍼닝 옐로우

벼가 노릇노릇 익어 간다.

# barley
[bá:rli] 발-리
명 보리

**Barley** grows in cool climates.
발-리 그로우즈 인 쿨- 클라이밋츠

보리는 선선한 기후조건에서 자란다.

# wheat

[hwi:t] 위-트
명 밀

**This wheat grinds well.**
디스 위-트 그라인즈 웰

이 밀은 잘[곱게] 갈린다.

# corn

[kɔ:rn] 콘-
명 옥수수

**How many ears of corn?**
하우 매니 이어즈 어브 콘-

옥수수는 몇 자루나 필요하세요?

# weed

[wi:d] 위-드
명 잡초

**Ill weeds grow apace.**
일 위-즈 그로우 어페이스

악초가 쉬이 자란다.

# herb

[hə:rb] 허-브
명 약초

**Laurel leaves are herbs.**
로-렐 리-브즈 아 허-브즈

월계수 잎은 약초이다.

# Magic 영단어 플러스! 플러스

◎ 다음의 꽃과 식물 이름을 영어로 알아볼까요?
그림을 보고 익혀 봐요.

①

②

③

④

⑤

⑥

답 1.rose   2.lily   3.carnation   4.tulip   5.sunflower   6.cactus

# 야채와 과일
# Vegetables and Fruits

## vegetable
[védʒətəbl] 베저터블
몡 야채

**Do you like vegetables?**
두- 유- 라이크 베저터블즈

너는 야채를 좋아하니?

## fruit
[fru:t] 프루-트
몡 과일

**What kind of fruits do you like?**
왓 카인드 어브 프루-츠 두- 유- 라이크

어떤 종류의 과일을 좋아하니?

# cabbage

[kǽbidʒ] 캐비지
**명** 양배추

I chop up a cabbage.
아이 찹 업 어 캐비지

나는 양배추를 잘게 썰어요.

# lettuce

[létis] 렉티스
**명** 상추

Buy a lettuce and some tomatoes.
바이 어 렉티스 앤드 섬 터메이토우즈

상추와 토마토를 좀 사.

# celery

[séləri] 셀러리
**명** 샐러리

Is there celery in this potato salad?
이즈 데어 셀러리 인 디스 퍼테이토우 샐러드

이 감자 샐러드에 셀러리가 들어있나요?

# spinach

[spínitʃ] 스피니치
**명** 시금치

My children don't like spinach.
마이 칠드런 돈트 라이크 스피니치

우리 아이들은 시금치를 안 좋아해요.

# bean [biːn] 빈–

명 콩

**Let's spill the beans.**
렛츠 스필 더 빈–즈

우리 솔직하게 이야기하자.

도움말 직역을 하면 '콩을 뿌리자'인데 이 뜻은 서로 숨김이 없이 서로의 얘기를 털어 놓고 이야기하자는 표현입니다.

# cucumber [kjúːkʌmbər] 큐–컴버

명 오이

**He is as cool as a cucumber.**
히– 이즈 애즈 쿨– 애즈 어 큐–컴버

그는 냉정한 사람이에요.

# pumpkin [pʌmpkin/pʌŋkin] 펌프킨

명 호박

**This is the best pumpkin pie I've ever had.**
디스 이즈 더 베스트 펌프킨 파이 아이브 에버 해드

이 호박파이는 제가 먹어본 것 중에 최고에요.

# eggplant

[egplænt] 에그플랜트

명 가지

**When oil is hot, add eggplant slices.**
웬 오일 이즈 핫 애드 에그플랜트 슬라이시즈

기름이 달구어 지면 자른 가지를 넣는다.

# tomato

[təméitou] 터메이토우

명 토마토

**How much does this tomato weigh?**
하우 머치 더즈 디스 터메이토우 웨이

이 토마토는 무게가 얼마입니까?

# carrot

[kǽrət] 캐럿

명 당근

**Is he pulling up a carrot?**
이즈 히- 풀링 업 어 캐럿

그는 당근을 뽑고 있니?

# radish

[rǽdiʃ] 래디쉬

명 무

**Such a blade couldn't slash a radish.**
서치 어 블레이드 쿠든트 슬래쉬 어 래디쉬

그런 칼날로는 무를 자를 수 없었어.

# potato



**I like fried potatoes.**
아이 라이크 프라이드 퍼테이토우즈

나는 튀긴 감자를 좋아해요.

# sweet potato

[swiːt pətéitou] 스윗– 퍼테이토우  명 고구마

**How often do you eat sweet potato?**
하우 오–픈 두– 유– 이–트 스윗– 퍼테이토우

얼마나 자주 고구마를 먹니?

# green pepper

[griːn pépər] 그린– 펩퍼  명 피망

**Add the sausage, onions and green pepper.**
애드 더 소–시지 어년즈 앤드 그린– 펩퍼

소시지와 양파, 피망을 넣으세요.

# red pepper

[red pépər] 레드 펩퍼 <br>
**명** 고추

This red pepper really bites. <br>
디스 레드 펩퍼 리-얼리 바잇스

이 고추는 정말 맵다.

# onion

[ʌ́njən] 어니언- <br>
**명** 양파

The soup tastes of onion. <br>
더 숩- 테이스츠 어브 어니언

그 수프는 양파 맛이 난다.

# green onion

[griːn ʌ́njən] 그린- 어니언  **명** 파

He planted green onions. <br>
히- 플랜티드 그린- 어니언즈

그는 대파를 심었다.

# garlic [gáːrlik] 갈-릭
명 마늘

Garlic has a very strong smell.
갈-릭 해즈 어 베리 스트롱- 스멜

마늘은 냄새가 강해요.

# mushroom [mʌʃruːm] 머쉬룸-
명 버섯

Mushroom is good for your health.
머쉬룸- 이즈 굿 포 유어 헬쓰

버섯은 당신의 건강에 좋아요.

# apple [ǽpl] 애플
명 사과

How many apples are there?
하우 메니 애플즈 아 데어

사과가 몇 개 있니?

# peach [pi:tʃ] 피-치
### 명 복숭아

**He picked out the ripest peach for me.**
히- 픽트 아웃 더 라이프스트 피-치 포 미

그가 내게 가장 잘 익은 복숭아를 골라 주었다.


# pear [pɛər] 페어
### 명 배

**She bit into a ripe juicy pear.**
쉬- 빗 인투 어 라이프 쥬-시 페어

그녀는 즙이 많은 잘 익은 배를 베어 물었다.


# banana [bənǽnə] 버내너
### 명 바나나

**She's slicing a banana into a bowl.**
쉬-즈 슬라이싱 어 버내너 인투 어 보울

그녀가 바나나를 얇게 잘라 접시에 담고 있다.

# plum [plʌm] 플럼
**명** 자두

A ripe plum is very juicy.
어 라이프 플럼 이즈 베리 쥬-시

익은 자두는 굉장히 과즙이 많다.

# kiwi [kíːwi] 키-위
**명** 키위

The kiwi is rich in vitamin C.
더 키-위 이즈 리치 인 바이터민 씨

키위는 비타민 C가 풍부하다

# mango [mǽŋgou] 맹고우
**명** 망고

How do you eat a mango?
하우 두- 유- 이-트 어 맹고우

너는 망고를 어떻게 먹어요?

# coconut

[kóukənʌt] 코우커넛
**명** 코코넛

He busted the coconut open with a knife.
히- 버스티드 더 코우커넛 오우픈 위드 어 나이프

그는 칼로 코코넛 열매를 쪼갰다.

# pineapple

[painǽpl] 파인애플
**명** 파인애플

He's paring the pineapple.
히-즈 페어링 더 파인애플

그는 파인애플 껍질을 벗기고 있다.

# watermelon

[wɔ́:tərmélən] 워-터멜런 **명** 수박

How much is this watermelon?
하우 머치 이즈 디스 워-터멜런

이 수박은 얼마나 하죠?

# lemon

[lémən] 레먼
**명** 레몬

**They handed me a lemon.**
데이 핸디드 미 어 레먼

그들은 나에게 불량품을 주었어요.

**도움말** 여기서 lemon은 '불량품'이라는 뜻으로 쓰였어요.

# melon

[mélən] 메런
**명** 메론

**Look at this giant melon.**
룩 앳 디스 자이언트 메런

이 거대한 멜론을 봐.

# orange

[ɔ́ːrindʒ] 오-린지
**명** 오렌지

**I like oranges the best.**
아이 라이크 오-린지즈 더 베스트

나는 오렌지를 제일 좋아해요.

# grape
[greip] 그레이프
명 포도

**sour grape**s
사우어 그레잎스

신 포도

도움말 포도를 따려던 여우가 포도가 손에 닿지 않자 그 포도는 신 것이라고 오기를 부려 떠났다는 이솝우화에서 나온 말입니다. 이 말의 의미는 '오기'나 '지기 싫어함' 정도라고 풀이할 수 있어요.

# cherry
[tʃéri] 체리
명 체리

**Cherries** come from cherry trees.
체리즈 컴 프럼 체리 트리-즈

체리 나무에는 체리가 열린다.

# strawberry
[strɔ́:bèri] 스트로-베리
명 딸기

The **strawberry** jam is all gone.
더 스트로-베리 잼 이즈 올- 곤

딸기잼이 다 떨어졌어,

과일이나 야채로 만들어 먹을 수 있는 음식에는 어떤 것들이 있을까요? 음식의 이름을 영어로 말해 봐요. 우리가 주변에서 쉽게 접하는 음식들이 많이 있답니다.

**salad** : 샐러드(야채나 과일을 먹기 좋게 썰어 넣고 마요네즈나 치즈, 버터, 오일 등으로 맛을 내는 음식이에요. 서양요리를 먹을 때 중요 음식을 먹기 전에 입맛을 돋우기 위해 즐겨 먹는답니다.)

**pickle** : 피클(오이피클을 가장 많이 먹어 봤을 거예요. 오이 이외에도 여러 가지 야채로 피클을 만들어 먹을 수 있답니다. 김치는 우리나라 식 피클이라고 할 수 있어요.)

**jam** : 잼(과일에 설탕과 물을 알맞게 넣고 오래도록 불에 끓여 만드는 음식이에요. 빵이나 쿠키에 발라 먹으면 맛있어요.)

**fruit juice** : 과일주스(신선한 과일로 맛있는 주스를 만들어 먹어요. 건강을 위해서 야채를 갈아 주스를 만들어 먹기도 한답니다.)

**dry fruit** : 건과일(건포도⟨raisin⟩) 같은 것을 건과일이라고 해요. 포도 이외에도 바나나, 파인애플 등을 말려 간식으로 먹을 수 있어요.

 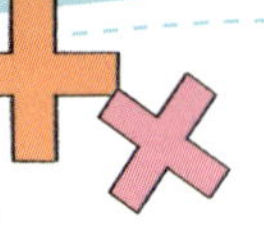

# Magic 영단어 플러스! 플러스

과일과 채소의 이름을 영어로 익혀 봐요!

## grocery

[gróusəri] 그로우서리
명 식료잡화점

I went to the **grocery** store.
아이 웬트 투 더 그로우서리 스토어–

나는 식료품 가게에 갔어요.

## bargain

[bá:rgən] 바–긴
명 싼 물건, 매매

That's a **bargain**.
댓츠 어 바–긴

아주 싸게 파는 거예요.

# bill
[bil ] 빌
명 계산서, 청구서

**Here is your bill.**
히어 이즈 유어 빌

계산서 여기 있어요.

# basket
[bǽskit] 배스킷
명 바구니

**Where is the basket?**
웨어 이즈 더 배스킷

바구니가 어디에 있나요?

# milk
[milk] 밀크
명 우유

**I want to drink some milk.**
아이 완트 투 드링크 섬 밀크

우유를 조금 마시고 싶어요.

# chocolate milk

[tʃɔ́:kələt milk] 초-컬릿 밀크 명 초콜릿우유

**Do you like chocolate milk?**
두- 유- 라이크 초-컬릿 밀크

너 초콜릿우유 좋아하니?

# cream [kri:m] 크림- 명 크림

**Apply the cream liberally.**
어플라이 더 크림- 리버럴리

크림을 듬뿍 바르시오.

# cheese [tʃi:z] 치-즈 명 치즈

**Who cut the cheese?**
후- 컷 더 치-즈

누가 방귀를 뀌었니?

**도움말** cut the cheese
치즈를 자르다 외에 방귀를 뀌다라는 의미를 가집니다.

# butter

[bʌtər] 버터
**명** 버터

I spreaded butter on the bread.
아이 스프레디드 버터 온 더 브레드

나는 빵 위에 버터를 발랐어요.

# margarine

[máːrdʒərin] 마-저린
**명** 마가린

You can substitute margarine for butter.
유- 캔 섭스터튜-트 마-저린 포 버터

버터 대신 마가린을 사용할 수 있습니다.

# mayonnaise

[meiəneiz] 메이어네이즈
**명** 마요네즈

Blend mayonnaise with other ingredients.
블렌드 메이어네이즈 위드 어더 인그리-디언츠

마요네즈를 다른 재료와 섞어라.

# yogurt

[jóugərt] 요우거트
**명** 요구르트

Yogurt is usually very low in fat.
요우거트 이즈 유-주얼리 베리 로우 인 팻

요구르트는 보통 지방 성분이 아주 적다.

# ketchup

[kétʃəp] 케첩
**명** 케첩

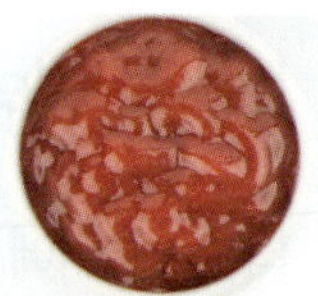

I want extra ketchup.
아이 완트 엑스트러 케첩

여분의 케첩을 더 주세요.

# mustard

[mʌstərd] 머스터드
**명** 겨자 소스

He ate it with mustard.
히- 에이트 잇 위드 머스터드

그는 그것을 겨자와 함께 먹어.

# egg

[eg] 에그
**명** 계란

Do you like a boiled egg?
두- 유- 라이크 어 보일드 에그

삶은 달걀을 좋아하니?

# salt

[sɔ:lt] 솔-트
**명** 소금

Could you pass me the salt?
쿠드 유- 패스 미 더 솔-트

소금 좀 건네주시겠어요?

# sugar
[ʃúgər] 슈거
명 설탕

**Add more sugar.**
애드 모-어 슈거

설탕을 좀 더 넣으세요.

# pepper
[pépər] 펩퍼
명 후추

**Season with salt and pepper.**
시-즌 위드 솔-트 앤드 펩퍼

소금과 후추로 양념을 하라.

# spice
[spais] 스파이스
명 양념

**The cook is adding a spice to the dish.**
더 쿡 이즈 애딩 어 스파이스 투 더 디쉬

요리사가 음식에 양념을 첨가하고 있다.

# oil
[ɔil] 오일
명 기름

**Add just a dribble of oil.**
애드 저스(트) 어 드리블 어브 오일

오일을 한 번만 조금 부어 넣어라.

# soy sauce

[sɔi sɔːs] 소이 소-스 **명** 간장

**Soy sauce** is made from soy beans and salt.
소이 소-스 이즈 메이드 프럼 소이 빈-즈 앤드 솔-트

간장은 메주와 소금으로 만들어요.

# soybean paste

[sɔibiːn peist] 소이빈- 페이스트 **명** 된장

**She makes** soybean paste **herself.**
쉬- 메익스 소이빈- 페이스트 허셀프

그녀는 된장을 직접 담근다.

# hot pepper sauce

[hat pépər sɔːs] 핫 펩퍼 소-스 **명** 고추장

**Add honey and** hot pepper sauce.
애드 허니 앤드 핫 펩퍼 소-스

꿀과 고추장을 넣으세요.

# vinegar

[vínəgər] 비니거
**명** 식초

I stir vinegar into salad oil.

아이 스터- 비니거 인투 샐러드 오일

나는 샐러드 기름에 식초를 넣어 저어요.

# flour

[fláuər] 플라워
**명** 밀가루

Bread is made from flour.

브레드 이즈 메이드 프럼 플라워

빵은 밀가루로 만들어요.

# soup

[su:p] 숩-
**명** 수프

The soup was stone cold.

더 숩- 워즈 스토운 코울드

그 수프는 다 식어 있었다.

# spaghetti

[spəgéti] 스퍼게티
**명** 스파게티

I love spaghetti.

아이 러브 스퍼게티

나는 스파게티를 좋아해요.

# noodle [nú:dl] 누-들
**명** 국수

The fried **noodle** tastes good, thanks.
더 프라이드 누-들 테이스츠 굿 쌩스

볶음 국수가 맛있네요, 고마워요.

# rice [rais] 라이스
**명** 쌀

I like **rice** more than a sandwich.
아이 라이크 라이스 모-어 댄 어 샌드위치

나는 샌드위치보다 밥이 더 좋아요.

# nuts [nʌts] 넛츠
**명** 견과

Are you **nuts**?
아 유- 넛츠

너 미쳤니?

# gum
[gʌm] 검

명 껌

**He is always chewing gum.**
히- 이즈 올-웨이즈 츄-잉 검

그는 항상 껌을 씹는다.

# candy
[kǽndi] 캔디

명 캔디

**Do you like candy?**
두- 유- 라이크 캔디

너는 사탕을 좋아하니?

# cookie
[kúki] 쿠키

명 쿠키

**My mom made cookies for me.**
마이 맘 메이드 쿠키즈 포 미

엄마가 쿠키를 만들어 주셨어요.

# crackers
[krǽkərz] 크래커즈

명 크래커

**Most children love eating crackers.**
모우스트 칠드런 러브 이-팅 크래커즈

대부분의 어린이들이 크래커 먹는 것을 아주 좋아합니다.

# bread

[bred] 브레드
명 빵

I ate **bread** and milk for lunch.
아이 에이트 브레드 앤드 밀크 포 런치

나는 점심에 빵과 우유를 먹었어요.

# cake

[keik] 케이크
명 케이크

It's a piece of **cake**.
잇츠 어 피-스 어브 케이크

그건 식은 죽 먹기야.

# French fries

[frentʃ fráiz] 프렌치 프라이즈  명 감자 튀김

**Do you like French fries?**
두- 유- 라이크 프렌치 프라이즈

너는 감자튀김을 좋아하니?

# ice cream

[ais kri:m] 아이스 크림-
명 아이스크림

The **ice cream** has a vanilla flavor.
디 아이스 크림- 해즈 어 버닐러 플레이버

그 아이스크림은 바닐라 맛이다.

# donut

[dóunət] 도우넛
**명** 도넛

I glazed the donut with sugar.
아이 글레이즈드 더 도우넛 위드 슈거

나는 도너츠에 설탕을 살짝 발랐다.

# biscuit

[bískit] 비스킷
**명** 비스킷

A cup of tea with a biscuit.
어 컵 어브 티- 위드 어 비스킷

한 잔의 차와 함께 비스킷.

# hamburger

[hǽmbə̀ːrgər] 햄버-거
**명** 햄버거

I'll have a hamburger.
아일 해브 어 햄버-거

나는 햄버거를 먹을 거야.

# hot dog

[hat dɔːg] 핫 도-그
**명** 핫도그

The woman is making a hot dog.
더 우먼 이즈 메이킹 어 핫 도-그

한 여자가 핫도그를 만들고 있다.

# pizza

[píːtsə] 핏-저
**명** 피자

Let's go to the pizza restaurant.
렛츠 고우 투 더 핏-저 레스터런트

피자 가게에 가자.

# sandwich

[sǽndwitʃ] 샌드위치
**명** 샌드위치

I like a cheese sandwich.
아이 라이크 어 치-즈 샌드위치

나는 치즈 샌드위치가 좋아요.

# coffee

[kɔ́ːfi] 코-피
**명** 커피

I'll drink a cup of coffee.
아일 드링크 어 컵 어브 코-피

커피 한 잔 마시겠어요.

# tea

[tiː] 티-
**명** 차

Would you like some tea?
우드 유- 라이크 섬 티-

차 한 잔 하시겠어요

# juice

[dʒuːs] 주-스
명 주스

**Would you like some juice?**
우드 유- 라이크 섬 주-스

주스 마실래요?

# meat

[miːt] 미-트
명 고기

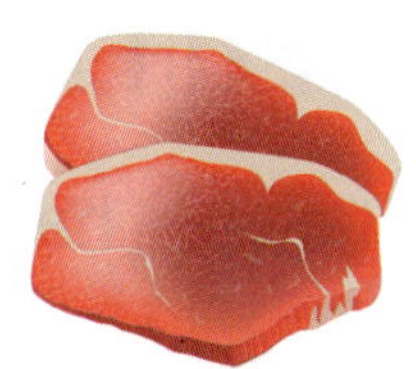

**I don't eat meat.**
아이 돈트 이-트 미-트

나는 고기를 안 먹는다.

# beef

[biːf] 비-프
명 소고기

**I prefer beef to pork.**
아이 프리퍼- 비-프 투 포-크

저는 돼지고기보다 쇠고기를 더 좋아합니다.

# steak

[steik] 스테이크
명 스테이크(구워서 먹기 위해 두껍게 썬 고기)

**How would you like your steak?**
하우 우드 유- 라이크 유어 스테이크

기는 어떻게 해 드릴까요?

# pork
[pɔːrk] 포-크
(명) 돼지고기

**Pork** is cheaper at Wal-Mart.
포-크 이즈 치퍼 앳 월- 마-트

돼지고기는 월마트가 더 싸요.

# ham
[hæm] 햄
(명) 햄

The **ham** had a smoky flavor.
더 햄 해드 어 스모키 플레이버

그 햄에서는 훈제향이 났다.

# sausage
[sɔ́ːsidʒ] 소-시지
(명) 소시지

Are you not going to eat that **sausage**?
아 유- 낫 고우잉 투 이-트 댓 소-시지

너는 그 소시지 안 먹을거니?

# bacon
[béikən] 베이컨
(명) 베이컨

Do you want to have **bacon**s for breakfast?
두- 유- 완트 투 해브 베이컨즈 포 브렉퍼스트

아침으로 베이컨을 먹을래요?

# chicken

[tʃíkən] 치킨
명 닭고기

**He is a chicken.**
히- 이즈 어 치킨

그는 겁쟁이야.

도움말 chicken은 속어로 겁쟁이라는 의미가 있어요. 좋지 않은 표현이므로 주의할 필요가 있어요.

# turkey

[tə́:rki] 터-키
명 칠면조 고기

**Let's talk turkey.**
렛츠 토-크 터-키

툭 터놓고 말해보자.

# salmon

[sǽmən] 새먼
명 연어

**I like salmon steak.**
아이 라이크 새먼 스테이크

나는 연어 스테이크가 좋아요.

# trout

[traut] 트라웃
⑲ 송어

**Shall we have trout for dinner?**
쉘 위 해브 트라웃 포 디너

우리 저녁으로 송어 먹을까?

# oyster

[ɔ́istər] 오이스터
⑲ 굴

**The world is one's oyster.**
더 월-드 이즈 원즈 오이스터

세상사는 생각하기에 달렸어요.

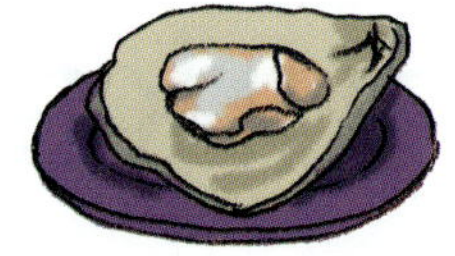

# clam

[klæm] 클램
⑲ 대합 조개

**He is as happy as a clam.**
히- 이즈 애즈 해피 애즈 어 클램

그는 매우 행복해요.

# beverage

[bévəridʒ] 베버리지
⑲ 음료수

**What kind of beverages do you want?**
왓 카인드 어브 베버리지즈 두- 유- 완트

어떤 음료수를 드릴까요?

# Magic 영단어 플러스! 플러스

음식점에 갔을 때 꼭 알아야 할 영어 단어들은 무엇일까요? 일하는 사람의 호칭이나 식사 등의 이름을 한번 알아 봐요.

- 손님 : customer
- 출납원(돈을 받는 사람) : cashier
- 요리사 : cook
- 지배인 : manager
- 음식을 나르는 남자 : waiter
- 음식을 나르는 여자 : waitress
- 메뉴(시킬 수 있는 음식의 종류) : menu
- 아침식사 : breakfast
- 점심식사 : lunch
- 저녁식사 : dinner
- 에피 타이저(주 요리 먹기 전에 먹는 요리) : appetizer
- 샐러드 : salad
- 수프 : soup
- 주 요리 : main dish
- 디저트(주 요리를 먹고 맨 나중에 먹는 음식) : dessert

# clothing

[klóuðiŋ] 클로우딩
명 옷

How many layers of clothing are you wearing?
하우 매니 레이어즈 어브 클로우딩 아 유- 웨어링

넌 옷을 몇 겹을 입고 있는 거니?

# footwear

[futwɛər] 풋웨어
명 신발

She runs a footwear shop.
쉬- 런즈 어 풋웨어 샵

그녀는 신발가게를 운영한다.

# accessories



명 장식품들

Tiny accessories were spread out on tables.

타이니 액세서리즈 워 스프레드 아웃 온 테이블즈

작은 장신구들이 테이블 위에 널려 있었다.

# gift

[gift] 기프트

명 선물, 증정

It is a gift for her.

잇 이즈 어 기프트 포 허

그것은 그녀를 위한 선물이에요.

# present

[préznt] 프레즌트

명 선물

This is a birthday present for you.

디스 이즈 어 버-쓰데이 프레즌트 포 유-

이것은 널 위한 생일 선물이야.

# half

[hæf] 해프

명 절반

It is half past ten.

잇 이즈 해프 패스트 텐

10시 반입니다.

# pair

[pɛər] 페어
**명** 한 쌍

I bought a **pair** of shoes.
아이 보-트 어 페어 어브 슈-즈

나는 신발 한 켤레를 샀어요.

# set

[set] 셋
**명** 한 벌

She bought a **set** of clothes that she could comfortably wear around the house.
쉬- 보-트 어 셋 어브 클로우즈 댓 쉬- 쿠드 컴포터블리 웨어 어라운드 더 하우스

그녀는 집에서 편히 입을 수 있는 옷을 한 벌 샀다.

# piece

[piːs] 피-스
**명** 한 조각

Is he wearing a three-**piece** suit?
이즈 히- 웨어링 어 쓰리- 피-스 수-트

그는 쓰리피스 정장을 입고 계시니?

# style

[stail] 스타일
**명** 종류, 방법

This is out of **style**.
디스 이즈 아웃 어브 스타일

이것은 유행이 지났어요.

# shape

[ʃeip] 쉐이프
圀 모양, 형태

**What shape is it?**
왓 쉐이프 이즈 잇

그것의 모양은 어때요?

# sort

[sɔːrt] 소-트
圀 종류

**How about this sort of shoes?**
하우 어바웃 디스 소-트 어브 슈-즈

이런 종류의 신발은 어떠세요?

# size

[saiz] 사이즈
圀 크기

**What size is it?**
왓 사이즈 이즈 잇

그것의 크기는 어느 정도입니까?

# model

[mádl] 마들
圀 모형, 모델

**This is an old model.**
디스 이즈 언 오울드 마들

이것은 구형이에요.

# quality [kwáləti] 콸러티
명 질, 품질

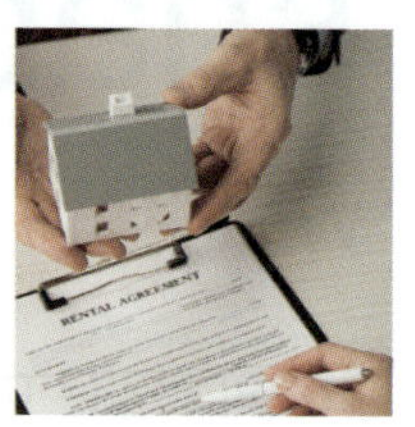

It is a good quality product.
잇 이즈 어 굿 콸러티 프라-덕트

그것은 고품질의 제품입니다.

# button [bʌtən] 버튼
명 단추

Button up!
버튼 업

입 다물어요!

# buttonhole [bʌtənhoul] 버튼호울
명 단추 구멍

The buttonhole is too narrow.
더 버튼호울 이즈 투- 내로우

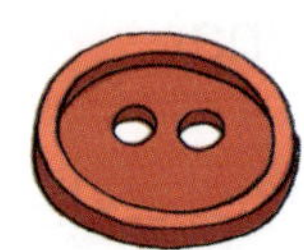

그 단추 구멍은 너무 좁아요.

# pocket [pákit] 파킷
명 호주머니

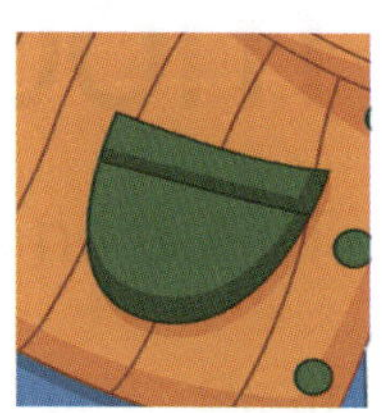

I was picked a pocket.
아이 워즈 픽트 어 파킷

나 소매치기 당했어.

# ribbon

[ríbən] 리번
**명** 리본

You look really nice with the blue ribbon.

유- 룩 리-얼리 나이스 위드 더 블루- 리번

너 파란색 리본이 너무 잘 어울린다.





# sleeve

[sli:v] 슬리-브
**명** 소매

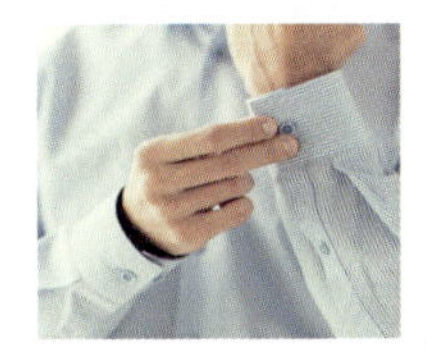

I rolled up my sleeves.

아이 로울드 업 마이 슬리-브즈

나는 소매를 걷어 붙이고 일을 시작했어요.

# collar

[kálər] 칼러
**명** 칼라

She flicked the dust off her collar.

쉬- 플릭트 더 더스트 오-프 허 칼러

그녀는 칼라에 묻은 먼지를 털어 냈다.

# zipper

[zípər] 지퍼
**명** 지퍼

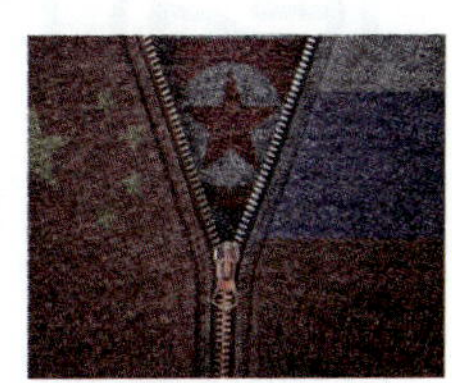

The zipper is open on your back.

더 지퍼 이즈 오우픈 온 유어 백

등에 있는 지퍼가 열려 있어요.

# shirt [ʃəːrt] 셔-트
### 명 셔츠

**I want this shirt dry-cleaned.**
아이 완트 디스 셔-트 드라이 클린-드

이 셔츠 드라이클리닝 해 주세요.

# blouse [blaus] 블라우스
### 명 블라우스

**I can't wear this blouse.**
아이 캔트 웨어 디스 블라우스

이 블라우스 못 입겠어.

# pants [pænts] 팬츠
### 명 바지

**My pants are blue.**
마이 팬츠 아 블루-

내 바지는 파란색이에요.

# jeans [dʒiːnz] 진-즈
### 명 청바지

**These jeans need washing.**
디즈 진-즈 니-드 워싱

이 청바지는 세탁을 해야 한다.

# skirt

[skə:rt] 스커-트
명 치마

**I put on a skirt.**
아이 풋 온 어 스커-트

나는 치마를 입어요.

# dress

[dres] 드레스
명 원피스

**Where did you buy your dress?**
웨어 디드 유- 바이 유어 드레스

원피스 어디서 샀어요?

# shorts

[ʃɔ:rts] 쇼-츠
명 반바지

**The boy is wearing shorts.**
더 보이 이즈 웨어링 쇼-츠

소년이 반바지를 입고 있다.

# sweater

[swétər] 스웨터
명 스웨터

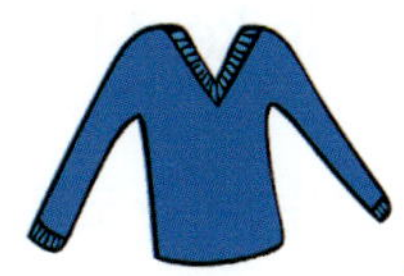

**My mother made me a sweater.**
마이 머더 메이드 미 어 스웨터

엄마가 스웨터를 만들어 주셨어요.

# vest [vest] 베스트
### 명 조끼

**Where is the life vest?**
웨어 이즈 더 라이프 베스트

구명조끼는 어디 있어요?

# suit [su:t] 수-트
### 명 정장

**This suit fits you well.**
디스 수-트 핏츠 유- 웰

이 정장은 너에게 잘 맞아.

# jacket [dʒækit] 재킷
### 명 재킷

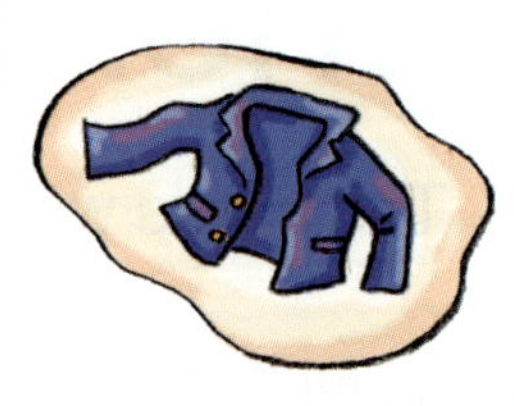

**She had a red jacket on.**
쉬- 해드 어 레드 재킷 온

그녀는 빨간 재킷을 입고 있었다.

# coat [kout] 코우트
### 명 코트

**He kept his coat on.**
히- 켑트 히즈 코우트 온

그는 계속 코트를 입고 있었다.

# uniform

[júːnəfɔ̀ːrm] 유-너폼-
명 유니폼

**I wear a school uniform to school.**
아이 웨어 어 스쿨- 유-너폼- 투 스쿨-

나는 학교에 갈 때 교복을 입어요.

# pajamas

[pədʒáːməz] 퍼자-머즈
명 파자마(잠옷)

**Put on your pajamas.**
풋 온 유어 퍼자-머즈

잠옷을 입어요.

# nightgown

[náitgàun] 나이트가운
명 잠옷

**I bought a pink nightgown.**
아이 보-트 어 핑크 나이트가운

나는 분홍색 잠옷을 샀다.

# raincoat

[réinkòut] 레인코우트
명 비옷

**Put on your raincoat.**
풋 온 유어 레인코우트

비옷을 입도록 해.

# sportswear

[spɔːrtswɛər] 스포-츠웨어
명 운동복

**Who is that player in white sportswear?**
후- 이즈 댓 플레이어 인 화이트 스포-츠웨어

하얀색 운동복을 입은 저 선수는 누구인가요?

# panties

[pǽntiz] 팬티즈
명 팬티

**a pair of panties**
어 페어 어브 팬티즈

팬티 한 벌

# bra

[braː] 브라-
명 브래지어

**It was a very cheap bra.**
잇 워즈 어 베리 치-프 브라-

그것은 아주 싼 브래지어였다.

# stockings

[stákiŋs] 스타킹즈
명 스타킹

**These stockings are not pairs.**
디즈 스타킹즈 아 낫 페어즈

이 스타킹은 짝짝이다.

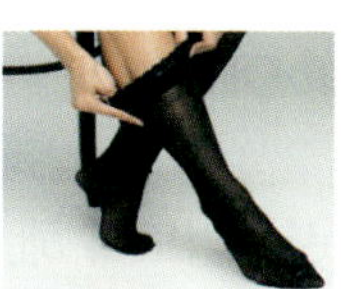

# socks
[saks] 삭스
**명** 양말

I've worn holes in all my socks.
아이브 원- 호울즈 인 올- 마이 삭스

내 양말들은 모두 많이 신어서 구멍이 났다.

# gloves
[glʌvz] 글러브즈
**명** 장갑

My gloves have been missing for ages.
마이 글러브즈 해브 빈 미싱 포 에이지즈

내 장갑이 없어진 지 한참 되었다.

# tie
[tai] 타이
**명** 넥타이

Is my tie straight?
이즈 마이 타이 스트레이트

제 넥타이가 똑바로 됐어요?

# scarf
[ska:rf] 스카-프
**명** 목도리

Someone has taken my scarf.
섬원 해즈 테이큰 마이 스카-프

누군가가 내 목도리를 가져갔어.

# handkerchief

[hǽŋkərtʃif] 행커치프　**명** 손수건

**She waved her handkerchief to us.**
쉬- 웨이브드 허 행커치프 투 어스

그녀는 우리들을 향해 손수건을 흔들었다.

# hat

[hæt] 햇　**명** 모자

**He is wearing a hat.**
히- 이즈 웨어링 어 햇

그는 모자를 쓰고 있어요.

# baseball cap

[béisbɔ̀:l kæp] 베이스볼- 캡　**명** 야구모자

**This is a baseball cap.**
디스 이즈 어 베이스볼- 캡

이것은 야구모자야.

# slippers

[slípərs] 슬리퍼스
**명** 슬리퍼

She changed into slippers.
쉬- 체인지드 인투 슬리퍼스

그녀는 슬리퍼로 바꿔 신었다.

# sandals

[sǽndls] 샌들스
**명** 샌들

How do you like those sandals?
하우 두- 유- 라이크 도우즈 샌들스

그 샌달 맘에 드세요?

# sneakers

[sníːkərz] 스니-커즈
**명** 고무창 운동화

I plan to get him new sneakers!
아이 플랜 투 겟 힘 뉴- 스니-커즈

나는 그에게 새 운동화를 사줄 계획이란다!

# shoes

[ʃuːsz] 슈-즈
**명** 신발

If the shoe fits, wear it.
이프 더 슈- 핏츠 웨어 잇

그 말이 타당하다고 생각하면 받아들여라.

# boots

[buːts] 부－츠
명 부츠

We dried our boots off by the fire.
위 드라이드 아우어 부－츠 오－프 바이 더 파이어

우리는 불 옆에다 신발을 말렸다.

# sunglasses

[sʌnglǽsiz] 선글래시즈
명 선글라스

Where did you get those sunglasses?
웨어 디드 유－ 겟 도우즈 선글래시즈

선글라스 어디서 산 거야?

# jewelry

[dʒúːəlri] 주－얼리
명 보석류

She never wears jewelry.
쉬－ 네버 웨어즈 주－얼리

그녀는 보석류를 절대 걸치지 않는다.

# ring

[riŋ] 링
명 반지

She is wearing a gold ring.
쉬－ 이즈 웨어링 어 고울드 링

그녀는 금반지를 끼고 있어요.

# earrings
[iriŋs] 이어링즈
**명** 귀걸이

You'd better get your earrings off.
유-드 베터 겟 유어 이어링즈 오-프

귀걸이를 빼는 게 좋을 거야.

# necklace
[néklis] 네클리스
**명** 목걸이

Your necklace is like mine.
유어 네클리스 이즈 라이크 마인

당신 목걸이는 내 것과 똑같군요.

# bracelet
[bréislit] 브레이슬릿
**명** 팔찌

Her bracelet was set with emeralds.
허 브레이슬릿 워즈 셋 위드 에머럴즈

그녀의 팔찌에는 에메랄드가 박혀 있었다.

# hairpin
[hɛərpin] 헤어핀
**명** 장식 핀

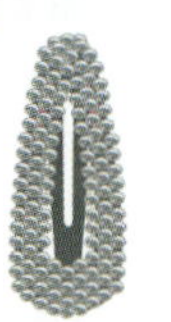

I just bought a beautiful hairpin.
아이 저스(트) 보-트 어 뷰-터펄 헤어핀

금방 아름다운 머리핀을 샀어.

# watch [watʃ] 와치

**명** 손목시계

Do you have a watch?
두- 유- 해브 어 와치

지금 몇 시예요?

---

# belt [belt] 벨트

**명** 벨트

I should tighten my belt.
아이 슈드 타이튼 마이 벨트

나는 허리띠를 졸라매야 해요.

---

# key ring [ki: riŋ] 키-링

**명** 열쇠고리

I bought a new key ring for my friend.
아이 보-트 어 뉴- 키- 링 포 마이 프렌드

나는 친구를 위해서 새 열쇠고리를 샀어요.

---

# wallet [wálit] 왈릿

**명** 지갑

I lost my wallet.
아이 로-스트 마이 왈릿

저는 지갑을 잃어버렸어요.

# book bag
[buk bæg] 북 백
명 책가방

**Where is my book bag?**
웨어 이즈 마이 북 백

내 책가방 어디에 있어요?

# backpack
[bækpæk] 백팩
명 배낭

**Where is your backpack?**
웨어 이즈 유어 백팩

너의 배낭은 어디에 있니?

# umbrella
[ʌmbrélə] 엄브렐러
명 우산

**Don't forget to bring your umbrella.**
돈트 퍼겟 투 브링 유어 엄브렐러

우산 가져가는 것 잊지 말아라.

# wool
[wul] 울
명 울(양털로 만든 옷감)

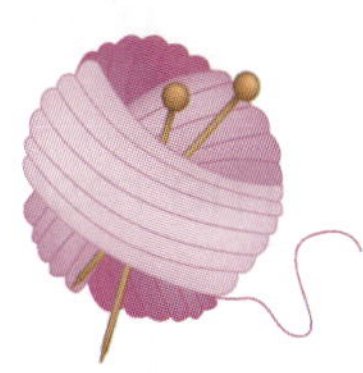

**This is made of wool.**
디스 이즈 메이드 어브 울

이것은 울로 만들어졌어요.

# silk

[silk] 실크

명 실크(누에고치집으로 만든 옷감)

**She is wearing a skirt made of silk.**

쉬- 이즈 웨어링 어 스커-트 메이드 어브 실크

그녀는 비단으로 만든 치마를 입고 있어요.

# cotton

[kátn] 카튼

명 면(목화나무 열매로 만든 옷감)

**This is made of cotton.**

디스 이즈 메이드 어브 카튼

이것은 면으로 만들어졌어요.

# leather

[léðər] 레더

명 가죽(동물의 가죽으로 만든 옷감)

**It is a leather jacket.**

잇 이즈 어 레더 재킷

이것은 가죽 자켓이에요.

# nylon

[náilan] 나일란

명 나일론(화학섬유로 만든 옷감)

**The rest was made of nylon.**

더 레스트 워즈 메이드 어브 나일란

나머지는 나일론으로 되어 있어요.

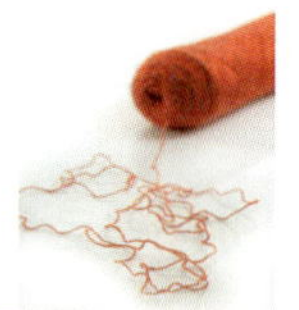

# Magic 영단어 플러스! 플러스

◎ 제시된 그림을 보고 맞는 이름을 적어 봐요.

# 형용사와 부사
## Adjective and Adverb

## 형용사

형용사는 사람이나 사물의 형태, 상태, 성질 등을 묘사하는 말이에요. 형용사는 명사 앞이나 뒤에서 그 명사를 꾸며주는 한정형용사와 문장에서 주어나 목적어를 보충해주는 서술형용사가 있어요.

예를 들어, beautiful girl(아름다운 소녀)에서 beautiful(아름다운)은 girl(소녀)라는 명사를 꾸며주는 한정형용사예요. 반면에 He is brave.(그는 용감하다.)라는 문장에서 brave(용감한)는 He(그 남자)라는 주어를 보충설명해 주는 서술형용사입니다. 더 자세히 주어를 보충 설명해 주기 때문에 주격서술형용사라고 하지요. 너무 어렵나요?

형용사가 서술적인 용법으로 쓰이기 때문에 동사와 혼동하는 경우가 있는데요. 영어에서는 형용사만으로는 서술어가 될 수 없어요. 동사는 사람이나 사물의 움직임을 설명하는 말이라는 것만 확실히 기억해 두면 형용사와 혼동되지 않을 거예요. 형용사를 많이 알고 있으면 여러 가지 상황을 영어로 풍부하게 설명할 수 있어 좋아요.

# 부사

부사는 형용사와 동사를 꾸며주는 말이에요.
예를 들면, She is very kind.(그녀는 매우 친절하다.)라는 문장에서
very(매우)는 kind(친절한)이라는 형용사를 꾸며주는 부사입니다.
그리고 He walks fast. (그는 빨리 걷는다.)라는 문장에서 fast(빨리)
는 walks(걷다)라는 동사를 꾸며주는 부사입니다.

가끔 부사만으로도 어떤 뜻을 표현할 수 있어요.
뜻이 형용사와 비슷하지만, 꾸며주는 말이 다르기 때문에 잘 구분할
수 있어요. 가장 대표적인 구분 방법은 형용사에 -ly가 붙은 것이 부
사가 되는 경우가 많아요. 예를 들어 kind에 -ly를 붙이면 kindly(친
절하게)라는 부사가 된답니다.
그럼 부사에는 어떤 것이 있는지 알아 봐요.

# good [gud] 굿
**형** 좋은

She is a **good** girl.
쉬- 이즈 어 굿 걸-

그녀는 착한 아이에요.

# better [bétər] 베터
**형** 보다 나은, 더 좋은

She is **better** than you.
쉬- 이즈 베터 댄 유-

그녀가 당신보다 나아요.

# best
[best] 베스트
형 최고의, 가장 좋은

**You are the best.**
유- 아 더 베스트

네가 최고야.

# bad
[bæd] 배드
형 나쁜

**He is a bad boy.**
히- 이즈 어 배드 보이

그는 나쁜 아이예요.

# worse
[wə:rs] 워-스
형 더욱 나쁜

**The situation is getting worse.**
더 시추에이션 이즈 게팅 워-스

상황이 더욱 나빠지고 있어요.

# worst
[wə:rst] 워-스트
형 가장 나쁜, 최악의

**She was the worst player of the five.**
쉬- 워즈 더 워-스트 플레이어 어브 더 파이브

그녀는 5명 중에서 가장 최악의 선수였어요.

# pretty [príti] 프리티
형 예쁜

**The dog is very pretty.**
더 도-그 이즈 베리 프리티

그 강아지는 매우 예뻐요.

# handsome [hǽnsəm] 핸섬
형 잘생긴

**He is handsome.**
히- 이즈 핸섬

그는 잘생겼어요.

# beautiful [bjú:təfəl] 뷰-터펄
형 아름다운

**The flower is very beautiful.**
더 플라워 이즈 베리 뷰-터펄

그 꽃은 매우 아름다워요.

# ugly [ʌ́gli] 어글리
형 보기 싫은

**He is ugly.**
히- 이즈 어글리

그는 못생겼어요.

# many

[méni] 메니
형 많은(수의)

There are many people in the park.
데어 아 메니 피-플 인 더 파-크

공원에 사람들이 많아요.

# much

[mʌtʃ] 머치
형 많은(양의)

I have much homework.
아이 해브 머치 홈워-크

나는 숙제가 많아요.

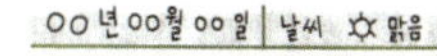

# numerous

[njú:mərəs] 뉴-머러스
형 매우 많은, 엄청난

There were numerous people in the park.
데어 워 뉴-머러스 피-플 인 더 파-크

공원에 사람들이 매우 많았어요.

# big

[big] 빅
형 큰

He has a big mouth.
히- 해즈 어 빅 마우스

그는 입이 가벼워요.

# more [mɔːr] 모-어
형 더

I need some more.
아이 니드 섬 모-어

조금 더 주세요.

# large [laːrdʒ] 라-지
형 큰

The house is large.
더 하우스 이즈 라-지

집이 커요.

# tiny [táini] 타이니
형 조그만, 아주 작은

The doll is very tiny.
더 달- 이즈 베리 타이니

인형이 매우 작아요.

# little [lítl] 리틀
형 작은, 적은

There is little hope.
데어 이즈 리틀 호우프

희망이 없어요.

# small

[smɔːl] 스몰-
(형) 작은

This isn't a **small** mistake.
디스 이즌트 어 스몰- 미스테이크

그것은 작은 실수가 아니예요.

# few

[fjuː] 퓨-
(형) 적은, 거의 없는

There are **few** people in the class.
데어 아 퓨- 피-플 인 더 클래스

교실에는 사람이 거의 없어요.

# enough

[inʌf] 이너프
(형) 충분한

I don't have **enough** money.
아이 돈트 해브 이너프 머니

나는 돈이 충분하지 않아요.

# most

[moust] 모우스트
(형) 대부분의

**Most** people know about it.
모우스트 피-플 노우 어바웃 잇

대부분의 사람들은 그것에 대해 알아요.

# every
[évri] 에브리
(형) 모든, 일체의

I keep my diary **every**day.
아이 킵- 마이 다이어리 에브리데이

나는 매일 일기를 써요.

# all
[ɔːl] 올-
(형) 모든(치수)

Is that **all**?
이즈 댓 올-

그게 전부야?

# whole
[houl] 호울
(형) 전체의

What did you do during your **whole** weekend?
왓 디드 유- 두- 듀-링 유어 호울- 위-켄드

너는 주말 내내 무얼 했니?

# short
[ʃɔːrt] 쇼-트
(형) 짧은

She is wearing a **short** skirt.
쉬- 이즈 웨어링 어 쇼-트 스커-트

그녀는 짧은 치마를 입고 있어요.

# thorough

[θə́ːrou] 써-로우
**형** 완전한, 철저한

**Everything was in a thorough mess.**
에브리씽 워즈 인 어 써-로우 메스

모든 것이 완전히 엉망진창이었다.

# tall

[tɔːl] 톨-
**형** 키가 큰

**He is a tall guy.**
히- 이즈 어 톨- 가이

그는 키가 커요.

# long

[lɔːŋ] 롱-
**형** 긴

**He has long legs.**
히- 해즈 롱- 레그즈

그는 다리가 길어요.

# high

[hai] 하이
**형** 높은

**The building is very high.**
더 빌딩 이즈 베리 하이

그 건물은 매우 높아요.

# low [lou] 로우
### 형 낮은

**The temperature is very low.**
더 템퍼러처 이즈 베리 로우

온도가 매우 낮아요.

# wide [waid] 와이드
### 형 넓은

**I had my eyes wide open.**
아이 해드 마이 아이즈 와이드 오우픈

나는 정신을 바짝 차렸어요.

# broad [brɔːd] 브로-드
### 형 널따란, 매우 넓은

**He is broad-minded.**
히- 이즈 브로-드 마인디드

그는 마음이 넓어요.

# narrow
[nǽrou] 내로우
형 좁은

**She is narrow-minded.**
쉬- 이즈 내로우 마인디드

그녀는 속이 좁아요.

# young
[jʌŋ] 영
형 젊은

**You're so young.**
유-아 쏘우 영

당신은 너무 어려요.

# new
[nu:] 뉴-
형 새로운

**This is a new model.**
디스 이즈 어 뉴- 마들

이것은 신형이에요.

# old
[ould] 오울드
형 낡은, 늙은

**You're old enough to do it by yourself.**
유-아 오울드 이너프 투 두- 잇 바이 유어셀프

너는 그것을 혼자 할 정도로 나이가 들었다.

# eldest

[éldist] 엘디스트
형 가장 나이가 많은

**He is the eldest.**
히- 이즈 디 엘디스트

그는 나이가 가장 많아요.

# late

[leit] 레이트
형 늦은

**I'm late for school.**
아임 레이트 포 스쿨-

나는 학교에 늦었어요.

# slow

[slou] 슬로우
형 느린

**Slow and steady wins the race.**
슬로우 앤드 스테디 윈즈 더 레이스

느리더라도 착실하게 가면 결국은 이긴다.

# fast

[fæst] 패스트
형 빠른

**He is fast.**
히- 이즈 패스트

그는 빨라요.(걸음이나 행동 등)

# quick

[kwik] 퀵
형 빠른, 신속한

I want a **quick** answer.
아이 완트 어 퀵 앤서

저는 빠른 대답을 원해요.

# soft

[sɔːft] 소-프트
형 부드러운

The bread is very **soft**.
더 브레드 이즈 베리 소-프트

그 식빵은 매우 부드러워요.

# hard

[haːrd] 하-드
형 딱딱한

The bread is very **hard**.
더 브레드 이즈 베리 하-드

빵이 아주 딱딱하다.

# thin

[θin] 씬
형 얇은

He is very **thin**.
히- 이즈 베리 씬

그는 매우 말랐어요.

# thick

[θik] 씩
형 두꺼운

**This book is very thick.**
디스 북 이즈 베리 씩

이 책은 매우 두꺼워요.

# fat

[fæt] 팻
형 뚱뚱한

**She is a little fat.**
쉬- 이즈 어 리틀 팻

그 여자는 약간 뚱뚱해요.

# light

[lait] 라이트
형 가벼운, 밝은

**This bag is very light.**
디스 백 이즈 베리 라이트

이 가방은 매우 가벼워요.

# heavy

[hévi] 헤비
형 무거운

**It's too heavy for me to carry.**
잇츠 투- 헤비 포 미 투 캐리

이것이 너무 무거워서 옮길 수가 없어요.

# moist

[mɔist] 모이스트
**(형)** 축축한

**I want to have a moist skin.**
아이 완트 투 해브 어 모이스트 스킨

나는 촉촉한 피부를 갖고 싶어요.

# wet

[wet] 웨트
**(형)** 젖은

**The floor is wet.**
더 플로어- 이즈 웨트

마루가 젖어 있어요.

# dry

[drai] 드라이
**(형)** 마른

**Is my shirt dry yet?**
이즈 마이 셔-트 드라이 옛

내 셔츠 벌써 말랐어요?

# bright

[brait] 브라이트
형 밝은

**She is a bright person.**
쉬- 이즈 어 브라이트 퍼-슨

그녀는 밝은 사람이에요.

# dark

[da:rk] 다-크
형 어두운

**It is dark outside.**
잇 이즈 다-크 아웃사이드

밖이 어두워요.

# loose

[lu:s] 루-스
형 느슨한

**My tooth is loose.**
마이 투-쓰 이즈 루-스

제 이가 흔들려요.

# tight

[tait] 타이트
형 단단한, 꼭 끼는

**This suit is too tight.**
디스 수-트 이즈 투- 타이트

이 옷이 너무 끼어요.

# smooth

[smuːð] 스무-드
형 부드러운

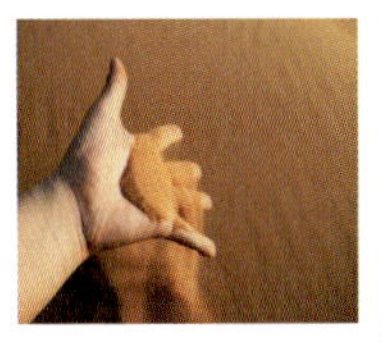

This coffee has a **smooth**, rich taste.
디스 코-피 해즈 어 스무-드 리치 테이스트

이 커피는 맛이 부드럽고 진하다.

# rough

[rʌf] 러프
형 거친

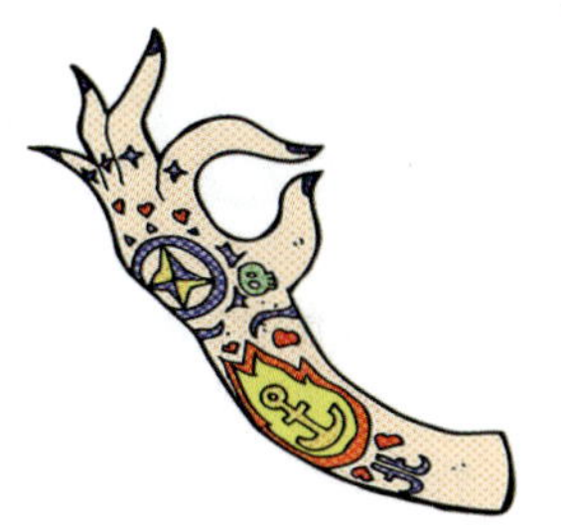

Her hands aren't **rough**.
허 핸즈 안-트 러프

그녀의 손은 거칠지 않아요.

# tough

[tʌf] 터프
형 거친(강한)

He is so **tough**.
히- 이즈 쏘우 터프

그는 매우 터프해요.

# deep

[diːp] 딥-
형 깊은

Still waters run **deep**.
스틸 워-터즈 런 딥-

깊은 강물은 소리 없이 흐른다.

# shallow

[ʃǽlou] 쉘로우
(형) 얕은

**The boat is in shallow water.**
더 보우트 이즈 인 쉘로우 워-터

보트가 얕은 물에 있다.

# neat

[ni:t] 니-트
(형) 단정한, 깔끔한

**His room is very neat.**
히즈 룸- 이즈 베리 니-트

그의 방은 매우 깔끔해요.

# messy

[mési] 메시
(형) 어질러진, 지저분한

**My room is very messy.**
마이 룸- 이즈 베리 메시

내 방은 어지러워요.

# clean

[kli:n] 클린-
(형) 청결한, 깨끗한

**His room is very clean.**
히즈 룸- 이즈 베리 클린-

그의 방은 매우 깨끗해요.

# dirty

[də́:rti] 더-티
형 더러운, 불결한

It's dirty.
잇츠 더-티

그것은 더러워요.

# fancy

[fǽnsi] 팬시
형 화려한, 장식적인

I went to the fancy restaurant with my boyfriend.
아이 웬트 투 더 팬시 레스터런트 위드 마이 보이프렌드

나는 남자친구와 분위기 있는 레스토랑에 갔어요.

# plain

[plein] 플레인
형 평범한, 검소한

Can you tell me in plain English?
캔 유- 텔 미 인 플레인 잉글리쉬

쉬운 영어(말)로 말씀해 주시겠어요?

# equal

[íːkwəl] 이-퀄
⑱ 같은, 동등한

**They have equal rights.**
데이 해브 이-퀄 라이츠

그들은 동등한 권리가 있어요.

# same

[seim] 세임
⑱ 같은

**We are the same age.**
위 아 더 세임 에이지

우리는 같은 나이예요.

# alike

[əláik] 어라이크
⑱ 서로 똑같은, 비슷한

**They are just alike.**
데이 아 저스트 어라이크

그것들은 서로 비슷해요.

# different

[dífərənt] 디퍼런트
⑱ 다른

**It is different from that.**
잇 이즈 디퍼런트 프럼 댓

그것은 저것과는 달라요.

# easy

[íːzi] 이-지
**형** 쉬운

It is not an **easy** problem.
잇 이즈 낫 언 이-지 프라블럼

그것은 쉬운 문제가 아니예요.

# difficult

[dífikʌlt] 디피컬트
**형** 어려운

Question 3 was very **difficult**.
퀘스천 쓰리- 워즈 베리 디피컬트

3번 문제는 아주 어려웠다.

# hard

[haːrd] 하-드
**형** 어려운, 단단한

It is a very **hard** question to answer.
잇 이즈 어 베리 하-드 퀘스천 투 앤서

그것은 대답하기 매우 어려운 질문이에요.

# empty

[émpti] 엠(프)티
**형** 빈

It's **empty** now.
잇츠 엠(프)티 나우

그곳은 지금 비어있어요.

# full [ful] 풀

형 가득찬

**I'm full.**
아임 풀

배불러요.

# expensive [ikspénsiv] 익스펜시브

형 비싼

**It is very expensive.**
잇 이즈 베리 익스펜시브

그것은 매우 비싸요.

# cheap [tʃiːp] 칩–

형 싼

**It's not cheap.**
잇츠 낫 칩–

그것은 싸지 않아요.

# quiet [kwáiət] 콰이어트

형 조용한

**Be quiet.**
비 콰이어트

조용히 하세요.

# silent

[sáilənt] 사일런트
형 침묵하는, 조용한

**Silent** is gold.
사일런트 이즈 고울드

침묵은 금이다.

# noisy

[nɔ́izi] 노이지
형 시끄러운, 요란한

It's too **noisy**.
잇츠 투- 노이지

너무 시끄러워.

# loud

[laud] 라우드
형 시끄러운

Don't speak too **loud**.
돈트 스피-크 투- 라우드

너무 시끄럽게 이야기하지 마세요.

# married

[mǽrid] 매리드
형 결혼한

Are you **married**?
아 유- 매리드

당신은 결혼했나요?

473

# single

[síŋgl] 싱글
형 혼자의, 결혼 안 한

**I'm single.**
아임 싱글

저는 미혼이에요.

# rich

[ritʃ] 리치
형 부자인, 부유한

**He seems to be rich.**
히- 심-즈 투 비 리치

그는 부자인 것 같아요.

# wealthy

[wélθi] 웰씨
형 부자인

**He is wealthy.**
히- 이즈 웰씨

그는 부자예요.

# poor

[puər] 푸어
형 가난한, 불쌍한, 서툰

**I'm poor at English.**
아임 푸어 앳 잉글리쉬

나는 영어를 잘 못해요.

# open [óupən] 오우픈
형 연

The door is open.
더 도어- 이즈 오우픈

문이 열려 있어요.

# close [klouz] 클로우즈
형 닫은, 가까운

Don't come too close!
돈트 컴 투- 클로우즈

너무 가까이 오지 마!

# distant [dístənt] 디스턴트
형 먼

He's a distant cousin of mine.
히-즈 어 디스턴트 커즌 어브 마인

그는 나의 먼 친척이다.

# simple [símpl] 심플
형 간단한

It is a simple question.
잇 이즈 어 심플 퀘스천

그것은 간단한 질문이에요.

# complex [kəmpléks] 컴플렉스

형 복잡한

**The question is too complex.**

더 퀘스천 이즈 투- 컴플렉스

이 질문은 너무 복잡해요.

# present [préznt] 프레즌트

형 출석한, 현재의

**Is he present?**

이즈 히- 프레즌트

그는 출석했나요?

# absent [ǽbsənt] 앱선트

형 결석한

**I was absent from school yesterday.**

아이 워즈 앱선트 프럼 스쿨- 예스터데이

저는 어제 학교를 결석했습니다.

# ancient

[éinʃənt] 에인션트
형 옛날의, 고대의

**There are a lot of ancient relics in the museum.**
데어 아 어 랏 어브 에인션트 레릭스 인 더 뮤-지엄

박물관에는 고대의 많은 유물들이 있어요.

# delicious

[dilíʃəs] 딜리셔스
형 매우 맛있는

**The food is very delicious.**
더 푸-드 이즈 베리 딜리셔스

그 음식은 매우 맛있어요.

# sweet

[swi:t] 스위-트
형 달콤한

**You're so sweet.**
유-아 쏘우 스위-트

너는 매우 친절해.

# bitter
[bítər] 비터
형 맛이 쓴, 쓰라린, 지독한

It tastes bitter.
잇 테이스츠 비터

맛이 써요.

# salty
[sɔ́:lti] 솔-티
형 맛이 짠

It is very salty.
잇 이즈 베리 솔-티

그것은 매우 짜요.

# hot
[hat] 핫
형 맛이 매운

It's very hot.
잇츠 베리 핫

너무 매워요.

# central
[séntrəl] 센트럴
형 중심의

My office is in the central city.
마이 오-피스 이즈 인 더 센트럴 시티

나의 회사는 도시의 중심가에 있어요.

# middle

[mídl] 미들
형 중간의

I was standing in the middle of the road.
아이 워즈 스탠딩 인 더 미들 어브 더 로우드

나는 도로 한가운데에 서 있었다.

in the middle drawer of the desk.
인 더 미들 드로– 어브 더 데스크

책상 중간 서랍에

# medium

[míːdiəm] 미–디엄
형 중간의, 보통의

Medium size, please.
미–디엄 사이즈 플리–즈

중간 사이즈 주세요.

# left

[left] 레프트
형 왼쪽의

Turn to the left.
턴– 투 더 레프트

왼쪽으로 도세요.

# right

[rait] 라이트
형 오른쪽의

Turn to the right.
턴- 투 더 라이트

오른쪽으로 도세요.

# both

[bouθ] 보우쓰
형 양쪽의

I'll take both.
아일 테이크 보우쓰

둘 다 사겠어요.

# either

[íːðər] 이-더
형 어느 한쪽의

Either you or I am wrong.
이-더 유- 오어- 아이 엠 롱-

너나 나 둘 중에 하나는 잘못이다.

# other

[ʌðər] 어더
형 그 밖의

Any other good advice?
애니 어더 굿 어드바이스

다른 좋은 조언이라도 있으십니까?

# any

[əni] 에니
형 무언가의, 얼마간의

Do you have any questions?
두- 유- 해브 에니 퀘스천즈

질문 있으세요?

# some

[səm] 섬
형 어떤, 어느

Would you like to have some more?
우드 유- 라이크 투 해브 섬 모-어

좀 더 드실래요?

# another

[ənʌðər] 어너더
형 또 하나의, 다른

Do you have another one?
두- 유- 해브 어너더 원

다른 것 있나요?

# own

[oun] 오운
형 자기 자신의

I have my own idea.
아이 해브 마이 오운 아이디-어

나는 나만의 생각이 있어요.

# each [iːtʃ] 이-치
형 각자의

**They love each other.**
데이 러브 이-치 어더

그들은 서로 사랑해요.

# next [nekst] 넥스트
형 다음의

**What is the next station?**
왓 이즈 더 넥스트 스테이션

다음 역은 어디죠

# last [læst] 래스트
형 마지막의

**This is my last chance.**
디스 이즈 마이 래스트 챈스

이것이 나의 마지막 기회예요.

# final [fáinl] 파이늘
형 마지막의, 최후의

**When is the final round?**
웬 이즈 더 파이늘 라운드

결승이 언제예요?

# extra

[ékstrə] 엑스트러
ᄒᆼ 여분의, 특별한

**We want extra ketchup and two straws.**
위 완트 엑스트러 케첩 앤드 투- 스트로-즈

여분의 케첩과 빨대 두 개 주세요.

# several

[sévərəl] 세버럴
ᄒᆼ 몇몇의, 몇 사람의

**I saw several people standing there.**
아이 소- 세버럴 피-플 스탠딩 데어

나는 몇 몇의 사람들이 그 곳에 서 있는 것을 보았어요.

# only

[óunli] 오운리
ᄒᆼ 유일한, 단 하나의

**You are the only one for me.**
유- 아 디 오운리 원 포 미

당신은 나의 전부입니다.

# rare

[rɛər] 레어
ᄒᆼ 드문, 희귀한

**It is a rare bird.**
잇 이즈 어 레어 버-드

그것은 희귀한 새예요.

# particular

[pərtíkjulər] 퍼티큐러
혱 특이한, 특별한

I have a **particular** interest for it.
아이 해브 어 퍼티큐러 인터리스트 포 잇

나는 그것에 특별한 관심을 가지고 있어요.

# common

[kámən] 카먼
혱 공통의, 보통의, 흔한

We have no **common** interests.
위 해브 노 카먼 인터리스츠

우리는 공통의 관심사가 없어요.

# ordinary

[ɔ́ːrdənèri] 오-드네리
혱 보통의, 평범한

I'm an **ordinary** person.
아임 언 오-드네리 퍼-슨

저는 평범한 사람입니다.

# shiny

[ʃáini] 샤이니
혱 빛나는

Look at the **shiny** shoes.
룩 앳 더 샤이니 슈-즈

반짝 반짝 빛나는 구두 좀 보세요.

# sharp

[ʃaːrp] 샤-프
<형> 날카로운

**The knife is very sharp.**
더 나이프 이즈 베리 샤-프

칼이 매우 날카로워요.

# dull

[dʌl] 덜
<형> 무딘, 둔한

**The knife is very dull.**
더 나이프 이즈 베리 덜

칼이 매우 무뎌요.

# swollen

[swəulən] 스월런
<형> 부은, 부푼

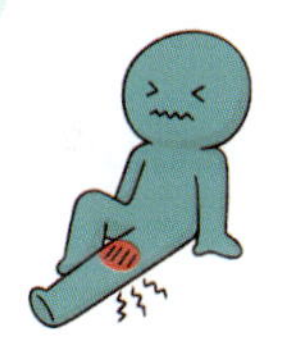

**My legs are swollen.**
마이 레그즈 아 스월런

다리가 부었어요.

# senior

[síːnjər] 시-니어
<형> 연상의, 선배의

**She is my senior.**
쉬- 이즈 마이 시-니어

그녀는 나의 선배입니다.

# junior

[dʒúːnjər] 주-니어
형 연하의, 후배의

He is my junior.
히- 이즈 마이 주-니어

그는 나의 후배입니다.

# raw

[rɔː] 로-
형 날것의

I like raw fish.
아이 라이크 로- 피쉬

저는 생선회를 좋아해요.

# well-done

[wel dʌn] 웰던
형 잘 익은, 잘 한

Medium well-done please.
미-디엄 웰 던 플리-즈

중간으로 잘 익혀주세요.

# round

[raund] 라운드
형 둥근

Is it round?
이즈 잇 라운드

그것은 둥그렇습니까?

# flat [flæt] 플랫
형 평평한, 바람 빠진

**I have a flat tire.**
아이 해브 어 플랫 타이어

타이어에 펑크가 났어요.

# various [vέəriəs] 베(어)리어스
형 다양한

**I have various hobbies.**
아이 해브 베(어)리어스 하비즈

나는 취미가 다양해요.

# deaf [def] 데프
형 귀머거리의

**He is deaf.**
히- 이즈 데프

그는 귀머거리예요.

# public [pʌblik] 퍼블릭
형 공적인, 대중의

**The nearest public lavatory is at the station.**
더 니어리스트 퍼블릭 래버토-리 이즈 앳 더 스테이션

가장 가까운 공중 화장실은 기차역에 있다.

# civil [sívəl] 시벌
### 형 시민의

**She got involved in the Civil Rights movement.**
쉬- 갓 인발브드 인 더 시벌 라이츠 무브먼트

그녀는 민권 운동에 참여했다.

# royal [rɔ́iəl] 로열
### 형 국왕의

**Royal blood runs in his veins.**
로열 블러드 런즈 인 히즈 베인즈

그에게는 왕족의 피가 흐르고 있다.

# noble [nóubl] 노우블
### 형 지위가 높은, 고귀한

**She has a noble spirit.**
쉬- 해즈 어 노우블 스피리트

그는 고귀한 영혼을 지녔다.

# brief [bri:f] 브리-프
### 형 잠시의, 간결한

**I'll make a brief comment about it.**
아일 메이크 어 브리-프 카-멘트 어바웃 잇

제가 그것에 대해서 간단히 언급하겠습니다.

# casual
[kǽʒuəl] 캐주얼
(형) 우연의

It was a casual meeting.
잇 워즈 어 캐주얼 미-팅

그것은 우연한 만남이었다.

# usual
[júːʒuəl] 유-주얼
(형) 보통의

I went to school as usual.
아이 웬트 투 스쿨- 애즈 유-주얼

나는 평소처럼 학교에 갔다.

# special
[spéʃəl] 스페셜
(형) 특별한

What is the today's special?
왓 이즈 더 투데이즈 스페셜

오늘의 특별 요리가 무엇입니까?

# capital
[kǽpətl] 케퍼틀
(형) 주요한, 최고급의

Capital!
캐퍼틀

최고야!

# elementary

[èləméntəri] 엘러멘터리
형 기본의, 초등의

We are elementary students.
위 아 엘러멘터리 스튜-든츠

우리는 초등학생입니다.

# original

[ərídʒənl] 어리저늘
형 원래의, 최초의

That line isn't in the original script.
댓 라인 이즌트 인 디 어리저늘 스크립트

저 대사는 원래 대본에는 없는 것이다.

# foreign

[fɔ́ːrən] 포-린
형 외국의

My hobby is collecting foreign coins.
마이 하비 이즈 컬렉팅 포-린 코인즈

나의 취미는 외국 동전을 모으는 것입니다.

# economic

[èkənámik] 에커나믹
형 경제의

Economic growth has slowed a little.
에커나믹 그로우쓰 해즈 슬로우드 어 리틀

경제 성장이 약간 둔화되었다.

# dozen

[dʌzn] 더즌
형 한 다스의, 12개의

**There is a dozen pencils.**
데어 이즈 어 더즌 펜슬즈

연필이 한 다스 있어요.

# daily

[déili] 데일리
형 매일의, 일상의

**The plants want watering daily.**
더 플랜츠 완트 워-터링 데일리

그 화초들은 매일 물을 주어야 한다.

# counter

[káuntər] 카운터
형 반대의

**They are going to the counter direction.**
데이 아 고우잉 투 더 카운터 디렉션

그들은 반대 방향으로 가고 있어요.

# bare

[bɛər] 베어
형 벌거벗은, 텅 빈

**Look at the bare mountain.**
룩 앳 더 베어 마운틴

민둥산을 보세요.



사람과 사물의 묘사

# such
[sətʃ] 서치
(형) 그러한

**Why did you make such a mistake?**
와이 디드 유- 메이크 서치 어 미스테이크

너는 왜 그런 실수를 했니

# broken
[bróukən] 브로우컨
(형) 고장난

**My car was broken.**
마이 카- 워즈 브로우컨

제 차가 고장이 났어요.

# missing
[mísiŋ] 미싱
(형) 떨어진

**A page is missing.**
어 페이지 이즈 미싱

한 페이지가 빠져 있어요.

# wrinkled
[ríŋkld] 링클드
(형) 구겨진

**He has a wrinkled face.**
히- 해즈 어 링클드 페이스

그의 얼굴은 주름살이 졌어요.

## ◎ 다음의 문장을 완성해 보세요.

- **He is a (　　　) person.**
  그 사람은 좋은 사람입니다.

- **I'm in a (　　　) mood.**
  저는 기분이 좋지 않아요!

- **That's (　　　).**
  그것으로 충분해요!

- **How (　　　) are you?**
  너는 키가 얼마니?

- **My tooth is (　　　).**
  제 이가 흔들려요.

- **Take it (　　　).**
  마음을 편히 가져.

- **Are you (　　　)?**
  당신은 미혼인가요?

- **I have a (　　　) tire.**
  제 타이어가 펑크가 났어요.

- **The child is (　　　).**
  그 아이가 행방불명 되었어요.

답 nice, bad, enough, tall, loose, easy, single, flat, missing

# nice
[nais] 나이스
형 좋은, 멋진

**Have a nice day.**
해브 어 나이스 데이

좋은 하루 보내세요.

# fine
[fain] 파인
형 훌륭한, 좋은

**I'm fine.**
아임 파인

저는 잘 지내요.

# good
[gud] 굿
형 좋은, 훌륭한, 착한

You are a **good** girl.
유- 아 어 굿 걸-

너는 착한 소녀입니다.

# great
[greit] 그레이트
형 위대한, 훌륭한

He is a **great** artist.
히- 이즈 어 그레이트 아-티스트

그는 위대한 예술가입니다.

# fantastic
[fæntǽstik] 팬태스틱
형 환상적인, 훌륭한

It's **fantastic**.
잇츠 팬태스틱

그것은 환상적이네요.

# wonderful
[wʌ́ndərfəl] 원더펄
형 훌륭한, 놀라운

You look **wonderful** today.
유- 룩 원더펄 투데이

너 오늘 멋져 보여.

# excellent

[éksələnt] 엑설런트
(형) 우수한, 뛰어난

She is an **excellent** player.
쉬- 이즈 언 엑설런트 플레이어

그녀는 뛰어난 선수입니다.

# favorite

[féivərit] 페이버릿
(형) 마음에 드는, 좋아하는

What is your **favorite** food?
왓 이즈 유어 페이버릿 푸-드

네가 가장 좋아하는 음식은 뭐니?

# respectable

[rispéktəbl] 리스펙터블 (형) 훌륭한, 존경할 만한

He is a **respectable** person.
히- 이즈 어 리스펙터블 퍼-슨

그는 존경할 만한 사람입니다.

# classic
[klǽsik] 클래식
형 최고의

a **classic** novel
어 클래식 나블

최고의 소설

# graceful
[gréisfəl] 그레이스플
형 우아한, 품위 있는

He gave a **graceful** bow to the audience.
히- 게이브 어 그레이스플 바우 투 디 오-디언스

그가 관객을 향해 우아하게 절을 했다.

# welcome
[wélkəm] 웰컴
형 환영 받는, 고마운

You're **welcome**.
유-아 웰컴

천만에요.



# ready
[rédi] 레디
형 준비된

Are you **ready**?
아 유- 레디

준비가 되었나요?

# just [dʒʌst] 저스(트)
형 올바른

**It is not a just decision.**
잇 이즈 낫 어 저스(트) 디시즌

그것은 올바른 결정이 아니에요.

# fair [fɛər] 페어
형 공정한

**It's not fair.**
잇츠 낫 페어

그것은 공평하지가 않아요.

# right [rait] 라이트
형 바른, 곧은

**You are right.**
유- 아 라이트

네 말이 맞아.

# straight [streit] 스트레이트
형 곧은, 똑바른

**Go straight along this road.**
고우 스트레이트 어롱- 디스 로우드

이 길을 따라 곧장 가세요.

# dear

[diər] 디어
형 소중한, 사랑스러운

Dear my friend.

디어 마이 프렌드

사랑하는 나의 친구에게.

# darling

[dá:rliŋ] 다-링
형 가장 사랑하는, 마음에 드는

'Darling Henry,' the letter began.

다-링 헨리 더 레터 비갠

편지는 '사랑하는 헨리에게'로 시작하고 있었다.

# kind

[kaind] 카인드
형 친절한

He is a kind teacher.

히- 이즈 어 카인드 티-처

그는 친절한 선생님입니다.

# gentle

[dʒéntl] 젠틀
형 온화한, 친절한

The wind is very gentle.

더 윈드 이즈 베리 젠틀

바람이 잔잔해요.

느낌

# unkind

[ʌnkaind] 언카인드
형 불친절한, 몰인정한

**You are so unkind to me.**
유- 아 쏘우 언카인드 투 미

너는 나에게 불친절해.

# polite

[pəláit] 펄라이트
형 예의 바른, 공손한

**He is very polite.**
히- 이즈 베리 펄라이트

그는 매우 예의가 있어요.

# rude

[ru:d] 루-드
형 무례한

**You're so rude.**
유-아 쏘우 루-드

너는 너무 무례해.

# free

[fri:] 프리-
형 자유로운

**Are you free tomorrow?**
아 유- 프리- 투모-로우

너 내일 시간 있니?

# lazy

[léizi] 레이지
형 게으른

**I'm not lazy.**
아임 낫 레이지

나는 게으르지 않아.

# diligent

[dílədʒənt] 딜러전트
형 부지런한, 근면한

**He is a diligent person.**
히- 이즈 어 딜러전트 퍼-슨

그는 근면한 사람이에요.

# dead

[ded] 데드
형 죽은

**The bird was dead.**
더 버-드 워즈 데드

새가 죽었어요.

# alive

[əláiv] 어라이브
형 살아 있는, 생생한

**Is it still alive?**
이즈 잇 스틸 어라이브

그것은 아직 살아 있나요?

형용사와 부사

느낌

# dangerous [déindʒərəs] 데인저러스
형 위험한

**The place is very dangerous.**
더 플레이스 이즈 베리 데인저러스

그 장소는 너무 위험해요.

# safe [seif] 세이프
형 안전한

**You are safe.**
유- 아 세이프

너는 안전해.

# secure [sikjúər] 시큐어
형 위험이 없는, 안전한

**This place is secure.**
디스 플레이스 이즈 시큐어

이곳은 안전해요.

# brave [breiv] 브레이브
형 용감한

**He is very brave.**
히- 이즈 베리 브레이브

그는 매우 용감해요.

# shy
[ʃai] 샤이
형 소심한, 수줍어하는

**Don't be shy.**
돈트 비 샤이

부끄러워 마세요.

# ashamed
[əʃéimd] 어셰임드
형 부끄러워, 수줍어 하는

**I was ashamed of doing that.**
아이 워즈 어셰임드 어브 두잉 댓

나는 그 일을 해서 부끄러웠어요.

# thankful
[θǽŋkfəl] 쌩크펄
형 고마운

**I'm thankful for your kindness.**
아임 쌩크펄 포 유어 카인드니스

친절하게 대해 주셔서 고맙습니다.

# sorry
[sári] 사리
형 미안한

**I'm sorry for doing that.**
아임 사리 포 두잉 댓

미안합니다.

# fresh

[freʃ] 프레쉬
형 신선한

**The air is very fresh.**
디 에어 이즈 베리 프레쉬

공기가 신선해요.

# evil

[íːvəl] 이-벌
형 나쁜

**He is an evil man.**
히- 이즈 언 이-벌 맨

그는 나쁜 사람이에요.

# sad

[sæd] 새드
형 슬픈

**You look sad today.**
유- 룩 새드 투데이

너 오늘 슬퍼 보여.

# comic

[kámik] 카믹
형 희극의

**The play is both comic and tragic.**
더 플레이 이즈 보우쓰 카믹 앤드 트래직

그 연극은 희극적이기도 하고 비극적이기도 하다

# glad
[glæd] 글래드
ⓗ 기쁜

I'm very glad to meet you.
아임 베리 글래드 투 미-트 유-

만나서 반가워요.

# joyful
[dʒɔ́ifəl] 조이펄
ⓗ 기쁜, 즐거운

It was a joyful news.
잇 워즈 어 조이펄 뉴-즈

그것은 기분 좋은 소식이었어요.

# pleasant
[plézənt] 프레전트
ⓗ 즐거운, 기분이 좋은

I'm very pleasant to meet you.
아임 베리 프레전트 투 미-트 유-

만나서 너무 반가워.

# glorious
[glɔ́:riəs] 글로-리어스
ⓗ 기쁜, 멋진

What a glorious day!
왓 어 글로-리어스 데이

참 멋진 날이야!

# happy
[hǽpi] 해피
형 행복한

**I'm very happy.**
아임 베리 해피

나는 행복합니다.

# unhappy
[ənhǽpi] 언해피
형 불행한

**You look unhappy.**
유- 룩 언해피

너는 우울해 보여.

# angry
[ǽŋgri] 앵그리
형 화난

**Are you angry at me?**
아 유- 앵그리 앳 미

너 나한테 화났니?

# annoyed
[ənɔ́id] 어노이드
형 불쾌한, 귀찮은

**Why are you annoyed?**
와이 아 유- 어노이드

왜 화가 났어요?

# upset

[ʌpset] 업셋
(형) 기분이 나쁜

**Why are you so upset?**
와이 아 유- 쏘우 업셋

너 왜 그렇게 화가 났니?

# mad

[mæd] 매드
(형) 미친

**Don't be mad.**
돈트 비 매드

진정하세요. 흥분하지 마세요.

# crazy

[kréizi] 크레이지
(형) 미친, 열광적인

**He is crazy about her.**
히- 이즈 크레이지 어바웃 허

그는 그녀에게 푹 빠져 있어요.

# cruel

[krú:əl] 크루-얼
(형) 잔인한

**Why are you so cruel to me?**
와이 아 유- 쏘우 크루-얼 투 미

너 왜 그렇게 나에게 잔인하니?

# terrible

[térəbl] 테러블
(형) 무서운, 끔찍한

**I had a terrible dream.**
아이 해드 어 테러블 드림-

저는 무서운 꿈을 꿨어요.

# horrible

[hɔ́:rəbl] 호-러블
(형) 무서운, 소름끼치는

**It was a horrible movie.**
잇 워즈 어 호-러블 무-비

무서운 영화였어요.

# electric

[iléktrik] 일렉트릭
(형) 전기의, 충격적인

**This electric bulb is quite expensive.**
디스 일렉트릭 벌브 이즈 콰이트 익스펜시브

이 전구는 값이 꽤 나간다.

# strong

[strɔːŋ] 스트롱−
휑 강한

**What is your strong point?**
왓 이즈 유어 스트롱− 포인트

너의 강점은 무엇이니?

# weak

[wi:k] 위−크
휑 약한

**What is your weak point?**
왓 이즈 유어 위−크 포인트

너의 약점은 무엇이니?

# excited

[iksáitid] 익사이티드
휑 흥분된

**I'm so excited about it.**
아임 쏘우 익사이티드 어바웃 잇

저는 그것 때문에 몹시 흥분이 돼요.

# calm [ka:m] 캄-
형 조용한, 침착한

**Calm** down.
캄- 다운

침착해.

# bored [bɔːrd] 보-드
형 지루한

I'm **bored** to death.
아임 보-드 투 데스

나 지루해 죽겠어.

# lonely [lóunli] 로운리
형 외로운

Do you feel **lonely**?
두 유- 필- 로운리

너 외롭니?

He looks very **lonely**.
히- 룩스 베리 로운리

그는 아주 외로워 보여요.

# alone
[əlóun] 어로운
형 혼자서, 외로이

Why are you alone here?
와이 아 유- 어로운 히어

너 왜 여기 혼자 있니?





# comfortable
[kʌmfərtəbl] 컴퍼터블  형 편안한

This chair is very comfortable.
디스 체어 이즈 베리 컴퍼터블

이 의자는 매우 편안해요.

# uncomfortable
[ənkəmfərtəbl] 언컴퍼터블  형 불편한

I hope I didn't make you feel uncomfortable.
아이 호우프 아이 디든트 메이크 유- 필- 언컴퍼터블

제가 불편하게 해드리지 않았길 바래요.

# tired

[taiərd] 타이어드
⟨형⟩ 피곤한

**You look tired.**
유- 룩 타이어드

너 피곤해 보여.

# true

[tru:] 트루-
⟨형⟩ 참된, 진실의

**Is it true or false?**
이즈 잇 트루- 오어- 폴-스

그것은 사실이니 거짓이니?

# false

[fɔ:ls] 폴-스
⟨형⟩ 그릇된, 거짓의

**It is false.**
잇 이즈 폴-스

그것은 거짓이에요.

# faint

[feint] 페인트
**형** 희미한, 어질어질한

I feel **faint** in the morning.
아이 필- 페인트 인 더 모-닝

아침에 현기증이 났어요.

# patient

[péiʃənt] 페이션트
**형** 참을성 있는, 인내심이 강한

Be **patient**.
비 페이션트

인내심을 가지세요.

# nervous

[nə́ːrvəs] 너-버스
**형** 초조한

Don't be **nervous**.
돈트 비 너-버스

긴장하지 마.

형용사와 부사

느낌

# embarrassed

[imbǽrəst] 임배러스트　⑱ 당황한

**I was so embarrassed.**
아이 워즈 쏘우 임배러스트

나는 무척 당황했어.

# confused

[kənfjúːzd] 컨퓨-즈드
⑱ 혼란스러운

**I'm so confused.**
아임 쏘우 컨퓨-즈드

나는 혼란스러워.

# strange

[streindʒ] 스트레인지
⑱ 이상한

**I have a strange feeling.**
아이 해브 어 스트레인지 필-링

이상한 기분이 들어요.

# curious

[kjúəriəs] 큐(어)리어스
형 호기심 많은, 이상한

**I'm just curious.**
아임 저스트 큐(어)리어스

그냥 궁금해서요.

# disgusted

[disgʌ́stid] 디스거스티드
형 싫증난

**I'm disgusted with this way of life.**
아임 디스거스티드 위드 디스 웨이 어브 라이프

이런 생활에 이젠 넌더리가 나요.

# scared

[skerd] 스케어드
형 겁이 난

**I'm so scared.**
아임 쏘우 스케어드

난 겁이 나요.

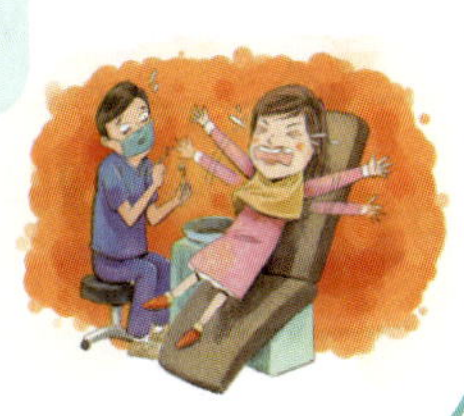

# surprised

[sərpráizd] 서프라이즈드
형 놀란

**Don't be surprised.**
돈트 비 서프라이즈드

놀라지 마세요.

# well [wel] 웰
### 형 건강한, 좋은

**I am very well.**
아이 엠 베리 웰

저는 건강해요.

# ill [il] 일
### 형 건강이 나쁜, 병든

**She is ill.**
쉬- 이즈 일

그녀는 아파요.

**He looked very ill.**
히- 룩트 베리 일

그는 몹시 아파 보였다.

# sick [sik] 식
### 형 아픈

**She is sick.**
쉬- 이즈 식

그녀는 아파요.

# hurt
[hə:rt] 허-트
형 다친

**Are you hurt?**
아 유- 허-트

다쳤어요?

# relieved
[rɪli:vd] 릴리-브드
형 안심되는

**Do you feel relieved?**
두- 유- 필- 릴리-브드

안심이 되요?

# worried
[wə́:rid] 워-리드
형 걱정되는

**I'm worried about you.**
아임 워-리드 어바웃 유-

나는 네가 걱정 돼.

# afraid
[əfréid] 어프레이드
형 두려워하는, 걱정하는

**Don't be afraid of it.**
돈트 비 어프레이드 어브 잇

그것을 두려워하지 마.

# awful

[ɔ́ːfəl] 어-펄
형 무서운, 대단한

**It is an awful situation.**
잇 이즈 언 어-펄 시추에이션

그것은 끔찍한 경우네요.

# proud

[praud] 프라우드
형 자랑스러운, 뽐내는

**I'm so proud of you.**
아임 쏘우 프라우드 어브 유-

나는 네가 무척 자랑스러워.

# disappointed

[dìsəpɔ́intid] 디서포인티드  형 실망한

**I'm disappointed with you.**
아임 디서포인티드 위드 유-

난 너에게 실망이야.

# sure
[ʃuər] 슈어
형 확신하는, 틀림없는

**Are you sure?**
아 유- 슈어

확실하지?

# certain
[sə́:rtn] 서-튼
형 확실한, 틀림없는

**It is certain.**
잇 이즈 서-튼

확실해.

# perfect
[pə́:rfikt] 퍼-픽트
형 완전한

**She is a perfect person for him.**
쉬- 이즈 어 퍼-픽트 퍼-슨 포 힘

그녀는 그에게 아주 잘 맞는 사람이에요.

# complete
[kəmplí:t] 컴프리-트
형 완전한, 완성된

**It was a complete failure.**
잇 워즈 어 컴프리-트 페일류어

그것은 완전한 실패였어.

# compact

[kəmpǽkt] 컴팩트
형 치밀한, 아담한

I want a **compact** car.
아이 완트 어 컴팩트 카-

저는 소형차를 원해요.

# honest

[ánist] 아니스트
형 정직한

He is **honest**.
히- 이즈 아니스트

그는 정직해요.

# doubtful

[dáutfəl] 다우트펄
형 의심스러운

This wine is of **doubtful** quality.
디스 와인 이즈 어브 다우트펄 콸러티

이 포도주는 품질이 의심스럽다.

# wise

[waiz] 와이즈
형 현명한

She is very **wise**.
쉬- 이즈 베리 와이즈

그녀는 매우 현명해요.

# smart

[smaːrt] 스마ー트
형 똑똑한

**She is a smart student.**
쉬ー 이즈 어 스마ー트 스튜ー든트

그녀는 똑똑한 학생이에요.

# foolish

[fúːliʃ] 풀ー리시
형 어리석은

**It was very foolish of him to make such a mistake.**
잇 워즈 베리 풀ー리시 어브 힘 투 메이크 서치 어 미스테이크

그가 그런 실수를 하다니 정말 어리석은 일이었습니다.

# stupid

[stjúːpid] 스튜ー피드
형 어리석은, 바보 같은

**How stupid you are!**
하우 스튜ー피드 유ー 아

어리석구나!

# silly

[síli] 실리
형 어리석은, 멍청한

**He is a silly boy.**
히ー 이즈 어 실리 보이

그는 멍청한 사람이야.

# real

[ríːəl] 리-얼
형 실재하는, 현실의

**Is it real?**
이즈 잇 리-얼

그거 진짜니?

# dreamy

[dríːmi] 드리-미
형 꿈 많은

**She is still dreamy over her engagement.**
쉬- 이즈 스틸 드리-미 오우버 허 인게이지먼트

그녀는 지금도 약혼이 꿈만 같다.

# romantic

[roumǽntik] 로우맨틱
형 낭만적인

**You are so romantic!**
유- 아 쏘우 로우맨틱

너 참 낭만적이구나!

# full

[ful] 풀
형 배부른

**I'm full.**
아임 풀

저는 배불러요.

# hungry

[hʌ́ŋgri] 헝그리
형 배고픈

I'm hungry.
아임 헝그리

저는 배고파요.

# busy

[bízi] 비지
형 바쁜

Are you busy now?
아 유- 비지 나우

지금 바빠요?

# leisure

[líːʒər] 리-저
형 한가한

I have no leisure time.
아이 해브 노 리-저 타임

저는 여유 시간이 없어요.

# idle

[áidl] 아이들
형 한가한, 나태한

I'm idle these days.
아임 아이들 디즈 데이즈

나는 요즘 여유가 있어요.

# popular

[pápjulər] 파퓰러
(형) 민중의, 인기 있는

He is very popular among people.
히- 이즈 베리 파퓰러 어멍 피-플

그는 사람들에게 매우 인기가 많다.

# famous

[féiməs] 페이머스
(형) 유명한, 이름 난

He is a very famous movie director.
히- 이즈 어 베리 페이머스 무-비 디렉터

그는 매우 유명한 영화 감독이다.

# jealous

[dʒéləs] 젤러스
(형) 질투하는

Are you jealous?
아 유- 젤러스

너 질투 하니?

# aware

[əwɛ́ər] 어웨어
(형) 알아차린

Are you aware of it?
아 유- 어웨어 어브 잇

알겠니?

# thirsty

[θə́:rsti] 써-스티
형 목마른

I'm thirsty.
아임 써-스티

난 목이 말라요.

# sleepy

[slí:pi] 슬리-피
형 졸린

I'm sleepy.
아임 슬리-피

난 졸려요.

# asleep

[əslí:p] 어슬립-
형 잠들어

The child is asleep.
더 차일드 이즈 어슬립-

아이가 잠들어 있어요.

# itchy

[itʃi] 잇치
형 가려운

It is itchy.
잇 이즈 잇치

그것은 가려워요.

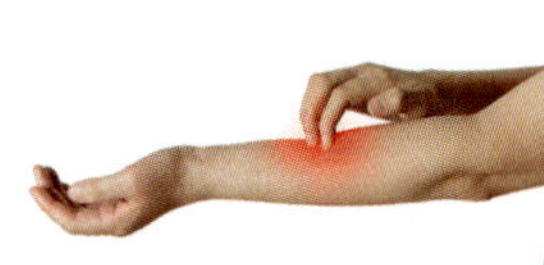

# native

[néitiv] 네이티브
형 타고난, 토착의

He is a **native** speaker of English.
히- 이즈 어 네이티브 스피-커 어브 잉글리쉬

그는 영어를 모국어로 쓰는 사람이에요.

# important

[impɔ́ːrtənt] 임포-턴트
형 중요한

It is very **important** to me.
잇 이즈 베리 임포-턴트 투 미

그것은 내게 너무 중요해요.

# main

[mein] 메인
형 주요한

What is the **main** dish?
왓 이즈 더 메인 디쉬

주요리가 뭐예요?

# necessary

[nésəsèri] 네서세리
형 꼭 필요한, 필수의

It is **necessary** for your life.
잇 이즈 네서세리 포 유어 라이프

그것은 너의 삶에서 필수야.

# Magic 영단어 플러스! 플러스

◎ 다음의 문장을 완성하려고 해요. 표현에 알맞은
단어를 연결해 보세요.

1  This is (      ).
   이것 좋다!

2  This is (      ).
   이거 환상적인데!

3  This is (      ).
   이거 훌륭하다!

4  Are you (    )?
   준비 되었니?

5  I'm (   ) today.
   나 오늘 한가해.

6  I'm so (     ).
   미안해.

7  I'm (    ) to hear that.
   그 소식을 들으니 너무 기뻐.

8  Are you (    )?
   너 화났니?

9  (    ) down.
   침착해.

10  I'm so (     ).
    혼란스러워.

11  Are you (    )?
    확실하니?

a.  fantastic
b.  nice
c.  ready
d.  free
e.  excellent
f.  angry
g.  sorry
h.  glad
i.  Calm
j.  confused
k.  sure

답  1. b   2. a   3. e   4. c   5. d   6. g   7. h   8. f   9. i   10. j   11. k

## sunny

[sʌni] 서니

ⓗ 해가 나는

**I like sunny days.**

아이 라이크 서니 데이즈

나는 맑은 날이 좋아요.

## clear

[kliər] 클리어

ⓗ 맑은

**It is clear.**

잇 이즈 클리어

날씨가 맑아요.

# cloudy
[kláudi] 클라우디
형 구름 낀

It's cloudy.
잇츠 클라우디

날이 흐려요.

# drizzling
[drízliŋ] 드리즈링
형 이슬비 내리는

It's drizzling outside.
잇츠 드리즈링 아웃사이드

밖에는 이슬비가 내리고 있어요.

# raining
[reiniŋ] 레이닝
형 비 오는

It is raining outside.
잇 이즈 레이닝 아웃사이드

밖에는 비가 와요.

# sleeting
[sliːtiŋ] 스리-팅
형 진눈깨비 내리는

It was sleeting all evening.
잇 워즈 스리-팅 올- 이브닝

저녁 내내 진눈깨비가 내렸다.

# snowing

[snouiŋ] 스노우잉
형 눈 오는

**It's snowing.**
잇츠 스노우잉

눈이 와요.

# hailing

[heiliŋ] 헤일링
형 우박이 내리는

**It's hailing!**
잇츠 헤일링

우박이 쏟아지고 있어!

# windy

[wíndi] 윈디
형 바람 부는

**I don't like windy days.**
아이 돈트 라이크 윈디 데이즈

나는 바람 부는 날이 싫어요.

# lightning

[láitniŋ] 라이트닝
⑱ 번개의, 번개 같은

at [with] lightning speed
앳 [위드] 라이트닝 스피-드

번개 같은 속도로.

# foggy

[fɔ́:gi] 포-기
⑱ 안개 낀

It's foggy.
잇츠 포-기

안개가 꼈어요.

# hazy

[héizi] 헤이지
⑱ 흐린, 안개 낀

The mountains were hazy in the distance.
더 마운틴즈 워 헤이지 인 더 디스턴스

멀리 보이는 산이 흐릿했다.

# smoggy

[smági] 스마기
⑱ 스모그가 많은

It is smoggy.
잇 이즈 스마기

스모그가 많아요.

# humid

[hjú:mid] 휴-미드
형 습한

It's humid.
잇츠 휴-미드

습해요.

# warm

[wɔ:rm] 웜-
형 따뜻한

I like warm weather.
아이 라이크 웜- 웨더

저는 따뜻한 날씨가 좋아요.

# hot

[hat] 핫
형 더운

It is very hot today.
잇 이즈 베리 핫 투데이

오늘 날씨가 몹시 더워요.

# muggy

[mʌgi] 머기
형 무더운, 몹시 더운

It's muggy.
잇츠 머기

무더워요. (습하면서 무더울 때)

# cool

[ku:l] 쿨-

형 시원한

**It's very cool.**
잇츠 베리 쿨-

시원해요.

# cold

[kould] 코울드

형 추운

**It's very cold.**
잇츠 베리 코울드

매우 추워요.

# chilly

[tʃíli] 칠리

형 차가운, 쌀쌀한

**It's a little bit chilly.**
잇츠 어 리틀 빗 칠리

조금 쌀쌀해요.

# freezing

[fríːziŋ] 프리-징

형 어는, 몹시 추운

**It's freezing outside.**
잇츠 프리-징 아웃사이드

밖이 몹시 추워요.

# abroad

[əbrɔ́:d] 어브로-드
부 외국에서, 해외로

**Have you been abroad?**
해브 유- 빈 어브로-드

해외에 나가 본 적이 있나요?

# absolutely

[ǽbsəlu:tli] 앱서루-틀리  부 전적으로, 틀림없이

**You're absolutely right.**
유-아 앱서-루틀리 라이트

네가 전적으로 옳아.

# after

[ǽftər] 애프터
**부** 뒤에, 나중에

After school, I came home early.
애프터 스쿨- 아이 케임 홈 얼-리

방과 후에 나는 일찍 집에 왔어요.

# ago

[əgóu] 어고우
**부** ~전에

He died three years ago.
히- 다이드 쓰리- 이어즈 어고우

그는 3년 전에 죽었어요.

# ahead

[əhéd] 어헤드
**부** 앞쪽에, 앞으로

Go ahead.
고우 어헤드

계속 말씀하세요. (전화상에서)

# almost

[ɔ́:lmoust] 올-모우스트
**부** 거의

It's almost 5 o'clock.
잇츠 올-모우스트 파이브 어클락

거의 5시예요.

# aloud

[əláud] 어라우드
(부) 소리 내어, 큰 소리로

Can you read this poem aloud?
캔 유- 리드 디스 포우엄 어라우드

이 시를 낭독해 주시겠어요?

# already

[ɔ:lrédi] 올-레디
(부) 이미, 벌써

He has already gone.
히- 해즈 올-레디 곤-

그는 이미 갔다.

# also

[ɔ́:lsou] 올-소우
(부) 또한, 역시

He is also a student.
히- 이즈 올-소우 어 스튜-든트

그도 역시 학생입니다.

# always

[ɔ́:lweiz] 올-웨이즈
(부) 항상, 언제나

He is always late.
히- 이즈 올-웨이즈 레이트

그는 항상 늦는다.

# around

[əráund] 어라운드
(부) 주위에, 여기저기에

**I'm just looking around.**
아임 저스트 룩킹 어라운드

그냥 둘러보고 있어요.

# as

[æz] 애즈
(부) ~와 같은 정도로

**I love her as much as you like.**
아이 러브 허 애즈 머치 애즈 유- 라이크

네가 그녀를 좋아하는 만큼 나도 그녀를 좋아해.

# away

[əwéi] 어웨이
(부) 멀리, 떨어져

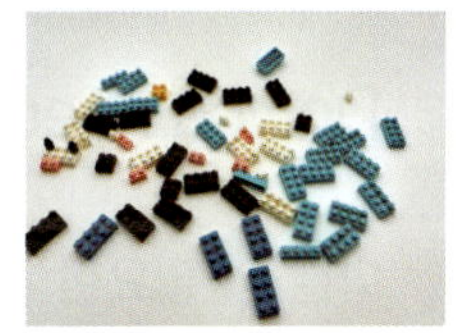

**Put away your toys.**
풋 어웨이 유어 토이즈

장난감들을 치우거라.

# back

[bæk] 백
(부) 뒤로, 본래 자리로

**When will you be back?**
웬 윌 유- 비 백

언제 돌아올거니?

# down

[dàun] 다운
부 낮은 쪽으로, 아래로

**Sit down here.**
싯 다운 히어

여기 앉아라.

# early

[ə́:rli] 얼-리
부 일찍이

**I got up early this morning.**
아이 갓 업 얼-리 디스 모-닝

나는 오늘 아침 일찍 일어났어요.

# else

[els] 엘스
부 그 밖에, 달리

**Do you need anything else?**
두- 유- 니드 애니싱 엘스

다른 거 필요한 건 없으세요?

# especially

[ispéʃəli] 이스페셜리
부 특히, 주로

**Especially I like your voice.**
이스페셜리 아이 라이크 유어 보이스

나는 특히 너의 목소리가 좋아.

# even

[íːvən] 이-븐
(부) ~까지도, ~조차

**This is even better than that.**
디스 이즈 이-븐 베터 댄 댓

이것은 심지어 저것보다 좋아요.

# ever

[évər] 에버
(부) 지금까지, 전혀, 여전히

**Have you ever been abroad?**
해브 유- 에버 빈 어브로-드

외국에 나가 본 적 있어요?

# far

[ faːr] 파-
(부) 멀리, 훨씬

**We didn't go far.**
위 디든트 고우 파-

우리는 멀리 가지 않았다.

# forever

[fɔːrévə(r)] 포-에버
(부) 영원히, 끊임없이

**I won't forget your name forever.**
아이 원트 퍼겟 유어 네임 포-에버

당신의 이름을 절대로 잊지 않을 거예요.

# generally

[dʒénərəli] 제너럴리
(부) 일반적으로, 대체로

**Generally** speaking, she is pretty.
제너럴리 스피-킹 쉬- 이즈 프리티

일반적으로 말해서 그녀는 예뻐요.

# hard

[ha:rd] 하-드
(부) 열심히

She is studying **hard**.
쉬- 이즈 스터딩 하-드

그녀는 열심히 공부하고 있어요.

# here

[hiər] 히어
(부) 여기에

Why are you **here**?
와이 아 유- 히어

너 여기 왜 왔니?

# indeed

[indí:d] 인디-드
(부) 정말, 참으로

A friend in need is a friend **indeed**.
어 프렌드 인 니-드 이즈 어 프렌드 인디-드

어려울 때 친구가 진짜 친구다.

# instead
[instéd] 인스테드
(부) 그 대신에

Let's go to the movies instead.
렛츠 고우 투 더 무-비즈 인스테드

대신 영화보러 가자.

# just
[dʒʌst] 저스(트)
(부) 이제 막, 방금, 꼭

He has just arrived.
히- 해즈 저스(트) 어라이브드

그가 방금 도착했어요.

# less
[les] 레스
(부) 더 적게

She spends less than he.
쉬- 스펜즈 레스 댄 히-

그녀는 그보다 더 적게 쓴다.

# long
[lɔːŋ] 롱-
(부) 오랫동안

I waited my birthday for a long time.
아이 웨이티드 마이 버-쓰데이 포 어 롱- 타임

나는 오랫동안 나의 생일을 기다렸어요.

# maybe

[méibi] 메이비
(부) 아마

**Maybe** he is rich.
메이비 히- 이즈 리치

아마 그는 부자일 것이다.

# most

[moust] 모우스트
(부) 대부분

**Most** people know her.
모우스트 피-플 노우 허

대부분의 사람들이 그녀를 알아요.

# neither

[níːðər] 니-더
(부) ~도 또한 ~아니다

**Neither** do I.
니-더 두- 아이

나도 또한 그래. (부정의 의미)

# never

[névər] 네버
뤼 결코 ~하지 않다

**I'll never do it again.**
아일 네버 두- 잇 어게인

나는 다시는 그것을 하지 않을 것이다.

# often

[ɔ́:fən] 오-픈
뤼 자주, 종종

**How often do I have to take this medicine?**
하우 오-픈 두- 아이 해브 투 테이크 디스 메더신

얼마나 자주 이 약을 먹어야 하나요?

# once

[wʌns] 원스
뤼 한 번, 예전에

**I've been there once.**
아이브 빈 데어 원스

전에 한 번 그 곳에 가 봤어요.

# only

[óunli] 오운리
뤼 오직, 단지

**I am an only child.**
아이 엠 오운리 차일드

저는 독자예요.

# otherwise

[ʌðərwàiz] 어더와이즈 （부） 그렇지 않으면, 다른 식으로

**How about thinking about it otherwise?**
하우 어바웃 씽킹 어바웃 잇 어더와이즈

다른 식으로 생각해 보는 게 어때요?

# outside

[áutsáid] 아웃사이드
（부） 밖에, 밖으로

**Can I go outside?**
캔 아이 고우 아웃사이드

밖에 나가도 되나요?

# perhaps

[pərhǽps] 퍼햅스
（부） 아마, 혹시

**Perhaps it is true.**
퍼햅스 잇 이즈 트루-

아마 그것은 사실일 거예요.

# please

[pli:z] 플리-즈
(부) 부디, 제발

**Please** have a seat.
플리-즈 해브 어 시-트

앉으세요.

# pretty

[príti] 프리티
(부) 꽤, 상당히

He is **pretty** smart.
히- 이즈 프리티 스마-트

그는 꽤 똑똑해요.

# probably

[prábəbli] 프라버블리
(부) 아마

**Probably** it is going to rain tomorrow.
프라버블리 잇 이즈 고우잉 투 레인 투모-로우

아마도 내일은 비가 올 거예요.

# quite

[kwait] 콰이트
(부) 아주, 꽤

**Math** is **quite** difficult.
매쓰 이즈 콰이트 디피컬트

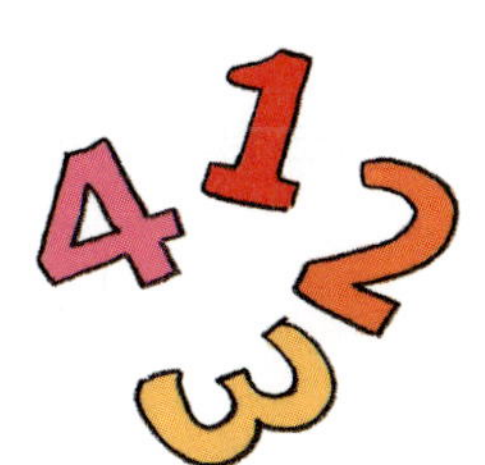

수학은 꽤 어려워요.

# rapidly

[rǽpidli] 래피들리
부 빠르게, 신속하게

**The city is rapidly changing.**
더 시티 이즈 래피들리 체인징

도시가 빠르게 변하고 있어요.

# rather

[rǽðər] 래더
부 약간, 다소

**I would rather not go.**
아이 우드 래더 낫 고우

나는 가고 싶지 않아요.

# really

[ríːəli] 리-얼리
부 실제로, 참으로

**She is really beautiful.**
쉬- 이즈 리-얼리 뷰-터펄

그녀는 참으로 아름다워요.

# recently

[rí:sntli] 리-슨틀리
(부) 최근에, 요즈음

**Have you seen her recently?**
해브 유- 신 허 리-슨틀리

최근에 그녀를 보았나요?

# scarcely

[skέərsli] 스케어슬리 (부) 겨우, 간신히, 거의 ~하지 않다

**I scarcely don't know about it.**
아이 스케어슬리 돈트 노우 어바웃 잇

나는 그것에 대해서는 거의 몰라요.

# sometime

[sʌmtàim] 섬타임
(부) 언젠가, 조만간

**I will meet my friend sometime next week.**
아이 월 미-트 마이 프렌드 섬타임 넥스트 위-크

다음 주 언젠가 친구들을 만날 거예요.

# sometimes

[sʌmtàimz] 섬타임즈
**부** 때때로

I **sometimes** visit my grandparents' house.
아이 섬타임즈 비지트 마이 그랜드페어런츠 하우스

나는 때때로 조부모님 댁을 방문합니다.

# soon

[suːn] 순-
**부** 곧

He will come here **soon**.
히- 윌 컴 히어 순-

그는 곧 여기에 올 거예요.

# still

[stil] 스틸
**부** 아직도, 여전히

I **still** don't know the answer.
아이 스틸 돈트 노우 디 앤서

나는 여전히 답을 모르겠어요.

# suddenly

[sʌdnli] 서든리
**부** 갑자기, 별안간

**Suddenly**, the rope snapped.
서든리 더 로우프 스냅트

갑자기 밧줄이 툭 하고 끊어졌다.

# surely

[ʃúərli] 슈얼리

**Surely**, you don't believe that nonsense.
슈얼리 유- 돈트 빌리-브 댓 난센스

확실히 너는 그 헛소리를 믿지 않는구나.

# terribly

[térəbli] 테러블리
부 몹시

I miss him **terribly**.
아이 미스 힘 테러블리

나는 그가 몹시 그립다.

# then

[ðen] 덴
부 그 때에, 그 다음에

See you **then**.
씨- 유- 덴

그 때 봐요.

# together

[təgéðər] 투게더
부 함께, 같이

Let's go **together**.
렛츠 고우 투게더

같이 가자.

# too

[tu:] 투–

(부) 너무 (…한)

**This is too large a helping for me.**
디스 이즈 투– 라–지 어 헬핑 포 미

이건 제 몫으로[제가 먹기에] 너무 많아요.

# twice

[twais] 트와이스

(부) 두 번, 2회, 두 배

**Think twice before you do it.**
씽크 트와이스 비포– 유– 두– 잇

행동하기 전에 두 번 생각하세요.

# under

[ʌndər] 언더

(부) ~의 아래에

**The boat was going under fast.**
더 보우트 워즈 고우잉 언더 패스트

그 보트는 빠르게 수면 아래로 들어가고 있었다.

# unfortunately

[ənfɔ́ːrtʃənətli] 언포-처너틀리　㊛ 불행하게도, 유감스럽게도

**Unfortunately** the bank is shut now.
언포-처너틀리 더 뱅크 이즈 셧 나우

불행히도 지금은 은행이 문을 안 열었어.

# upstairs

[ʌpstɛ́ərz] 업스테어즈
㊛ 위층에, 2층에

Go **upstairs**.
고우 업스테어즈

2층으로 가세요.

# usually

[júːʒuəli] 유-주얼리
㊛ 보통, 대개

I **usually** go to school by bus.
아이 유-주얼리 고우 투 스쿨- 바이 버스

나는 보통 버스를 타고 학교에 가요.

# 동사
## verb

동사는 사람이나 사물의 행동이나 움직임을 설명하는 말이에요. 그래서 동사는 문장의 서술어가 된답니다. 동사는 영어 문장을 만드는 데 있어서 중요한 품사로 동사가 없으면 문장이 완성되지 않아요. 우리나라 말은 동사가 문장 제일 끝에 오지만, 영어는 주어 다음에 바로 동사가 와요.

예를 들면, '나는 아이스크림을 좋아해요.'라는 우리말 문장은 (주어)+(목적어)+(동사) 식의 어순으로 되어 있지만 I like ice cream.이라는 영어 문장은 (주어)+(동사)+(목적어)의 어순으로 이루어져 있다는 거예요.

동사를 많이 알면 표현하고 싶은 행동과 동작을 자유롭게 영어 문장으로 만들 수 있어 좋아요.

동사와 함께 등장하는 조동사라는 것은 동사를 돕는 품사예요. can(~할 수 있다), may(~해도 좋다), must(~해야 한다), should(~해야 한다) 등이 대표적인 것들이에요. 조동사는 동사 앞에 놓여 문장에서 아주 중요한 역할을 한답니다.

**조동사**(Auxiliary verb), **관사**(Article), **전치사**(Preposition), **접속사**(Conjunction)에 대해서도 알아볼까요?

이 책에는 책의 지면상 실리지 않았지만 명사, 대명사, 형용사, 부사, 동사 이외에도 조동사, 관사, 전치사, 접속사 등의 품사들이 있어요.
위의 것들은 문장에서 핵심적인 기능을 담당하는 품사들이고 아래의 것들은 문장에서 중요 품사들을 도와주는 역할을 하는 부수적인 품사들입니다.
문장에서 다른 품사들을 도와주는 역할을 하는 품사이지만 조동사나, 관사, 전치사, 접속사는 이들 단어 하나의 쓰임에 따라서도 문장의 뜻이 완전히 달라지는 경우가 많아서 영어에서는 이들 품사가 중요하게 다뤄지고 있어요. 그래서인지 영어를 공부하는 많은 사람들이 이들 품사를 익히는 것이 어렵다고들 합니다.

조동사는 앞에서 동사부분에서 간략하게 설명을 드렸으니 넘어가서, 관사란 사물 하나를 지적할 때 주로 쓰는 말이에요. 명사 앞에 붙여서 명사의 수나 상태를 나타내요. a, an, the (하나)같은 단어들을 관사라고 합니다. 전치사는 주로 명사 앞에 오는데, on(~위에). under(~아래), by(~옆에), with(~와 함께), for(~을 위해서) 등이 있고, 그 뜻을 알아두면 전치사가 문장에서 어떤 역할을 하는지 알 수 있어요. 접속사는 단어와 단어, 문장과 문장을 서로 이어줄 때 필요한 말이에요. and(그리고), but(그러나), however(그렇지만), although(~에도 불구하고) 등이 있어요. 이러한 접속사를 많이 알면 단어나 문장을 연결할 때 쓸 수 있어 좋아요.

## start [sta:rt] 스타-트
동 시작하다

**When did you start to learn English?**

웬 디드 유- 스타-트 투 런- 잉글리쉬

너는 언제 영어를 배우기 시작했니?

## graduate [grǽdʒuət] 그래주엇
동 졸업하다

**When did you graduate from school?**

웬 디드 유- 그래주엇 프럼 스쿨-

너는 언제 졸업을 했니?

# learn
[lə:rn] 런-
동 배우다

I **learn**ed to fish from my father.
아이 런-드 투 피쉬 프럼 마이 파-더

나는 아빠에게 낚시를 배웠어.

# become
[bikʌm] 비컴
동 되다

We **became** best friends.
위 비케임 베스트 프렌즈

우리는 가장 친한 친구가 되었어요.

# rent
[rent] 렌트
동 빌리다

I want to **rent** an apartment.
아이 완트 투 렌트 언 어파-트먼트

아파트를 임대하려고 하는데요.

# fall
[fɔ:l] 폴-
동 떨어지다, 내리다

The temperature has **fall**en.
더 템퍼러쳐 해즈 폴-른

기온이 떨어졌어요.

인생과 일상

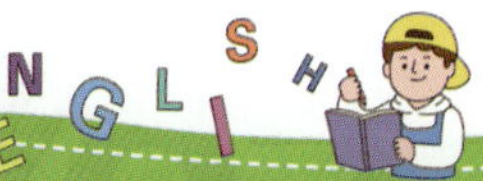

# kiss

[kis] 키스
동 키스하다

**I gave a kiss to her.**
아이 게이브 어 키스 투 허

나는 그녀에게 키스를 했어요.

# hug

[hʌg] 허그
동 포옹하다

**We hugged and kissed each other.**
위 허그드 앤드 키스드 이치 어더

우리는 서로 안고 키스했어요.

# laugh

[læf] 래프
동 웃다

**Why are you laughing at me?**
와이 아 유- 래핑 앳 미

너 왜 나를 보고 웃는 거야

# cry

[krai] 크라이
동 울다

**Don't cry.**
돈트 크라이

울지 마세요.

# marry

[mǽri] 매리
동 결혼하다

**Will you marry me?**
월 유- 매리 미

나와 결혼해 주겠어요?

# have

[hǽv] 해브
동 가지다, 먹다, 시키다

**I have two sisters.**
아이 해브 투- 시스터즈

나는 두 명의 여자 형제가 있어요.

# travel

[trǽvəl] 트래벌
동 여행하다

**Where do you want to travel?**
웨어 두- 유- 완트 투 트래벌

어디를 여행하고 싶으세요?

# look

[luk] 룩
동 보다, 바라보다

**What are you looking?**
왓 아 유- 룩킹

무얼 보고 있니?

동사

인생과 일상

# talk

[tɔ:k] 토-크
동 말하다, 이야기하다

What are you **talk**ing about?
왓 아 유- 토-킹 어바웃

무슨 말을 하는 거니?

# make

[meik] 메이크
동 만들다, 준비하다

What are you **making** now?
왓 아 유- 메이킹 나우

지금 무얼 만들고 있니?

# move

[mu:v] 무-브
동 이사하다

When is your **moving** day?
웬 이즈 유어 무-빙 데이

이사하는 날이 언제야?

# live

[liv] 리브
동 살아 있다, 살다

Where do you **live**?
웨어 두- 유- 리브

너는 어디에 사니?

# die
[dai] 다이
동 죽다

**He died of cancer.**
히- 다이드 어브 캔서

그는 암으로 죽었어요.

# plant
[plænt] 플랜트
동 심다

**I planted trees in the garden.**
아이 플랜티드 트리-즈 인 더 가-든

나는 정원에 나무를 심었어요.

# get
[get] 겟
동 얻다, 받다, 사다, 시키다

**Where can I get it?**
웨어 캔 아이 겟 잇

내가 그것을 어디서 얻을 수 있나요?

# wake
[weik] 웨이크
동 잠이 깨다, 깨우다

**My mother wakes me up at 7 o'clock.**
마이 머더 웨잌스 미 업 앳 세븐 어클락

나의 어머니는 나를 7시에 깨우신다.

# take
[teik] 테이크
동 잡다, 얻다, 가지고 가다, 사용하다

**I'll take it.**
아일 테이크 잇

그걸로 할게요. (쇼핑할 때)

# put
[put] 풋
동 놓다, 가지고 가다

**I put it on the sofa.**
아이 풋 잇 온 더 소우퍼

나는 그것을 소파 위에 놓았어요.

# comb
[koum] 코움
동 빗질하다

**Comb your hair.**
코움 유어 헤어

머리를 빗어라.

# set
[set] 셋
동 놓다, 갖다 대다

**Let's set the table.**
렛츠 셋 더 테이블

식탁을 차리자.

# eat
[iːt] 이-트
동 먹다

**What did you eat for breakfast?**
왓 디드 유- 이-트 포 브랙퍼스트

너는 아침으로 무엇을 먹었니?

# wear
[wɛər] 웨어
동 입다, 신다, 끼다

**He is wearing a hat.**
히- 이즈 웨어링 어 햍

그는 모자를 쓰고 있어요.

# begin
[bigín] 비긴
동 시작하다

**Let's begin.**
렛츠 비긴

시작하자.

# end
[end] 엔드
동 끝내다

**How does the story end?**
하우 더즈 더 스토-리 엔드

그 이야기는 어떻게 끝나니?

동사

인생과 일상

# introduce

[ìntrədjúːs] 인트러듀-스
동 소개하다

**Let me introduce myself.**
렛 미 인트러듀-스 마이셀프

제 소개를 하겠습니다.

# compliment

[kámpləmənt] 캄플러먼트  동 칭찬하다

**You don't need to compliment me.**
유- 돈트 니-드 투 캄플러먼트 미

절 그렇게 칭찬해주실 필요는 없습니다

# thank

[θæŋk] 쌩크
동 감사하다

**Thank you for your help.**
쌩큐- 포 유어 헬프

도와주셔서 감사합니다.

# apologize

[əpá|ədʒàiz] 어팔러자이즈
동 사과하다

I apologized to her.
아이 어팔러자이즈드 투 허

나는 그녀에게 사과를 했어요.

# go

[gou] 고우
동 가다, 도달하다

Let's go to school.
렛츠 고우 투 스쿨

학교에 가자.

# sleep

[sli:p] 슬립–
동 자다

The baby is sleeping now.
더 베이비 이즈 슬리–핑 나우

아기가 지금 잠을 자고 있어요.

# clean

[kli:n] 클린–
동 청소하다

I cleaned the house.
아이 클린–드 더 하우스

나는 집을 청소했다.

인생과 일상

# change

[tʃeindʒ] 체인지
⟮동⟯ 바꾸다, 갈다

Can I change it for a new one?
캔 아이 체인지 잇 포 어 뉴- 원

그것을 새 것으로 바꿀 수 있나요

# wash

[waʃ] 와쉬
⟮동⟯ 씻다, 빨래하다

I'll wash my face.
아일 와쉬 마이 페이스

나는 세수를 할 거예요

# load

[loud] 로우드
⟮동⟯ 짐을 싣다, 넣다

His job is to load ships with cargo.
히즈 잡 이즈 투 로우드 쉽스 위드 카-고우

그의 일은 배에 짐을 싣는 것이다.

# break

[breik] 브레이크
⟮동⟯ 깨다, 깨뜨리다

My brother broke my vase.
마이 브라더 브로크 마이 베이스

내 남동생이 나의 꽃병을 깨뜨렸어요.

# repair

[ripέər] 리페어
동 고치다, 수선하다

**Where can I repair it?**
웨어 캔 아이 리페어 잇

제가 그것을 어디에서 수리할 수 있나요

# cure

[kjuər] 큐어
동 치료하다, 고치다

**She has the ability to cure people.**
쉬- 해즈 더 어빌러티 투 큐어 피-플

그녀는 사람들의 병을 치유하는 능력이 있다.

# watch

[watʃ] 와치
동 지켜보다, 망보다

**Watch out!**
와치 아웃

조심하세요!

# listen

[lísn] 리슨
동 듣다

**Listen to this.**
리슨 투 디스

이것을 들어봐.

# read

[ri:d] 리-드
동 읽다

**Can you read it to me?**
캔 유- 리-드 잇 투 미

그것을 나에게 읽어 줄 수 있겠니?

# play

[plei] 플레이
동 놀다

**We played on the ground.**
위 플레이드 온 더 그라운드

우리는 운동장에서 놀았어요.

# practice

[præktis] 프랙티스
동 연습하다, 실행하다

**I think I'll practice some more.**
아이 씽크 아일 프랙티스 섬 모-어

전 연습이나 더 하겠습니다.

# exercise

[éksərsàiz] 엑서사이즈
동 운동하다

**We exercise everyday.**
위 엑서사이즈 에브리데이

우리는 매일 운동을 합니다.

# leave

[li:v] 리-브
동 떠나다, 남기다, 그만두다

I **left** for school.
아이 레프트 포 스쿨-

나는 학교를 향해 떠났어요.

# hang

[hæŋ] 행
동 걸다, 매달다

I **hung** up the picture on the wall.
아이 헝 업 더 픽쳐 온 더 월-

나는 벽에 사진을 걸었어요.

# sell

[sel] 셀
동 팔다

This book is **sell**ing well.
디스 북 이즈 셀링 웰

이 책은 잘 팔려요.

# pay

[pei] 페이
동 지불하다

How much do I have to **pay**?
하우 머치 두- 아이 해브 투 페이

제가 얼마를 지불해야 하나요?

# buy

[bai] 바이
동 사다

**What do you want to buy?**
왓 두- 유- 완트 투 바이

너는 무엇을 살거니?

# keep

[kiːp] 키-프
동 유지하다, 보유하다

**Let's keep it a secret.**
렛츠 키-프 잇 어 시-크릿

그것은 비밀로 하자.

# return

[ritə́ːrn] 리턴-
동 되돌아가다, 되돌려주다

**When should I return this DVD?**
웬 슈드 아이 리턴- 디스 디브이디

내가 DVD를 언제 반납해야 하나요?

# exchange

[ikstʃéindʒ] 익스체인지
동 교환하다, 돈을 바꾸다

**I want to exchange this for a new one.**
아이 완트 투 익스체인지 디스 포 어 뉴- 원

저는 이것을 새 것으로 교환하고 싶은데요.

# turn

[tə:rn] 턴-
동 돌리다, 뒤집다, 방향을 바꾸다

**Turn** around.
턴- 어라운드

도세요.

# send

[send] 센드
동 보내다

I will **send** this letter to him.
아이 윌 센드 디스 레터 투 힘

나는 그에게 이 편지를 보낼 것이다.

# receive

[risí:v] 리시-브
동 받다

Did you **receive** my letter?
디드 유- 리시-브 마이 레터

내 편지 받았니?

# insert

[insə́:rt] 인서-트
동 넣다

Please **insert** a coin.
플리-즈 인서-트 어 코인

동전을 넣어 주세요.

동사

인생과 일상

# enter
[éntər] 엔터
동 들어가다, 입력하다

May I enter?
메이 아이 엔터

들어가도 되나요?

# remove
[rimú:v] 리무-브
동 빼내다, 제거하다

Could you see if you can remove it?
쿠드 유- 씨- 이프 유- 캔 리무-브 잇

그것을 제거해 주실 수 있는지 봐주시겠어요?

# transfer
[trænsfə́:r] 트랜스퍼-
동 옮기다, 이동하다, 갈아타다

Where should I transfer to go to the Seoul station?
웨어 슈드 아이 트랜스퍼- 투 고우 투 더 서울 스테이션

서울역으로 가려면 어디서 갈아타야 하나요?

# hire
[haiər] 하이어
동 고용하다

I was hired by him.
아이 워즈 하이어드 바이 힘

그가 나를 고용했다.

"

# appear [əpíər] 어피어
동 나타나다

**She was the next to appear.**
쉬- 워즈 더 넥스트 투 어피어

그녀가 그 다음으로 나타났다.

# walk [wɔːk] 워-크
동 걷다

**I walked for school.**
아이 웍-트 포 스쿨-

나는걸어서 학교에 갔어요.

# stay [stei] 스테이
동 머무르다, 체류하다

**How long are you going to stay here?**
하우 롱- 아 유- 고우잉 투 스테이 히어

이곳에 얼마나 머무르실 계획이세요

# hold [hould] 호울드
동 잡다, 유지하다, 소유하다

**Hold me tight.**
호울드 미 타이트

나를 꽉 잡아.



인생과 일상

# protect

[prətékt] 프러텍트

동 보호하다, 막다, 지키다

I need to **protect** myself.
아이 니-드 투 프러텍트 마이셀프

나는 스스로를 보호해야만 한다.

# open

[óupən] 오우픈

동 열다

**Open** your mouth.
오우픈 유어 마우쓰

입을 벌려요.

# close

[klouz] 클로우즈

동 닫다

**Close** the door.
클로우즈 더 도-어

문을 닫아요.

# report

[ripɔ́:rt] 리포-트

동 보고하다

Please **report** to reception on arrival.
플리-즈 리포-트 투 리셉션 온 어라이벌

도착 즉시 안내실에 알리세요.

# board

[bɔːrd] 보-드
동 타다, 탑승하다

I **boarded** a train.
아이 보-디드 어 트레인

나는 기차를 탔어요.

# find

[faind] 파인드
동 찾다

Where did you **find** it?
웨어 디드 유- 파인드 잇

그것을 어디에서 찾았니?

# request

[rikwést] 리퀘스트
동 청하다, 요청하다

I **requested** a permission to go out.
아이 리퀘스티드 어 퍼미션 투 고우 아웃

나는 외출 허가를 받았다.

인생과 일상

# experience

[ikspíəriəns] 익스피어리언스 동 경험하다, 체험하다

It is not easy to experience the process of becoming a father.
잇 이즈 낫 이-지 투 익스피어리언스 더 프라세스 어브 비커밍 어 파-더

아빠가 되는 과정을 경험하는 것은 쉽지 않다.

# land

[lænd] 랜드 동 착륙하다

He landed an airplane in an airport.
히- 랜디드 언 에어플레인 인 언 에어포-트

그는 공항에 비행기를 착륙시켰다.

# arrive

[əráiv] 어라이브 동 도착하다

I arrived at the airport early.
아이 어라이브드 앳 디 에어포-트 얼-리

나는 공항에 일찍 도착했다.

# vote
[vout] 보우트
동 투표하다

**Who did vote for?**
후- 디드 보우트 포

너는 누구에게 투표했니?

# assist
[əsíst] 어시스트
동 거들다, 원조하다, 돕다

**I'll assist you.**
아일 어시스트 유-

내가 도와줄게.

# do
[du:] 두-
동 하다

**What are you doing now?**
왓 아 유- 두-잉 나우

너 지금 무얼 하고 있니?

# be
[bi] 비
동 이다, 있다

**He is a pilot.**
히- 이즈 어 파일럿

그는 비행기 조종사예요.

동사

인생과 일상

# wait

[weit] 웨이트
동 기다리다

**Wait** for a moment.
웨이트 포 어 모먼트

잠시만 기다려주세요.

# pull

[pul] 풀
동 끌다, 당기다, 잡아떼다

I **pull**ed a cart along the country road.
아이 풀드 어 카-트 어롱- 더 컨트리 로우드

나는 시골길을 따라 수레를 끌었다.

# push

[puʃ] 푸쉬
동 밀다, 밀어내다

Don't **push** me.
돈트 푸쉬 미

저를 밀지 마세요.

# climb

[klaim] 클라임
동 오르다, 올라가다

I **climb** up the mountain.
아이 클라임 업 더 마운틴

나는 산에 오른다.

# throw [θrou] 쓰로우
## 동 던지다

I **threw** a ball.
아이 쓰류 어 볼-

나는 공을 던졌다.

# pitch [pitʃ] 피치
## 동 던지다

She **pitch**es a ball.
쉬- 피치스 어 볼-

그녀는 공을 던진다.

# pass [pæs] 패스
## 동 패스하다, 던지다

Would you **pass** me the salt?
우드 유- 패스 미 더 솔-트

소금 좀 건네주시겠어요?



인생과 일상

# catch [kætʃ] 캐치
동 받다

Can you catch a ball?
캔 유- 캐치 어 볼-

공을 받을 수 있겠어요?

# hit [hit] 힛
동 치다

He hit a home run.
히- 힛 어 호움 런

그는 홈런을 쳤어요.

# shoot [ʃuːt] 슈-트
동 차다, 슈트하다

I can't shoot straight.
아이 캔트 슈-트 스트레이트

나는 똑바로 (공을) 찰 수가 없다.

# kick [kik] 킥
동 차다

I kicked a goal.
아이 킥트 어 고울

나는 공을 차서 1점을 넣었어요.

# jump

[dʒʌmp] 점프
(동) 뛰다, 점프하다

**I jumped out of the car.**
아이 점프트 아웃 어브 더 카-

나는 차에서 뛰쳐나왔어요.


# bend

[bend] 벤드
(동) 구부리다

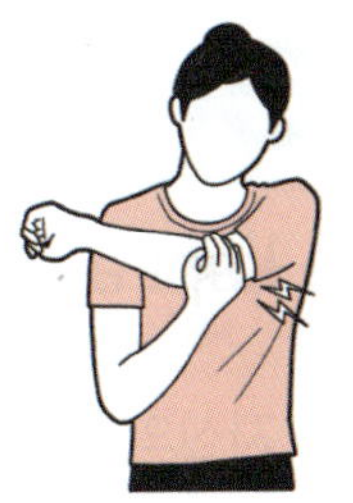

**I bent my elbow.**
아이 벤트 마이 엘보우

나는 팔꿈치를 구부렸어요.


# ride

[raid] 라이드
(동) 타다

**What would you like to ride?**
왓 우드 유- 라이크 투 라이드

너는 무엇을 탈거니?


# finish

[fɪnɪʃ] 피니시
(동) 끝내다, 끝마치다

**Can you finish it by tomorrow?**
캔 유- 피니시 잇 바이 투모-로우

내일까지 그것을 끝낼 수 있나요?

동사

인생과 일상

# paint

[peint] 페인트
동 그림 그리다

I want to paint my house blue.
아이 완트 투 페인트 마이 하우스 블루-

나는 집을 파란색으로 칠하고 싶어요.

# record

[rikɔ́ːrd] 리-코드
동 기록하다

He kept a record of his trip.
히 켑트 어 리코-드 어브 히즈 트립

그는 자신의 여행을 기록했다.

# stop

[stap] 스탑
동 멈추다, 중단하다

I stopped to buy a book.
아이 스탑트 투 바이 어 북

나는 책을 사기 위해 멈췄어요.

# plan

[plæn] 플랜
동 계획하다, 궁리하다

Did you plan for your vacation?
디드 유- 플랜 포 유어 베이케이션

방학 계획 세웠니?

# invite

[inváit] 인바이트
동 초대하다

**She invited us for her birthday party.**
쉬- 인바이티드 어스 포 허 버-쓰데이 파-티

그녀는 우리를 그녀의 생일 파티에 초대했어.

# hide

[haid] 하이드
동 감추다, 숨기다

**He hid behind the tree.**
히- 히드 비하인드 더 트리-

그는 나무 뒤에 숨었어요.

# bite

[bait] 바이트
동 물다, 깨물다

**The wild dog bit me.**
더 와일드 도-그 비트 미

그 사나운 개가 나를 물었어요.

동사

인생과 일상

 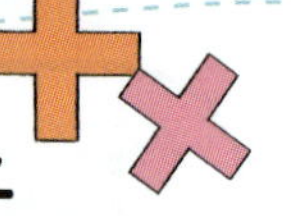

# Magic 영단어 플러스! 플러스

◎ **일상생활에서 쓸 수 있는 표현들을 더 알아보아요.**

- **be born** 태어나다
- **start school** 학교를 다니기 시작하다
- **get a job** 직장을 잡다
- **become a student** 학생이 되다
- **fall in love** 사랑에 빠지다
- **get married** 사랑에 빠지다
- **have a baby** 아이를 가지다
- **deliver a baby** 아이를 낳다 
- **buy a house** 집을 사다
- **wake up** 잠에서 깨다
- **get up** (잠자리에서) 일어나다
- **take a shower** 샤워하다
- **take a bath** 목욕하다
- **brush my teeth** 이를 닦다
- **get dressed** 옷을 입다
- **put on my clothes** 옷을 입다
- **get undressed** 옷을 벗다
- **take off my clothes** 옷을 벗다

# 

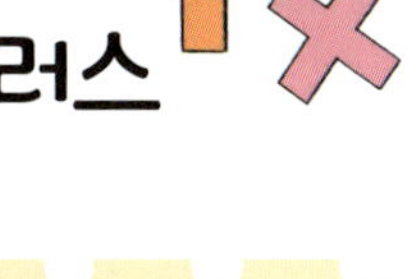

- **wash my face** 세수를 하다
- **put on makeup** 화장을 하다
- **comb my hair** 머리를 빗다
- **set the table** 상을 차리다
- **make breakfast** 아침을 준비하다
- **make lunch** 점심을 준비하다
- **make dinner** 저녁을 준비하다
- **eat (have) breakfast** 아침을 먹다
- **eat (have) lunch** 점심을 먹다
- **eat (have) dinner** 저녁을 먹다
- **introduce a friend** 친구를 소개하다
- **make the bed** 잠자리를 정돈하다
- **go to bed** 잠자리에 들다
- **clean the house** 집을 청소하다
- **wash(do) the dishes** 설거지하다
- **listen to the radio** 라디오를 듣다
- **turn on the radio** 라디오를 켜다
- **turn off the TV** TV를 끄다
- **listen to music** 음악을 듣다
- **turn on the lights** 불을 켜다
- **turn off the lights** 불을 끄다

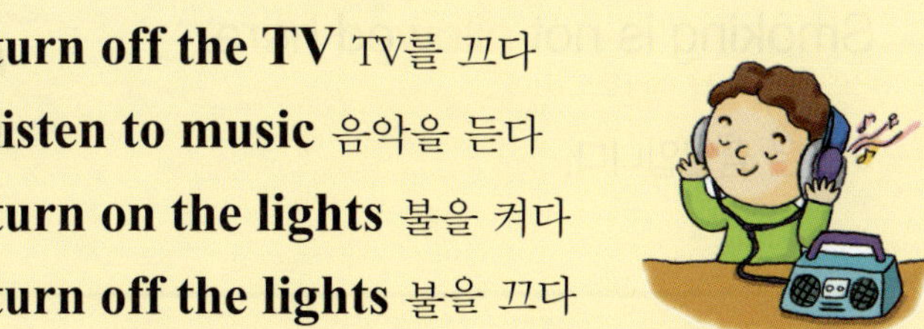

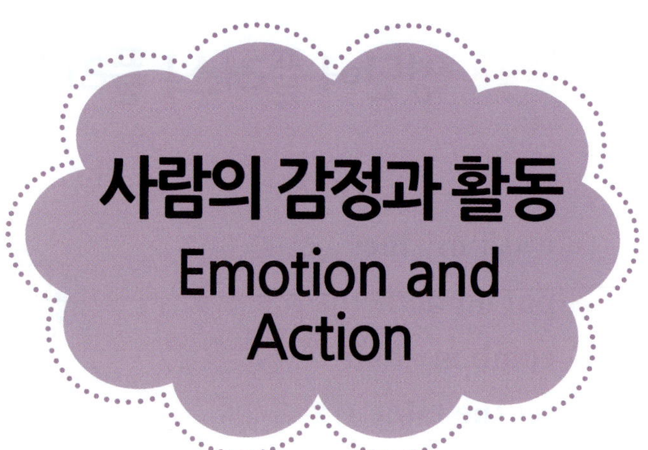


## agree

[əgríː] 어그리-
동 동의하다, 찬성하다

**I agree with you.**
아이 어그리- 위드 유-

나는 당신의 의견에 동의합니다.

## allow

[əláu] 어라우
동 허락하다, 인정하다

**Smoking is not allowed here.**
스모킹 이즈 낫 어라우드 히어

이곳은 금연입니다.

# announce

[ənáuns] 어나운스
동 알리다, 발표하다

**What does this article announce?**
왓 더즈 디스 아-티클 어나운스

이 기사는 무엇을 발표하고 있는가?

# argue

[áːrgjuː] 아-규-
동 논의하다, 주장하다

**You don't need to argue.**
유- 돈트 니드 투 아-규-

논쟁할 필요가 없어요.

# attack

[ətǽk] 어택
동 공격하다, 비난하다

**Some sharks attack fishers.**
섬 샤-크스 어택 피셔즈

어떤 상어들은 어부들을 공격한다.

# bear

[bɛər] 베어
동 아이를 낳다, 고통을 견디다

**She bore two children.**
쉬- 보-어 투- 칠드런

그녀는 두 명의 아이를 낳았어요.

사람의 감정과 활동

# believe

[bilí:v] 빌리-브
(동) 믿다, 신뢰하다

Do you believe in God?
두- 유- 빌리-브 인 갓-

너는 신을 믿니?

# borrow

[bárou] 바로우
(동) 빌리다

Can I borrow your pen?
캔 아이 바로우 유어 펜

펜 좀 빌릴 수 있나요?

# brave

[breiv] 브레이브
(동) 용감하게 싸우다

We'll brave the storm.
윌 브레이브 더 스톰-

우리는 폭풍에 맞서 싸울 것이다.

# call

[kɔ:l] 콜-
(동) 부르다, 전화하다, 방문하다

Can I call you back?
캔 아이 콜- 유- 백

다시 전화 드릴게요.

# cause [kɔːz] 코-즈
동 원인이 되다

**It causes many problems.**
잇 코-지즈 메니 프라-블럼즈

그것은 많은 문제들을 발생시켜요.

# chase [tʃeis] 체이스
동 뒤쫓다

**The police chased after the murderer.**
더 펄리-스 체이스드 애프터 더 머-더러

경찰이 살인범을 추적했다.

# chat [tʃæt] 챗
동 잡담하다

**Don't chat in the classroom.**
돈트 챗 인 더 클래스룸-

교실에서는 잡담을 하지 말아라.

# cheer [tʃiər] 치어
동 기운을 북돋우다

**Cheer up!**
치어 업

기운 내!



사람의 감정과 활동

# chew
[tʃuː] 츄-
동 씹다

**Don't chew gum in class.**
돈트 츄- 검 인 클래스

수업 중에는 껌을 씹지 말아라.

# choose
[tʃuːz] 츄-즈
동 고르다, 선택하다

**What will you choose among them?**
왓 윌 유- 츄-즈 어멍 뎀

그것들 중에 어떤 것을 고를 거니?

# come
[kʌm] 컴
동 오다, 도착하다, 나타나다

**When will you come home?**
웬 윌 유- 컴 호움

언제 집에 올 거니?

# conduct
[kándʌkt] 컨덕트
동 행동하다, 지휘하다

**He conducted an orchestra.**
히- 컨덕티드 언 오-키스트러

그는 오케스트라를 지휘했다.

# consider
[kənsídər] 컨시더
동 깊이 생각하다

**Consider** it carefully.
컨시더 잇 캐어펄리

신중하게 생각해 보세요.

# count
[kaunt] 카운트
동 세다, 계산하다

Can you **count** from one to one hundred?
캔 유- 카운트 프럼 원 투 원 헌드레드

너는 1부터 100까지 셀 수 있니?

# decide
[disáid] 디사이드
동 결심하다, 결정하다

I **decide**d not to go.
아이 디사이디드 낫 투 고우

나는 가지 않기로 결심했다.

# defend
[difénd] 디펜드
동 방어하다, 지키다

You must **defend** yourself.
유- 머스트 디펜드 유어셀프

자기 자신은 스스로 지켜야 한다.

# demand

[dimǽnd] 디맨드
(동) 요구하다, 묻다

**This matter demands great caution.**
디스 매터 디맨즈 그레이트 커-션

이 일은 많은 주의가 요구됩니다.

# destroy

[distrɔ́i] 디스트로이
(동) 파괴하다, 무효로 하다

**The building was destroyed by a bomb.**
더 빌딩 워즈 디스트로이드 바이 어 밤

그 건물은 폭탄으로 파괴되었다.

# disappear

[dìsəpíər] 디서피어
(동) 사라지다, 없어지다

**The problem won't just disappear.**
더 프라블럼 원트 저스트 디서피어

그 문제가 그냥 없어지지는 않을 것이다.

# discover

[diskʌ́vər] 디스커버
(동) 발견하다, 알아차리다

**Columbus discovered America.**
컬럼버스 디스커버드 어메리커

콜럼부스가 미국을 발견했다.

# enjoy

[indʒɔ́i] 인조이

동 즐기다, 누리다

Did you **enjoy** your meal?

디드 유- 인조이 유어 밀-

밥 맛있게 먹었니?

# excuse

[ikskjú:z] 익스큐-즈

동 용서하다, 참아 주다, 변명하다

**Excuse** me.

익스큐-즈 미

실례합니다.

# expect

[ikspékt] 익스펙트

동 기대하다, 기다리다

It is better than I **expect**ed.

잇 이즈 베터 댄 아이 익스펙티드

그것은 내가 기대했던 것보다 좋아요.

# explain

[ikspléin] 익스플레인

동 설명하다, 해명하다

Let me **explain**.

렛 미 익스플레인

제가 설명해 드릴게요.

사람의 감정과 활동

# fail
[feil] 페일
동 실패하다, 실수하다

He **failed** in the exam.
히- 페일드 인 디 이그잼

그는 시험에서 실패했다.

# favor
[féivər] 페이버
동 편애하다

Our teacher **favor**s Julie.
아우어 티-처 페이버스 줄리

선생님은 쥴리를 봐준다.

# fear
[fiər] 피어
동 두려워하다

We **fear** for his safety.
위 피어 포 히즈 세이프티

우리는 그의 안전을 염려하고 있다.

# feel
[fi:l] 필-
동 느끼다, 만져보다

Can you **feel** it?
캔 유- 필- 잇

그것이 느껴지니?

# fight

[fait] 파이트
동 싸우다, 전투하다

Don't **fight** with your friends at school.
돈트 파이트 위드 유어 프렌즈 앳 스쿨-

학교에서 친구들과 싸우지 마라.

# force

[fɔ:rs] 포-스
동 강요하다, 억지로 시키다

Don't **force** me to do it.
돈트 포-스 미 투 두 잇

그것을 저에게 강요하지 마세요.

# forget

[fərgét] 퍼겟
동 잊다

Don't **forget** to call me.
돈트 퍼겟 투 콜- 미

나에게 전화하는 것 잊지 마.

# gain

[gein] 게인
동 얻다, 획득하다

How much money did you **gain**?
하우 머치 머니 디드 유- 게인

돈을 얼마나 벌었어요?



사람의 감정과 활동

# grow

[grou] 그로우
동 자라다

He grew to be a doctor.
히- 그루- 투 비 어 닥터

그는 자라서 의사가 되었다.


# guard

[ga:rd] 가-드
동 지키다, 보호하다

I'll guard the secret.
아일 가-드 더 시-크릿

나는 비밀을 지키겠다.


# guess

[ges] 게스
동 추측하다

I guess he is right.
아이 게스 히- 이즈 라이트

내 생각에 그가 맞는 것 같아요.


# happen

[hǽpən] 해펀
동 일어나다, 우연히 하다

What is happening here?
왓 이즈 해프닝 히어

여기서 무슨 일이 일어나고 있는 거예요?

# hate
[heit] 헤이트
동 미워하다, 싫어하다

I **hate** rats.
아이 헤이트 래츠

나는 쥐가 싫어요.

# hear
[hiər] 히어
동 듣다, 들리다

I can't **hear** you.
아이 캔트 히어 유-

잘 안 들려요.

# hope
[houp] 호우프
동 바라다

I **hope** you feel better.
아이 호우프 유- 필- 베터

기분이 좋아지기를 바래요.

# hurry
[hə́:ri] 허-리
동 서두르다

**Hurry** up.
허-리 업

서둘러요.

사람의 감정과 활동

# imagine

[imǽdʒin] 이매진
동 상상하다, 생각하다

I couldn't imagine meeting you here.
아이 쿠든트 이매진 미-팅 유- 히어

너를 여기에서 만나게 될 줄은 몰랐어.

# interest

[íntərəst] 인터러스트
동 관심 있다

Are you interested in me?
아 유- 인터러스티드 인 미

나에게 관심이 있나요?

# judge

[dʒʌdʒ] 저지
동 판단하다, 판결을 내리다

Don't judge a book by its cover.
돈트 저지 어 북 바이 잇츠 커버

책의 겉모양만 보고 판단하지 마세요.

# kill

[kil] 킬
동 죽이다

Kill two birds with one stone.
킬 투- 버-즈 위드 원 스토운

일석이조.

# know
[nou] 노우
동 알다

I don't **know** well.
아이 돈트 노우 웰

잘 모르겠어요.

# lend
[lend] 렌드
동 빌려 주다

Can you **lend** me a car?
캔 유- 렌드 미 어 카-

차를 빌려 줄 수 있니?

# let
[let] 렛
동 하게 하다, 허락하다

I **let** you go.
아이 렛 유- 고우

가도 좋아.

# lie
[lai] 라이
동 눕다, 드러눕다

I **lie** in bed.
아이 라이 인 베드

나는 침대에 누워요.

# lie
[lai] 라이
동 거짓말하다

**Don't lie to me.**
돈트 라이 투 미

나에게 거짓말하지 마세요.

# like
[laik] 라이크
동 좋아하다

**I like it very much.**
아이 라이크 잇 베리 머치

나는 그것을 매우 좋아해요.

# lose
[lu:z] 루-즈
동 잃어버리다

**I lost my bag.**
아이 로스트 마이 백

나는 가방을 잃어버렸어요.

# love
[lʌv] 러브
동 사랑하다

**I love flowers very much.**
아이 러브 플라워즈 베리 머치

나는 꽃을 매우 좋아해요.

# mad
[mæd] 매드
동 미치다

He's **mad** keen on planes.
히-즈 매드 킨- 온 플레인즈

그는 비행기에 미쳤다[푹 빠져 있다].

# mean
[mi:n] 민-
동 의미하다

I don't understand what you **mean**.
아이 돈트 언더스탠드 왓 유- 민-

나는 네가 의미하는 바를 모르겠어요.

# meet
[mi:t] 미-트
동 만나다

I want you to **meet** my friend, Julie.
아이 완트 유- 투 미-트 마이 프렌드 줄리

내 친구 쥴리를 소개해 줄게.

# mind
[maind] 마인드
동 주의하다, 마음 쓰다

Would you **mind** opening the window?
우드 유- 마인드 오우프닝 더 윈도우

창문을 열어도 될까요?

사람의 감정과 활동

# miss

[mis] 미스
동 놓치다

You should hurry not to miss the train.
유- 슈드 허-리 낫 투 미스 더 트레인

기차를 놓치지 않으려면 서둘러야 해.

# mistake

[mistéik] 미스테이크
동 실수하다, 오해하다

I made a mistake.
아이 메이드 어 미스테이크

내 실수야.

# owe

[ou] 오우
동 빚이 있다

I owe you ten thousand won.
아이 오우 유- 텐 싸우전드 원

나는 너에게 만원을 갚아야 해.

# pain

[pein] 페인
동 아픔을 주다

I never meant to cause her pain.
아이 네버 멘트 투 코-즈 허 페인

나는 결코 그녀를 고통스럽게 할 생각은 없었다.

# prefer

[prifə́:r] 프리퍼–
동 더 좋아하다

I prefer tea to coffee.
아이 프리퍼– 티– 투 코–피

나는 커피보다 차를 더 좋아해.

# present

[préznt] 프레즌트
동 선사하다

I will present this for you.
아이 윌 프레즌트 디스 포 유–

이걸 너에게 줄게.

# press

[pres] 프레스
동 누르다, 강요하다

If you need any help, press this button.
이프 유– 니–드 애니 헬프 프레스 디스 버튼

도움이 필요하면 이 버튼을 누르세요.

# produce

[prədjú:s] 프러듀–스
동 낳다, 생산하다

I produce a book.
아이 프러듀–스 어 북

저는 책을 출판합니다.

# promise

[prámis] 프라미스
동 약속하다

**He promised to help me.**
히- 프라미스드 투 헬프 미

그는 나를 도와주겠다고 약속을 했어요.

# prove

[pru:v] 프루-브
동 입증하다, 증명하다

**Can you prove the truth?**
캔 유- 프루-브 더 트루스

당신은 진실을 증명할 수 있어요?

# quarrel

[kwɔ́:rəl] 쿼-럴
동 다투다, 싸우다

**I don't want to quarrel with you.**
아이 돈트 완트 투 쿼-럴 위드 유-

나는 너와 싸우고 싶지 않아.

# quit

[kwit] 큇
동 그만두다, 그치다

**He quitted his job last week.**
히- 퀴티드 히즈 잡 래스트 위-크

그는 지난 주에 일을 그만 두었다.

# reach

[riːtʃ] 리-치
(동) 연락하다

**What time do I reach Rome?**
왓 타임 두- 아이 리-치 로움

전 로마에 몇 시에 도착하나요?

# refuse

[rifjúːz] 리퓨-즈
(동) 거절하다

**I refused to talk about it.**
아이 리퓨-즈 투 토-크 어바웃 잇

나는 그것에 대해 이야기하는 것을 거절했다.

# regret

[rigrét] 리그렛
(동) 후회하다

**I regretted to say that.**
아이 리그렛티드 투 세이 댓

나는 그 말을 한 것을 후회했다.

# remember

[rimémbər] 리멤버
(동) 기억하다

**Do you remember me?**
두- 유- 리멤버 미

나를 기억하겠니?

사람의 감정과 활동

# reply

[riplái] 리플라이
동 대답하다

Did you **reply** to her letter?
디드 유- 리플라이 투 허 레터

그녀의 편지에 답장을 했니?

# respect

[rispékt] 리스펙트
동 존경하다

I **respect** her very much.
아이 리스펙트 허 베리 머치

나는 그녀를 매우 존경해요.

# rest

[rest] 레스트
동 쉬다

I **rest**ed at home.
아이 레스티드 앳 홈

나는 집에서 쉬었어요.

# return

[ritə́:rn] 리턴-
동 돌아오다, 돌려 주다

When should I **return** it?
웬 슈드 아이 리턴- 잇

제가 그것을 언제 반납해야 하나요?

# run [rʌn] 런
동 달리다

**I ran up the hill.**
아이 랜 업 더 힐

나는 언덕을 따라 달렸어요.

# save [seiv] 세이브
동 구하다, 저축하다, 절약하다

**Did you save a lot?**
디드 유- 세이브 어 랏

저축 많이 했니?

# see [si:] 씨-
동 보다, 만나다, 알다

**I saw him on the street.**
아이 소- 힘 온 더 스트리-트

나는 거리에서 그를 보았어.

# seek [si:k] 시-크
동 찾다, 조사하다

**What are you seeking for?**
왓 아 유- 시-킹 포

너 무얼 찾고 있니?



사람의 감정과 활동

# seem

[si:m] 심-
동 생각되다, 보이다

It **seems** to be no problem.
잇 심-즈 투 비 노 프라블럼

그것은 문제 될 것이 없어요.

# show

[ʃou] 쇼우
동 보여 주다, 안내하다

I'll **show** you.
아일 쇼우 유-

내가 안내할게요.

# sit

[sit] 싯
동 앉다, 앉히다

**Sit** down here.
싯 다운 히어

여기 앉아요.

# smell

[smel] 스멜
동 냄새를 맡다

It **smell**s bad.
잇 스멜즈 배드

냄새가 고약해요.

# solve

[salv] 살브
동 풀다, 해결하다

**I can't solve this math problem.**
아이 캔트 살브 디스 매쓰 프라블럼

나는 이 수학 문제를 풀지 못하겠어요.

# sing

[siŋ] 싱
동 노래하다

**I sang a song in front of him.**
아이 생 어 송- 인 프런트 어브 힘

나는 그 앞에서 노래를 불렀어요.

# spend

[spend] 스펜드
동 쓰다, 보내다

**How much money did you spend last night?**
하우 머치 머니 디드 유- 스펜드 래스트 나이트

너 어제 저녁에 얼마나 썼니?

# succeed

[səksíːd] 석시-드
동 성공하다

**He succeeded in his business.**
히- 석시-드 인 히즈 비즈니스

그는 사업에 성공했어요.

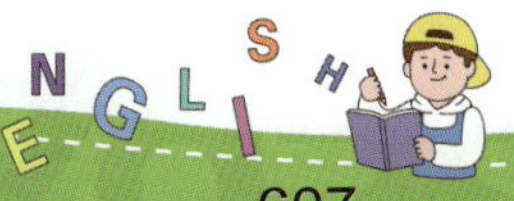

# surprise

[sərpráiz] 서프라이즈
동 놀라게 하다

I was surprised at the news.
아이 워즈 서프라이즈드 앳 더 뉴-스

나는 그 소식에 놀랐어요.

# survive

[sərváiv] 서바이브
동 살아남다

I will survive. As I live!
아이 윌 서바이브 애즈 아이 리브

나는 살아남을 것이다. 절대로!

# sweat

[swet] 스윗
동 땀을 흘리다

They are sweating.
데이 아 스웨팅

그들은 땀을 흘리고 있어요.

# taste

[teist] 테이스트
동 맛보다

It tastes bitter.
잇 테이스츠 비터

그것은 맛이 써요.

# teach [ti:tʃ] 티-치 <br> 동 가르치다

**I'll teach you.**
아일 티-치 유-

내가 가르쳐 줄게.

# tear [tiər] 티어 <br> 동 눈물을 흘리다

**She burst into tears.**
쉬- 버-스트 인투 티어즈

그녀는 눈물을 왈칵 터뜨렸어요.

# tell [tel] 텔 <br> 동 말하다

**Tell me about your experience.**
텔 미 어바웃 유어 익스피어리언스

당신의 경험에 대해서 말씀해 주세요.

# think [θiŋk] 씽크 <br> 동 생각하다

**What do you think about it?**
왓 두- 유- 씽크 어바웃 잇

네 생각은 어때?



사람의 감정과 활동

# touch

[tʌtʃ] 터치
동 접촉하다, 가볍게 누르다

**Don't touch it.**
돈트 터치 잇

그것을 만지지 마세요.

# try

[trai] 트라이
동 시도하다, 노력하다

**I tried not to lose it.**
아이 트라이드 낫 투 루-즈 잇

나는 그것을 잃어버리지 않으려고 노력했어요.

# understand

[ʌndərstǽnd] 언더스탠드 동 이해하다

**I can't understand.**
아이 캔트 언더스탠드

이해가 되지 않아요.

# use

[ju:z] 유-즈
동 쓰다, 사용하다

Do you know how to use this?
두- 유- 노우 하우 투 유-즈 디스

이것을 어떻게 사용하는지 아세요?

# visit

[vízit] 비지트
동 방문하다

I visited my relative's house.
아이 비지티드 마이 렐러티브스 하우스

나는 친척 집을 방문했어요.

# want

[want] 완트
동 바라다, 원하다

What do you want for Christmas?
왓 두- 유- 완트 포 크리스머스

크리스마스에 무얼 받고 싶어요?

# waste

[weist] 웨이스트
동 낭비하다

Don't waste your time.
돈트 웨이스트 유어 타임

시간을 낭비하지 마세요.

# win

[win] 윈
(동) 이기다

We **won** the game.
위 원 더 게임

우리가 게임에서 이겼어요.

# wish

[wiʃ] 위시
(동) 바라다

I **wish** you a merry Christmas.
아이 위시 유- 어 메리 크리스머스

즐거운 성탄절 보내세요.

# work

[wəːrk] 워-크
(동) 일하다

My mother **work**s in the hospital.
마이 머더 워-크스 인 더 하스피틀

나의 어머니는 병원에서 일을 하세요.

# worry

[wə́ːri] 워-리
(동) 걱정하다

Don't **worry** about it.
돈트 워-리 어바웃 잇

걱정하지 마.

# Magic 영단어 플러스! 플러스

◎ **다음 글을 읽고, 밑줄 그은 한글 뜻과 같은 영어 동사 단어를 괄호 속에 적어 봐요.**

1. 나는 학교 수업이 끝나면 집에 <u>간다</u>.(              )

2. 나는 슬플 때 <u>눈물을 흘린다</u>.(              )

3. 아버지는 직장에서 <u>일한다</u>.(              )

4. 나는 친구들과 컴퓨터 게임을 하면 항상 <u>이긴다</u>.(              )

5. 나는 무엇인가를 하기 전에 항상 옳은 일인지 아닌지를 <u>생각한다</u>.
    (              )

6. 나는 아무리 어려운 수학 문제도 혼자서 <u>푼다</u>.(              )

7. 나는 기분이 좋을 때면 노래를 <u>부른다</u>.(              )

8. 나는 급할 때는 언니의 핸드폰을 <u>사용한다</u>.(              )

9. 나는 졸리거나 아프면 침대에 <u>눕는다</u>.(              )

10. 나는 금요일마다 새로운 친구를 <u>만난다</u>.(              )

답 1. go  2. tear  3. work  4. win  5. think  6. solve  7. sing  8. use  9. lie  10. meet

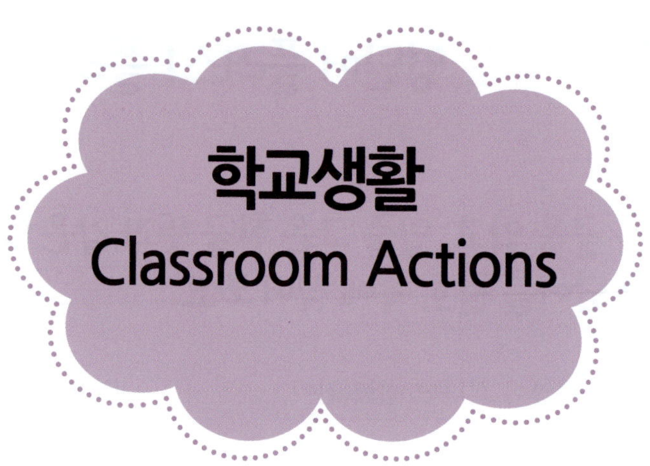


## stand

[stænd] 스탠드
동 서다, 참다

I can't **stand** it any more.
아이 캔트 스탠드 잇 애니 모-어

더 이상 참을 수가 없어요.

## write

[rait] 라이트
동 쓰다

I **write** a diary everyday.
아이 라이트 어 다이어리 에브리데이

나는 매일 일기를 써요.

# erase

[iréis] 이레이스
동 지우다

**Don't erase the line.**
돈트 이레이스 더 라인

그 선을 지우지 마라.

# sit

[sit] 싯
동 앉다

**Sit down here.**
싯 다운 히어

여기 앉으세요.

# share

[ʃɛər] 쉐어
동 분배하다, 함께 나누다

**Let's share it.**
렛츠 쉐어 잇

같이 쓰자.

# study

[stʌdi] 스터디
동 공부하다

**My sister is studying English hard.**
마이 시스터 이즈 스터딩 잉글리쉬 하-드

나의 언니는 열심히 영어공부를 하고 있어요.

동사

학교 생활

# look [luk] 룩
동 보다, 바라보다

**What are you look**ing at?
왓 아 유- 룩킹 앳

너는 무얼 보고 있니?

# spell [spel] 스펠
동 맞춤법에 따라 쓰다, 철자를 말하다

**How do you spell it?**
하우 두- 유- 스펠 잇

그것의 철자가 뭐니?

# dictate [díkteit] 딕테이트
동 받아쓰게 하다

**I'll dictate one sentence at a time.**
아일 딕테이트 원 센턴스 앳 어 타임

나는 한번에 한 문장씩 받아 쓸 것이다.

# copy [kápi] 카피
동 베끼다, 모방하다, 복사하다

**Can you copy this paper?**
캔 유- 카피 디스 페이퍼

이 서류 좀 복사해 주시겠어요?

# repeat [ripí:t] 리피-트
동 되풀이하다, 반복하다

**Repeat after me.**
리피-트 애프터 미

나를 따라 반복하세요.

# underline [ʌ́ndərlàin] 언더라인
동 아래에 선을 긋다, 강조하다

**Underline the key words.**
언더라인 더 키 워-즈

중요한 단어에 밑줄을 그어라

# draw
[drɔ:] 드로–
동 당기다, 그림 그리다

**Draw a line.**
드로– 어 라인

선을 그리세요.

# say
[sei] 세이
동 말하다

**Can you say it in English?**
캔 유– 세이 잇 인 잉글리쉬

너는 그것을 영어로 말할 수 있니?

# talk
[tɔ:k] 토–크
동 말하다, 이야기하다

**Let's talk later.**
렛츠 토–크 레이터

나중에 이야기 하자.

# speak

[spi:k] 스피-크
동 이야기하다, 연설하다

**May I speak to Tom?**
메이 아이 스피-크 투 탐

탐 좀 바꾸어 주세요.

# raise

[reiz] 레이즈
동 올리다

**Raise your right hand.**
레이즈 유어 라이트 핸드

오른손을 드세요.

# give

[giv] 기브
동 주다

**I'll give you a hand.**
아일 기브 유- 어 핸드

내가 도와 줄게.

학교 생활

# help
[help] 헬프
동 돕다

**May I help you?**
메이 아이 헬프 유-

도와 드릴까요?

# bring
[briŋ] 브링
동 가져오다, 데려오다

**I'll bring it for you.**
아일 브링 잇 포 유-

내가 가져 올게.

# correct
[kərékt] 커렉트
동 고치다, 바로잡다

**I'll correct it for you.**
아일 커렉트 잇 포 유-

내가 고쳐 줄게.

# pass
[pæs] 패스
동 지나가다, 통과하다, 합격하다

I **pass**ed the entrance examination.
아이 패스드 디 엔트런스 이그재미네이션

나는 입학시험에 합격했어요.

# ask
[æsk] 애스크
동 묻다, 부탁하다

May I **ask** a question?
메이 아이 애스크 어 퀘스쳔

질문 하나 해도 될까요?

# answer
[ǽnsər] 앤서
동 답하다

I **answer**ed to a question.
아이 앤서드 투 어 퀘스쳔

나는 질문에 대답을 했어요.

학교 생활

# discuss

[dɪskʌs] 디스커스
동 논의하다, 토론하다

**I discussed the problem with him.**
아이 디스커스드 더 프라블럼 위드 힘

나는 그와 그 문제에 대해 의논했어요.

# fill

[fil] 필
동 채우다

**Fill in the blank.**
필 인 더 블랭크

빈 칸을 채우세요.

# circle

[sə́:rkl] 써-클
동 둘레를 돌다, 에워싸다, 원을 그리다

**They are standing in a circle.**
데이 아 스탠딩 인 어 써-클

그들은 둥글게 서 있어요.

# mark

[ma:rk] 마-크

동 채점하다, 표시하다

**Mark** your answer.
마-크 유어 앤서

정답을 표시하세요.

# match

[mætʃ] 매치

동 대등하다, 조화하다, 어울리다

No one **match**es her in cooking.
노 원 매치스 허 인 쿠킹

요리에서는 그녀와 견줄 만한 사람이 없어요.

# check

[tʃek] 첵

동 검사하다

I'll **check** her temperature.
아일 첵 허 템퍼러쳐

내가 그녀의 체온을 재 볼게요.

# collect

[kəlékt] 컬렉트

동 모으다

My hobby is **collect**ing stamps.
마이 하비 이즈 컬렉팅 스탬프스

나의 취미는 우표수집이에요.



학교 생활

◎ **학교생활에 관련된 다음의 표현들을 더 익혀 보세요.**

- **stand up** 일어나다
- **sit down** 앉다
- **go to the blackboard** 칠판에 가다
- **clean the blackboard** 칠판을 지우다
- **write a name** 이름을 쓰다
- **erase a name** 이름을 지우다
- **take a seat** 자리에 앉다
- **share a book** 책을 같이 보다
- **open a book** 책을 펼치다
- **read page 8** 8쪽을 읽다
- **turn to page 8** 8쪽을 펴세요.
- **study page eight** 8쪽을 공부하다
- **look up a word** 단어를 찾아보다
- **find a word** 단어의 뜻을 찾다
- **spell a word** 철자를 말하다
- **dictate a word** 단어를 받아쓰다
- **copy the word** 단어를 베껴 쓰다
- **repeat the word** 단어를 반복해서 읽다
- **underline the word** 단어에 밑줄을 긋다
- **take a note** 필기를 하다
- **close a book** 책을 덮다

# Magic 영단어 플러스! 플러스

- **open a book** 책을 펴다
- **draw a picture** 그림을 그리다
- **say something** 무언가를 말하다
- **answer the questions** 질문에 답을 하다
- **talk to the teacher** 선생님에게 말하다
- **raise a hand** 손을 들다
- **listen to the question** 질문을 듣다
- **ask a question** 질문을 하다
- **have a question** 질문이 있다
- **give an answer** 대답을 하다
- **discuss the subject** 주제를 토론하다
- **correct the mistakes** 틀린 것을 바로잡다
- **help each other** 서로 돕다
- **do the homework** 숙제를 하다
- **fill in the blank** 빈 칸을 채우다
- **circle the answer** 정답에 동그라미를 그리다
- **mark the answer** 정답을 표시하다
- **match the items** 맞는 항목끼리 연결하다
- **check the answers** 답을 검사하다
- **pass out the tests** 시험지를 나누어 주다
- **collect the tests** 시험지를 거두다
- **pass the exam** 시험에 합격하다
- **have a test** 시험이 있다
- **know the answers** 정답을 알다
- **get an A** 에이를 받다

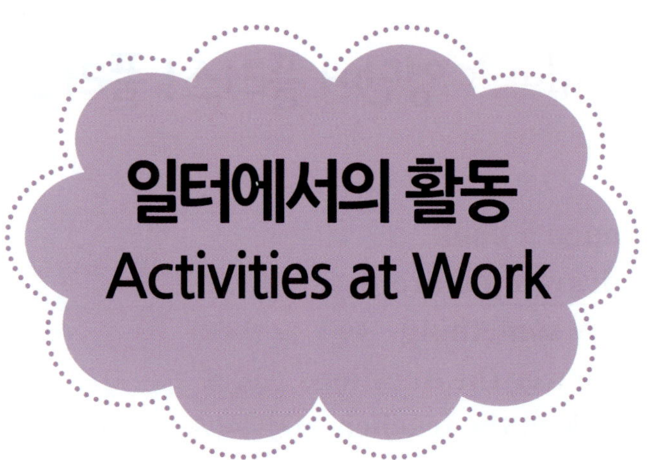


## drive

[draiv] 드라이브
동 몰다, 운전하다

**My dad drove me home.**
마이 대드 드로우브 미 홈

아빠가 집까지 태워 주셨어요.

## leave

[li:v] 리-브
동 떠나다, 버리다, 남기다

**When will you leave?**
웬 윌 유- 리-브

언제 떠날 거예요?

# come

[kʌm] 컴
동 오다, 나타나다

**Come** here.
컴 히어

이리 오너라.

# act

[ækt] 액트
동 연기하다, 행동하다

He **act**s like a child.
히- 액츠 라이크 어 차일드

그는 어린아이 같이 굴어요.

# build

[bild] 빌드
동 짓다, 건축하다

This house was **built** by my uncle.
디스 하우스 워즈 빌트 바이 마이 엉클

이 집은 삼촌이 지으셨어요.

# cook

[kuk] 쿡
동 요리하다

He **cook**s very well.
히- 쿡스 베리 웰

그는 요리를 잘 해요.



일터에서의 활동

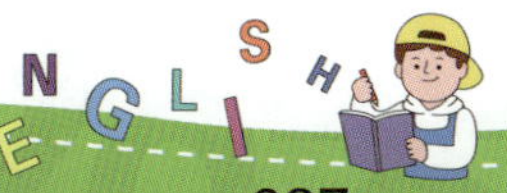

# deliver

[dilívər] 딜리버
동 배달하다, 넘겨주다

**Do you deliver?**
두- 유- 딜리버

배달해 주나요

# grow

[grou] 그로우
동 기르다, 재배하다, 성장하다

**He grew to be a nurse.**
히- 그루- 투 비 어 너-스

그는 커서 간호사가 되었어요.

# operate

[ápərèit] 아퍼레이트
동 움직이다, 수술하다, 작동하다

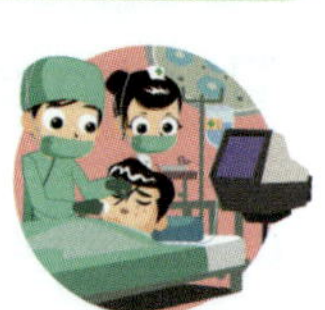

**The doctor operated on a patient.**
더 닥터 아퍼레이티드 온 어 페이션트

의사가 환자를 수술했어요.

# repair

[ripέər] 리페어
동 수리하다, 수선하다

**Do you repair the radio?**
두- 유- 리페어 더 레이디오우

라디오를 수리하세요?

# sell
[sel] 셀
동 팔다

Is this book selling well?
이즈 디스 북 셀링 웰

이 책은 잘 팔리나요?

# sew
[sou] 소우
동 바느질을 하다

She sewed cloth.
쉬- 소우드 클로-스

그녀는 천을 꿰맸어요.

# sing
[siŋ] 싱
동 노래를 부르다

Let's sing a song.
렛츠 싱 어 송-

노래를 부르자.

# teach
[tiːtʃ] 티-치
동 가르치다

I can teach you if you want.
아이 캔 티-치 유- 이프 유 완트

원한다면 내가 가르쳐 줄게.

동사

일터에서의 활동

# apply

[əplái] 어플라이
동 물건을 대다, 신청하다

I **applied** for that position.
아이 어플라이드 포 댓 퍼지션

나는 그 일자리를 신청했어.

# bomb

[bam] 밤
동 폭격하다

It was a **bomb**.
잇 워즈 어 밤

그것은 대성공이었어.

도움말 bomb이 폭탄이라는 의미의 속어로 좋지 않은 의미도 있지만 '대성공'이라는 뜻도 있습니다.

# connect

[kənékt] 커넥트
동 잇다, 연결하다

I'll **connect** him.
아일 커넥트 힘

연결해 드릴게요. (전화에서)

# contain

[kəntéin] 컨테인
동 담고 있다, 포함하다

What does your parcel **contain**?
왓 더즈 유어 파-슬 컨테인

소포 안에 뭐가 들었습니까?

# cost
[kɔ:st] 코-스트
동 비용이 들다

**How much does it cost?**
하우 머치 더즈 잇 코-스트

그것은 비용이 얼마나 드나요?

# cover
[kʌvər] 커버
동 뚜껑을 덮다

**The mountain was covered with snow.**
더 마운틴 워즈 커버드 위드 스노우

산이 눈으로 덮여 있었어요.

# cross
[krɔ:s] 크로-스
동 교차하다, 가로지르다

**Be careful when you cross the street.**
비 케어플 웬 유- 크로-스 더 스트리-트

길을 건널 때는 조심하세요.

# divide
[diváid] 디바이드
동 나누다, 갈라놓다

**I divided them into groups.**
아이 디바이디드 뎀 인투 그룹스

나는 그들을 그룹으로 나누었어요.

# drive
[draiv] 드라이브
동 몰다, 운전하다

**Can you drive a car?**
캔 유- 드라이브 어 카-

운전할 줄 아니?

# dry
[drai] 드라이
동 말리다

**Turn the bag inside out and let it dry.**
턴- 더 백 인사이드 아웃 앤드 렛 잇 드라이

가방을 뒤집어 말려라.

# equal
[íːkwəl] 이-퀄
동 같다

**You are equal to me.**
유- 아 이-퀄 투 미

너와 나는 같아.

# examine
[igzǽmin] 이그재민
동 검사하다, 진찰하다, 시험하다

**Can you examine it carefully?**
캔 유- 이그재민 잇 케어펄리

세심하게 검사해 주시겠어요.

# express

[iksprés] 익스프레스
동 표현하다, 속달로 부치다

**Express** yourself.
익스프레스 유어셀프

자신을 표현하세요.

# fit

[fit] 피트
동 꼭 맞다, 적합하다

That suit **fit**s you well.
댓 수-트 핏츠 유- 웰

그 옷이 너에게 잘 맞아.

# flow

[flou] 플로우
동 넘쳐흐르다

Heavy rains made rivers over **flow**.
헤비 레인즈 메이드 리버즈 오우버 플로우

폭우로 강물이 넘쳤다.

# fly

[flai] 플라이
동 날다

I feel like **fly**ing.
아이 필- 라이크 플라잉

나는 날아갈 것 같아요.

일터에서의 활동

# follow

[fálou] 팔로우
동 다음에 오다, 따라가다

**Follow** me.
팔로우 미

나를 따라오세요.

# harvest

[há:rvist] 하—비스트
동 수확하다

The farmer **harvest**s crops.
더 파-머 하-비스츠 크랍-스

농부가 작물을 수확합니다.

# hunt

[hʌnt] 헌트
동 사냥하다

He went out **hunt**ing.
히- 웬트 아웃 헌팅

그는 사냥하러 밖에 나갔어요.

# lay

[lei] 레이
동 놓다, 두다, 눕히다

I **lay** a book on a shelf.
아이 레이 어 북 온 어 쉘프

나는 책을 선반에 두어요.

# matter

[mǽtər] 매터
동 중요하다

It doesn't really matter.
잇 더즌트 리얼리 매터

그것을 정말 중요한 게 아니예요.

# photograph

[fóutəgræf] 포우터그래프
동 사진을 찍다

They will be allowed to photograph him.
데이 윌 비 어라우드 투 포우터그래프 힘

그들은 그의 사진을 찍을 수 있을 것이다.

# result

[rizʌlt] 리절트
동 결과로서 생기다

Disease often results from poverty.
디지-즈 오-펀 리절츠 프럼 파-버티

질병은 종종 빈곤에서 발생한다.

# roll

[roul] 로울
동 구르다

The barrel rolled over.
더 배럴 로울드 오우버

통이 굴렀어요.

# rub

[rʌb] 러브
동 문지르다

I **rub**bed my eyes and yawned.
아이 럽드 마이 아이즈 앤드 욘-드

나는 눈을 비비고 하품을 했어요.

# shut

[ʃʌt] 셧
동 닫다, 다물다

**Shut** your mouth.
셧 유어 마우쓰

입을 다물어요.

# spread

[spred] 스프레드
동 펴다, 펼치다

I **spread**ed a carpet on the floor.
아이 스프레디드 어 카-핏 온 더 플로-어

나는 마루에 카펫을 깔았어요.

# stretch

[stretʃ] 스트레치
동 잡아 늘이다, 뻗치다

I **stretch**ed my legs.
아이 스트레치드 마이 레그즈

나는 다리를 쭉 뻗었어요.

# strike

[straik] 스트라이크
동 치다

**Strike** while the iron is hot.
스트라이크 와일 디 아이언 이즈 핫

쇠뿔도 당김에 빼라.

# trend

[trend] 트렌드
동 기울다, 어떤 방향으로 가다

Things are **trend**ing toward nationalism.
씽즈 아 트렌딩 터-워드 내셔널리즘

추세는 차츰 민족주의로 기울고 있다.

# deliver

[dilívər] 딜리버
동 배달하다, 넘겨주다

Can you **deliver** this?
캔 유- 딜리버 디스

이것을 배달해 줄 수 있어요?

# lift
[lift] 리프트
동 들다, 들어올리다

I **lift**ed my right hand.
아이 리프티드 마이 라이트 핸드

나는 오른손을 들어 올렸어요.

# offer
[ɔ́ːfər] 오-퍼
동 제공하다, 제출하다

He **offer**ed me a job.
히- 오-퍼드 미 어 잡

그는 나에게 일자리를 주었어요.

# trade
[treid] 트레이드
동 장사하다

If you don't like it, I'll **trade** with you.
이프 유- 돈트 라이크 잇 아일 트레이드 위드 유-

마음에 들지 않으면 제가 바꾸어 드릴게요.

# Magic 영단어 플러스! 플러스

**앞**에서 배운 동사를 이용해서 일상생활이나 일터에서 할 수 있는 말들을 만들어 봐요. 하나의 동사로 여러 가지 활동을 설명할 수 있어요. 기본적인 동사와 그 쓰임을 많이 알면 문장을 쉽게 만들 수 있답니다.

| | |
|---|---|
| **drive to work** | 차로 출근하다 |
| **leave work early** | 일찍 퇴근하다 |
| **come home** | 집에 오다 |
| **build a house** | 집을 짓다 |
| **deliver a pizza** | 피자를 배달하다 |
| **grow vegetables** | 채소를 기르다 |
| **have a pet** | 애완동물을 기르다 |
| **guard buildings** | 빌딩을 지키다 |
| **play the piano** | 피아노를 치다 |
| **play baseball** | 야구를 하다 |
| **repair a motor** | 엔진을 고치다 |
| **repair a car** | 차를 고치다 |
| **sell cars** | 차를 팔다 |
| **teach students** | 학생들을 가르치다 |
| **on duty** | 근무일의 |
| **off duty** | 비번일의 |

# weigh
[wei] 웨이
⑧ 무게를 달다

**Let me weigh it.**
렛 미 웨이 잇

제가 달아 볼게요.

# measure
[méʒər] 메저
⑧ 재다, 치수를 재다

**Measure the length of it.**
메저 더 렝쓰 어브 잇

길이가 얼마나 되는지 재 보세요

# cut
[kʌt] 컷
동 베다, 자르다

**I cut my finger with a knife.**
아이 컷 마이 핑거 위드 어 나이프

나는 칼에 손가락을 베었어요.

# chop
[tʃap] 찹
동 자르다, 잘게 썰다

**I chopped up a cabbage.**
아이 찹트 업 어 캐비지

나는 양배추를 잘게 썰었어요.

# slice
[slais] 슬라이스
동 얇게 썰다, 잘라내다

**Slice a piece off.**
슬라이스 어 피-스 오-프

한 조각 잘라 내어라.

"

# peel

[pi:l] 필–

동 껍질을 벗기다, 벗기다

**I peeled an orange.**

아이 필–드 언 오–린지

나는 오렌지의 껍질을 벗겼어요.

# stir

[stəːr] 스터–

동 휘젓다, 움직이다

**Simply add hot water and stir.**

심플리 애드 핫 워–터 앤드 스터–

그냥 간단히 뜨거운 물을 부어 젓기만 하세요.

# beat

[biːt] 비–트

동 치다, 세게 휘젓다

**Beat well.**

비–트 웰

잘 휘저으세요.

# pour

[pɔːr] 포어-
동 따르다, 쏟다

**Will you pour the coffee?**
윌 유- 포어- 더 코-피

커피 좀 따라 주겠니?

# mix

[miks] 믹스
동 섞다, 혼합하다

**Mix the ingredient.**
믹스 디 인그리-디언트

재료를 섞으세요.

# bake

[beik] 베이크
동 굽다(빵, 도자기 등)

**We baked the bread.**
위 베이크드 더 브레드

우리는 빵을 구웠어요.

# boil

[bɔil] 보일
동 끓이다, 삶다

**Boil beef.**
보일 비-프

쇠고기를 삶으세요.

동사

요리와 식사

# broil

[brɔil] 브로일
동 굽다

I decided to broil the sausages.
아이 디사이디드 투 브로일 더 소-시지즈

나는 소시지를 굽기로 했다.

# fry

[frai] 프라이
동 기름으로 튀기다

What kind of oil did you fry this in?
왓 카인드 어브 오일 디드 유- 프라이 디스 인

이거 어떤 기름에 튀기셨어요?

# steam

[sti:m] 스팀-
동 찌다, 김을 쐬다

Steam the mushrooms.
스팀- 더 머뤼룸스

버섯을 찌세요.

# scramble

[skrǽmbl] 스크램블

동 달걀을 휘저으며 부치다, 기어 오르다, 서로 다투다

**She managed to scramble over the wall.**
쉬- 매니지드 투 스크램블 오우버 더 월-

그녀는 용케 그 담을 재빨리 타고 넘었다.

# barbecue

[báːrbikjùː] 바-비큐-

동 바비큐하다(불 위에 철판이나 석쇠 등을 놓고 고기를 구워내는 거예요.)

**Is it something we can barbecue?**
이즈 잇 섬씽 위 캔 바-비큐-

우리가 통째로 구울 수 있는 거니?

# grill

[gril] 그릴

동 석쇠로 굽다(바비큐처럼 불판에 고기를 구워내는 요리 방법이에요.)

**We'll have lots of things to grill.**
윌 해브 랏-츠 어브 씽즈 투 그릴

구워 먹을 음식이 많이 있거든요.

# add [æd] 애드
동 더하다, 추가하다

**Add** the vegetables.
애드 더 베지터블스

야채를 넣으세요

# eat [iːt] 이-트
동 먹다

What did you **eat** for lunch?
왓 디드 유- 이-트 포 런치

점심으로 무엇을 먹었어요?

# drink [driŋk] 드링크
동 마시다

What would you like to **drink**?
왓 우드 유- 라이크 투 드링크

음료수는 무얼 하시겠어요?

# order

[ɔ́:rdər] 오-더
동 명령하다, 주문하다

Are you ready to order?
아 유- 레디 투 오-더

주문하시겠어요?

# serve

[sə:rv] 서-브
동 섬기다, 시중들다

The manager served the meal.
더 매니저 서-브드 더 밀-

매니저가 음식을 갖다 주었어요.

# carry

[kǽri] 캐리
동 나르다, 전하다

Can you help me carrying it?
캔 유- 헬프 미 캐링 잇

그것을 나르는 것을 도와주시겠어요?

동사

요리와 식사

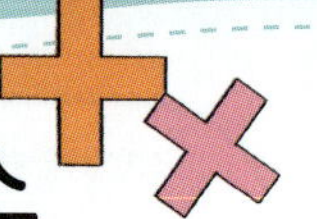

# Magic 영단어 플러스! 플러스

앞에서 배운 동사를 이용해서 직접 요리를 할 때 어떤 동사를 쓰는지 알아 봐요. 밑줄 그은 말과 같은 영어 동사 단어를 괄호 속에 적어 봐요.

1. 닭고기를 <u>자르다</u>　　　(　　　　　　　　　)

2. 양파를 잘게 <u>썰다</u>　　　(　　　　　　　　　)

3. 당근을 얇게 <u>썰다</u>　　　(　　　　　　　　　)

4. 감자 껍질을 <u>벗기다</u>　　　(　　　　　　　　　)

5. 달걀을 그릇에 <u>붓다</u>　　　(　　　　　　　　　)

6. 버섯을 <u>찌다</u>　　　(　　　　　　　　　)

7. 음식을 <u>섞다</u>　　　(　　　　　　　　　)

8. 빵을 <u>굽다</u>　　　(　　　　　　　　　)

9. 쇠고기를 <u>삶다</u>　　　(　　　　　　　　　)

10. 식탁을 <u>차리다</u>　　　(　　　　　　　　　)

답 1.cut　2. chop　3. slice　4. peel　5. pour　6. steam　7. mix　8. bake　9. boil　10. set

648

# Magic
## 부록

## 1. 모음

| ㅏ | ㅑ | ㅐ | ㅒ | ㅓ | ㅕ | ㅔ | ㅖ |
|---|---|---|---|---|---|---|---|
| a | ya | ae | yae | eo | yeo | e | ye |
| ㅗ | ㅘ | ㅚ | ㅙ | ㅛ | ㅜ | ㅟ | ㅝ |
| o | wa | oe | wae | yo | u | wi | wo |
| ㅞ | ㅠ | ㅡ | ㅣ | ㅢ | | | |
| we | yu | eu | i | ui | | | |

## 2. 자음

| ㄱ | ㄲ | ㅋ | ㄷ | ㄸ | ㅌ | ㅂ | ㅃ |
|---|---|---|---|---|---|---|---|
| g/k | kk | k | d/t | tt | t | b/p | pp |
| ㅍ | ㅈ | ㅉ | ㅊ | ㅅ | ㅆ | ㅎ | ㅁ |
| p | j | jj | ch | s | ss | h | m |
| ㄴ | ㅇ | ㄹ | | | | | |
| n | ng | r/l | | | | | |

# 3. 국어의 새 로마자 표기법 용례

❶ ㄱ ㄷ ㅂ ㅈ은 k, t, p, ch에서 g, d, b, j로 통일

  ex) 부산: Pusan ⇒ Busan,

  대구: Taegu ⇒ Daegu

  (단 ㄱ ㄷ ㅂ이 받침에 올 때는 k, t, p로 / 곡성 ⇒ Gokseong, 무극 ⇒ Mugeuk)

  ex) 태안: T'aean ⇒ Taean,

  충주: Ch'ungju ⇒ Chungju

❸ ㅅ은 sh와 s로 나눠 적던 것을 s로 통일

  ex) 신라: Shilla ⇒ Silla, 실상사: Shilsangsa ⇒ Silsangsa

❹ 발음상 혼동의 우려가 있을때 음절 사이에 붙임표 -) 사용

  ex) 중앙: Jung-ang

❺ 성과 이름은 띄어 쓰고 이름은 붙여 쓰되 음절사이에 붙임표 사용 허용

  ex) 송나리: Song Nari(또는 Song Na-ri)

  (단 이름에서 일어난 음운 변화는 무시: 김복남 Kim Boknam)

## ◆ 수사 읽는 방법

| 기수 | 서수 |
| --- | --- |
| 1 / one | 1st / first |
| 2 / two | 2nd / second |
| 3 / three | 3rd / third |
| 4 / four | 4th / fourth |
| 5 / five | 5th / fifth* |
| 6 / six | 6th / sixth |
| 7 / seven | 7th / seventh |
| 8 / eight | 8th / eighth* |
| 9 / nine | 9th / ninth* |
| 10 / ten | 10th / tenth |
| 11 / eleven | 11th / eleventh |
| 12 / twelve | 12th / twelfth* |
| 13 / thirteen | 13th / thirteenth |
| 14 / fourteen | 14th / fourteenth |
| 15 / fifteen | 15th / fifteenth |
| 20 / twenty | 20th / twentieth* |
| 21 / twenty-one | 21st / twenty-first |
| 30 / thirty | 30th / thirtieth |
| 40 / forty* | 40th / fortieth* |
| 50 / fifty | 50th / fiftieth |
| 100 / one hundred | 100th / hundredth |

* undred, thousand, million 등은 앞에 복수의 수가 올 때 복수형으로 하지 않음.
ex) two hundred / three thousand

* undred, thousand 등이 복수형으로 쓰이면 「수백」, 「수천」의 뜻을 갖는다.
ex) Thousands of people live near the lake.

## 1. 정수

23 -- twenty-three

99 -- ninety-nine

452 -- four-hundred (and) fifty-two

3,891 -- three-thousand eight-hundred (and) ninety-one

= thirty-eight hundred (and) ninety-one

2,001 -- two thousand (and) one

## 2. 분수(분자: 기수 분모 서수로 읽되 특히 분자가 복수일 때는 분모에 's'를 붙임)

1/3 -- a third 2/3 -- two-thirds

1/2 -- a(one) half

1/4 -- a(one) quarter 3/4 -- three quarters

## 3. 소수(정수: 일반적인방법 소수이하: 한자리씩

3.14 -- three point one four

26.43 -- twenty-six point four three

0.195 -- zero point one nine five

## 4. 연도(뒤에서 두자리씩 끊어 읽는다)

1999 -- nineteen ninety-nine

2000 -- (the year) two thousand (cf. Y2K)

2002 -- two thousand (and) two

## 5. 월일 시각

April 6 -- April six = April (the) sixth

= the sixth of April

3:00 -- three o'lock (sharp)

3:15 -- three fifteen = a quarter past three

3:30 -- three thirty = a half past three

3:45 -- three forty-five = a quarter to four


## 6. 전화번호 한 자리씩 끊어 읽는다

443-2868 -- four four three two eight six eight

712-9200 -- seven one two nine two o[ou] o[ou]

= seven one two nine two double o[ou]


## 7. 기타

Lesson 4 -- Lesson four = the fourth lesson (4과)

Track 2 -- Track two = the second track (2번트랙 2번홈)

Gate 34 -- Gate thirty-four (34번탑승구)

World War II -- World War two

= the second World War (2차세계대전)

Elizabeth II -- Elizabeth the second (엘리자베스2세)

| 뜻 | 원급 | 비교급 | 최상급 |
| --- | --- | --- | --- |
| 추운 | cold | colder | coldest |
| 소수의 | few | fewer | fewest |
| 아주 큰 | great | greater | greatest |
| 넓은, 큰 | large | larger | largest |
| 바쁜 | busy | buiser | busiest |
| 쉬운 | easy | easier | easiest |
| 큰 | big | bigger | biggest |
| 나쁜, 아픈 | bad, ill | worse | worst |
| 좋은, 잘 | good, well | better | best |
| 많은 | many, much | more | most |
| 적은, 작은 | little | less | least |
| 멀리, 먼 | far | farther(거리)<br>farthest | further(정도)<br>furthest |

## ◆ 불규칙 동사 변화표

| 뜻 | 현재 | 과거 | 과거 분사 |
| --- | --- | --- | --- |
| …이다 | am, are, is | was, were(are) | been |
| …이되다 | become | became | become |
| 시작하다 | begin | began | begun |
| 불다 | blow | blew | blown |
| 부수다 | break | broke | broken |
| 가져오다 | bring | brought | brought |
| 건축하다 | build | built | built |
| 사다 | buy | bought | bought |
| 잡다 | catch | caught | caught |
| 오다 | come | came | come |
| 자르다 | cut | cut | cut |
| 하다 | do, does | did | done |
| 마시다 | drink | drank | drunk |
| 운전하다 | drive | drove | driven |
| 먹다 | eat | ate | eaten |
| 느끼다 | feel | felt | felt |
| 찾아내다 | find | found | found |
| 잊다 | forget | forgot | forgotten, forgot |
| 얻다 | get | got | gotten, got |
| 주다 | give | gave | given |
| 가다 | go | went | gone |
| 가지다 | have, has | had | had |
| 듣다 | hear | heard | heard |
| 지키다 | keep | kept | kept |
| 놓다 | lay | laid | laid |
| 떠나다 | leave | left | left |
| 빌려주다 | lend | lent | lent |
| 눕다 | lie | lay | lain |

| 뜻 | 현재 | 과거 | 과거 분사 |
| --- | --- | --- | --- |
| 잃어버리다 | lose | lost | lost |
| 만들다 | make | made | made |
| 만나다 | meet | met | met |
| 지불하다 | pay | paid | paid |
| 놓다, 두다 | put | put | put |
| 읽다 | read | read[red] | read[red] |
| 달리다 | run | ran | run |
| 말하다 | say | said | said |
| 보다 | see | saw | seen |
| 보내다 | send | sent | sent |
| 흔들다 | shake | shook | shaken |
| 보여주다 | show | showed | shown |
| 노래하다 | sing | sang | sung |
| 앉다 | sit | sat | sat |
| 잠자다 | sleep | slept | slept |
| 냄새를 맡다 | smell smelt | smelld smelt | smelled |
| 말하다 | speak | spoke | spoken |
| 소비하다 | spend | spent | spent |
| 서다 | stand | stood | stood |
| 훔치다 | steal | stole | stolen |
| 수영하다 | swim | swam | swum |
| 잡다, 얻다 | take | took | taken |
| 가르치다 | teach | taught | taught |
| 말하다 | tell | told | told |
| 생각하다 | think | thought | thought |
| 이해하다 | understand | understood | understood |
| 이기다 | win | won | won |
| 쓰다 | write | wrote | written |

## ◆ 불규칙 복수형 명사 변화표

| 뜻 | 단수 | 복수 |
| --- | --- | --- |
| 어린이 | child | children |
| 발 | foot | feet |
| 신사 | gentleman | gentlemen |
| 거위 | goose | geese |
| 남자 | man | men |
| 생쥐 | mouse | mice |
| 양 | sheep | sheep |
| 이 | tooth | teeth |
| 아내 | wife | wives |
| 여자 | woman | women |

Magic
한글색인

느끼다, 만져보다
_592
느낌, 감정 _297
느릅나무 _391
느린 _462
느슨한 _466
늑대 _361
늦은 _462


ㄷ

다람쥐 _355
다른 _470
다리 _252
다리 _110
다양한 _487
다음 달 _69
다음 주 _68
다음 해, 내년 _70
다음에 오다, 따라가다
_634
다음의 _482
다친 _517
다투다, 싸우다 _602
다툼 _320
단단한, 꼭 끼는 _466
단정한, 깔끔한 _468
단추 구멍 _434
단추 _434
단풍나무 _391
닫다 _572
닫다, 다물다 _636
닮은, 가까운 _475
달 _68
달(위성) _324
달걀을 휘저으며 부치
다 _645
달리기 _144
달리다 _605
달콤한 _477
달팽이 _386
닭 _378
닭고기 _427
담고 있다, 포함하다
_630
답하다 _621
당근 _401
당기다, 그림 그리다
_618
당나귀 _360
당황한 _514
대구 _369
대답 _170
대답하다 _604
대등하다, 조화하다
_623

대머리 _98
대문(앞문) _194
대부분 _542
대부분의 _457
대장 _114
대통령 _286
대합 조개 _428
더 적게 _541
더 좋아하다 _601
더 _456
더러운, 불결한 _469
더욱 나쁜 _453
더운 _532
더위 _341
더하다, 추가하다
_646
던지다 _577
던지다 _577
덧셈 _55
도넛 _423
도둑 _295
도마 _217
도마뱀 _365
도서관 _188
도장 _256
도착 _270
도착하다 _574
독수리 _373
돈 _259
돌 _331
돌고래 _368
돌리다, 뒤집다, _569
돌아오다, 돌려 주다
_604
돕다 _620
동그라미 _57
동급생 _159
동물 _352
동물원 _244
동의하다, 찬성하다
_584
동전 _259
동정, 연민 _299
동쪽 _338
돼지 _360
돼지고기 _426
되다 _555
되돌아가다, 되돌려주
다 _568
되풀이하다, 반복하다
_617
된장 _418
두 번, 2회, 두 배
_550
두꺼운 _464
두려워하는, 걱정하는
_517

두려워하다 _592
두통 _119
둘레를 돌다, 에워싸다
_622
둥근 _486
뒤꿈치 _112
뒤로, 본래 자리로
_537
뒤에, 나중에 _535
뒤쫓다 _587
뒷문 _198
드럼 _154
드문, 희귀한 _483
듣다 _565
듣다, 들리다 _595
들다, 들어올리다
_638
들어가다, 입력하다
_570
들토끼 _364
들판 _329
등 _105
등기우편 _264
등산 _146
디자인 _149
따뜻한 _532
따르다, 쏟다 _643
딱따구리 _374
딱딱한 _463
딱정벌레 _382
딸 _91
딸기 _409
땀을 흘리다 _608
땅 _325
때, 시기 _21
때때로 _548
떠나다, 남기다 _567
떠나다, 버리다, 남기
다 _626
떨어지다, 내리다
_555
떨어진 _492
또 하나의, 다른 _481
또한, 역시 _536
똑똑한 _521
뚜껑을 덮다 _631
뚱뚱한 _464
뛰다, 점프하다 _579


ㄹ

라디오 _203
레몬 _408
레스토랑(음식점)
_235
레슬링 _143

레인지 _218
로맨스 _304
로비(현관의 홀) _199
롤러스케이팅 _145
리본 _435
린스 _224
립스틱 _225


ㅁ

마가린 _415
마늘 _404
마당 _198
마라톤 _143
마른 _465
마시다 _646
마요네즈 _415
마우스 _185
마음에 드는, 좋아하는
_496
마지막의 _482
마지막의, 최후의
_482
만나다 _599
만들다, 준비하다
_558
만화 _150
많은(수의) _455
많은(양의) _455
말 _359
말리다 _632
말하다 _609, 618
말하다, 이야기하다
_558, 618
맑은 _528
맛 _336
맛보다 _608
맛이 매운 _478
맛이 쓴, 쓰라린 _478
맛이 짠 _478
망고 _406
망원경 _186
맞춤법에 따라 쓰다
_616
매 _374
매력 _304
매우 많은, 엄청난
_455
매우 맛있는 _477
매일 _65
매일의, 일상의 _491
머리 _97
머리카락 건조기 _206
머리카락 _98
머무르다, 체류하다
_571

햄 _426
햄버거 _423
햇볕에 타서 아픈 것
_125
행동하다, 지휘하다
_588
행복한 _506
행운 _304
행위 _307
행위, 행동 _297
행진 _316
허락하다, 인정하다
_584
허리 _106
허리케인 _345
허벅다리 _110
헤어스프레이 _224
헬스클럽 _239
혀 _102
현관 _195
현금 _259
현금인출기 _258
현기증 _124
현명한 _520
현미경 _186
호기심 많은, 이상한
_515
호랑이 _355
호박 _400
호수 _329
호주머니 _434
호텔 _240
혼란스러운 _514
혼자서, 외로이 _511
혼자의, 결혼 안 한
_474
홍수 _345
홍합 _372
화가 _294
화난 _506
화려한, 장식적인
_469
화상 _125
화요일 _73
화장실 변기 _205
화장실 _163
화장지 _205
화장품 _225
화재 _346
화학 _168
화해 _320
확신하는, 틀림없는
_519
확실한, 틀림없는
_519
확실히 _549
환경 _322

환경미화원 _285
환상적인, 훌륭한
_495
환승 _273
환영 받는, 고마운
_497
환자 _118
활동 _298
황소 _361
회계사 _292
회사 _244
회색 _85
회전 _314
횡단보도 _250
후라이팬 _220
후추 _417
후회하다 _603
훌륭한, 놀라운 _495
훌륭한, 존경할 만한
_496
훌륭한, 좋은 _494
휘젓다, 움직이다
_642
휠체어 _135
휴식 _311
휴일, 휴가 _79
흐린, 안개 낀 _531
흥분된 _509
희극의 _504
희망 _303
희미한, 어질어질한
_513
흰색 _85


## 기타

0, 영 _30
1, 일 _31
1,000, 천 _41
1,000,000, 백만 _42
10, 십 _33
10,000, 만 _42
100, 백 _41
100,000, 십만 _42
100th, 백 번째 _53
10th, 열 번째 _45
10월 _77
11, 십일 _33
11th, 열한 번째 _45
11월 _77
12, 십이 _33
12th, 열두 번째 _45
12월 _77
13, 십삼 _34
13th, 열세 번째 _46
14, 십사 _34

14th, 열네 번째 _46
15, 십오 _34
15th, 열다섯 번째
_46
16, 십육 _34
16th, 열여섯 번째
_46
17, 십칠 _35
17th, 열일곱 번째
_47
18, 십팔 _35
18th, 열여덟 번째
_47
19, 십구 _35
19th, 열아홉 번째
_47
1st, 첫 번째 _43
1월 _74
1층 _195
2, 이 _31
20, 이십 _35
20th, 스무 번째 _47
21, 이십 일 _36
21st, 스물한 번째
_48
22, 이십 이 _36
22nd, 스물두 번째
_48
23, 이십 삼 _36
23rd, 스물세 번째
_48
24, 이십 사 _37
24th, 스물네 번째
_49
25, 이십 오 _37
25th, 스물다섯 번째
_49
26, 이십 육 _37
26th, 스물여섯 번째
_49
27, 이십 칠 _38
27th, 스물일곱 번째
_50
28, 이십 팔 _38
28th, 스물여덟 번째
_50
29, 이십 구 _38
29th, 스물아홉 번째
_50
2nd, 두 번째 _43
2월 _75
2층 _196
3, 삼 _31
30, 삼십 _39
30th, 서른 번째 _51
31, 삼십 일 _39
31st, 서른한 번째

_51
3rd, 세 번째 _43
3월 _75
3층 _196
4, 사 _31
40, 사십 _39
40th, 마흔 번째 _51
4th, 네 번째 _43
4월 _75
5, 오 _32
50, 오십 _40
50th, 쉰 번째 _52
5th, 다섯 번째 _44
5월 _76
6, 육 _32
60, 육십 _40
60th, 예순 번째 _52
6th, 여섯 번째 _44
6월 _76
7, 칠 _32
70, 칠십 _40
70th, 일흔 번째 _52
7th, 일곱 번째 _44
7월 _76
8, 팔 _32
80, 팔십 _40
80th, 여든 번째 _52
8th, 여덟 번째 _44
8월 _76
9, 구 _33
90, 구십 _41
90th, 아흔 번째 _53
9th, 아홉 번째 _45
9월 _77
~까지도, ~조차
_539
~도 또한 ~아니다
_542
~부인 _28
~씨 _28
~양 _28
~와 같은 정도로
_537
~의 아래에 _550
~전에 _535